BIBLIOTHÈQUE MORALE

DE

LA JEUNESSE

LES CONQUÊTES

DE

L'INDUSTRIE

PAR E. ROSARY

ROUEN

MÉGARD ET Cⁱᵉ, LIBRAIRES-ÉDITEURS

1869

AVIS DES ÉDITEURS.

Les Éditeurs de la **Bibliothèque morale de la Jeunesse** ont pris tout à fait au sérieux le titre qu'ils ont choisi pour le donner à cette collection de bons livres. Ils regardent comme une obligation rigoureuse de ne rien négliger pour le justifier dans toute sa signification et toute son étendue.

Aucun livre ne sortira de leurs presses, pour entrer dans cette collection, qu'il n'ait été au préalable lu et examiné attentivement, non-seulement par les Éditeurs, mais encore par les personnes les plus compétentes et les plus éclairées. Pour cet examen, ils auront recours particulièrement à des Ecclésiastiques. C'est à eux, avant tout, qu'est confié le salut de l'Enfance, et, plus que qui que ce soit, ils sont capables de découvrir ce qui, le moins du monde, pourrait offrir quelque danger dans les publications destinées spécialement à la Jeunesse chrétienne.

INTRODUCTION.

Dieu, en faisant l'homme à son image et en couronnant par ce grand acte de sa toute-puissance l'œuvre de la création, lui a donné l'empire sur la nature entière. C'est pour l'homme qu'il a semé d'étoiles le splendide azur des cieux, qu'il y a placé l'astre vivifiant des jours et le doux flambeau des nuits; c'est pour lui qu'il a peuplé l'air et les mers; pour lui qu'il a commandé à la terre de produire des arbres et des plantes qui fussent à la fois sa richesse et sa beauté.

C'est pour l'homme qu'il a caché dans les entrailles de cette incomparable mère le fer, l'or, l'argent, les autres métaux, le sel, le charbon, les pierres de toutes sortes, depuis celles dont nous construisons des maisons, des palais, des autels, jusqu'au diamant, la plus riche des parures, depuis l'argile grossière qui sert à façonner l'écuelle du pauvre, jusqu'au cristal de roche dans lequel on taille la coupe des rois.

Dieu a fait encore davantage : pour que l'homme pût tirer parti des trésors de la nature, il a mis en lui l'intelligence, l'émulation, l'amour du bien-être, le désir d'entourer sa vie de tout ce qui peut la rendre plus commode et plus douce à passer.

La nécessité, on l'a dit souvent, est la mère de l'industrie. Dieu, qui hait l'oisiveté, source de tous les vices, n'a donné à l'homme ni la plume de l'oiseau ni la laine de la brebis pour le préserver des injures de l'air, ni la serre de l'aigle ni la griffe du tigre pour apaiser sa faim ; il l'a créé nu et sans armes, pour que, forcé de subvenir à ses besoins, il s'élevât et s'ennoblît par le travail.

L'industrie n'est autre chose que la manière dont l'homme aide à la production des richesses de la terre et les procédés par lesquels il les transforme pour les appliquer à ses besoins. L'industrie agricole ou l'agriculture a pour but la production, et l'industrie manufacturière, la transformation des richesses minérales, végétales et animales, que nous offre la nature.

Il n'y a peut-être pas d'étude plus intéressante que celle de l'in-dustrie ; cependant il n'y en a pas de plus négligée.

Combien de fois, en voyant une locomotive, suivie de nombreux wagons, glisser avec une effrayante rapidité sur les rails et lancer vers le ciel son panache de vapeur et de fumée, avons-nous admiré cette infernale machine dont la première apparition portait avec elle tant de terreur ! Combien de fois, en examinant une lampe, une pompe, une horloge, n'avons-nous pas dit : « Voilà une belle invention ! » Combien de fois, en nous servant d'une épingle, d'une aiguille, d'une allumette, n'avons-nous pas pensé que si ces objets d'un prix si minime venaient à nous manquer, nous en sentirions vivement la privation !

Cela nous est arrivé souvent ; cependant bien peu d'entre nous s'inquiètent de savoir comment ont été créées ces puissantes machines, comment on a découvert ce mécanisme ingénieux, ou comment se fabriquent ces mille petits riens dont il nous serait si difficile de nous passer.

L'ignorance a toujours été un malheur ; de nos jours, elle est devenue une honte ; comment se fait-il donc que nous ne rougissions pas d'une ignorance dont nous nous apercevons à chaque instant ?

Nous étudions l'histoire, la géographie, les langues, c'est fort bien ; mais l'histoire de l'industrie, qui est celle des progrès de l'esprit humain, ne doit pas être négligée. Elle nous montre toute la distance qui sépare l'homme barbare de l'homme civilisé ; elle nous apprend combien ont coûté d'efforts et de recherches les découvertes qui marquent ses principales époques, ou les choses qui nous paraissent les plus simples du monde, parce que nous les voyons tous les jours ; elle nous inspire, avec une légitime reconnaissance pour ceux dont les travaux nous profitent, le louable désir de marcher sur leurs traces ; enfin, elle nous prouve que « si la patience n'est pas tout le génie de l'homme, elle en est du moins la moitié (1). »

---

(1) Buffon.

LES CONQUÊTES

DE L'INDUSTRIE.

I.

L'agriculture est la première des industries. En cultivant la terre, en s'efforçant d'ajouter à sa fertilité, l'homme s'associe à l'œuvre de Dieu, et il remplit la tâche imposée au père de la grande famille humaine : « Tu mangeras ton pain à la sueur de ton front. » Cet arrêt était le châtiment de l'orgueil et de la révolte d'Adam, mais un châtiment plein de miséricorde ; car le travail, aussi utile à la santé de l'âme qu'à celle du corps, donne à l'homme non-seulement le bien-être matériel, mais, ce qui vaut mieux encore, le contentement de lui-même.

La terre laissée sans culture ne produit guère que des ronces ou des herbes inutiles ; et les meilleures semences resteraient stériles, si l'on se contentait de les jeter sur le sol, sans prendre la peine de le labourer.

« On laboure souvent beaucoup mieux avec la bêche qu'avec la charrue, dit M. Borie, dans un excellent petit ouvrage, *les Travaux des Champs* ; mais les travaux faits à bras d'homme sont lents et dispendieux. La charrue fut le premier pas de l'homme dans le vaste champ de la mécanique.

« Fatigué de gratter la terre avec un épieu, l'homme avisa une branche fourchue dont il aiguisa l'un des bouts, laissant à l'autre une certaine longueur. Il y attela d'abord son fils ou son ennemi vaincu ; plus tard, il appliqua à ce travail les bœufs qu'il avait soumis. L'attelage traînait la branche fourchue ; le maître, placé derrière, maintenait la pointe aiguisée vers la terre, et le premier sillon fut tracé.

« Les conquêtes peu à peu s'agrandirent ; la branche aiguisée fut remplacée par du fer et devint le soc. Deux oreilles en bois d'orme furent attachées à ce soc pour repousser la terre sur les côtés ; une tige, adaptée à l'arrière de l'instrument naissant, fut placée dans la main du laboureur, et l'araire fut créé. »

Telle fut la charrue primitive, telle est encore celle dont on se sert dans beaucoup de contrées ; mais dans les pays où l'on s'occupe des progrès de l'agriculture, on a perfectionné cet instrument de première nécessité. Il faut bien l'avouer, le nombre de ces pays est restreint ; dans la plupart des autres, l'industrie agricole est loin d'être à la hauteur de l'industrie manufacturière. On se borne à faire comme ont fait les anciens, sans chercher à profiter des études des savants, des expériences des praticiens. Cependant quelques cultivateurs, plus instruits que les autres et connaissant mieux, par conséquent, le prix de la science, ont essayé de profiter de ses secrets ; et comme le succès a couronné leurs essais, ils ont trouvé des imitateurs.

L'agriculture intéresse tout le monde, puisque ses produits sont nécessaires à l'entretien de la vie humaine. Le grand ministre Sully avait bien raison de dire : « Le labourage et le pâturage sont les deux mamelles de la France. » Non-seulement nous ne pouvons vivre sans manger, mais l'agriculture est la source de la prospérité publique.

Tout se tient, tout s'enchaîne : si les récoltes sont bonnes, la vie devien⁺ facile, et chacun profite de cette abondance. Le cultivateur qui vend son grain a de l'argent ; il peut acheter bien des choses qu'il est souvent obligé de se refuser ; les marchands débitant beaucoup font fabriquer beaucoup ; les ouvriers ont du travail, et le travail leur donne du pain.

Le contraire arrive dans les mauvaises années : le commerce languit, les fabriques chôment, l'ouvrier découragé se croise les bras, et ses enfants ont faim.

Il ne suffit pas sans doute, pour que les gerbes remplissent nos greniers, que la terre soit bien cultivée : il faut au blé pour croître la bienfaisante chaleur du soleil et les tièdes ondées du ciel ; mais Dieu dit : « Aide-toi, je t'aiderai ! » Et s'il ne nous donne pas un temps aussi favorable que nous le désirons, nous sommes forcés de convenir que, soumis aux mêmes influences atmosphériques, le champ de l'homme intelligent et laborieux donne beaucoup plus que celui du paresseux et du routinier.

Si l'agriculture était étudiée comme elle mérite de l'être, nous verrions diminuer le nombre des années de disette ; les récoltes nulles deviendraient médiocres, les médiocres deviendraient bonnes, et les bonnes nous donneraient des produits tellement abondants, qu'on pourrait en reverser le superflu sur les années suivantes. Faut-il s'étonner des efforts que font les gouvernements et les hommes dévoués à l'intérêt public pour mettre l'agriculture dans la voie du progrès ?

S'il y a une chose dont personne ne puisse se passer, c'est le pain ; ce qui donne le pain, c'est le blé ; ce qui produit le blé, c'est la terre ;

mais le blé ne croît pas comme les mauvaises herbes ; il faut le semer dans un sol qui lui convienne et qui soit bien préparé.

Le drainage, qui n'est point une invention moderne, mais que les Anglais ont remis en faveur, s'applique avec avantage aux terres qui reposent sur un sous-sol imperméable, ou dans la composition desquelles domine l'argile. L'eau qui séjourne au-dessous de la couche végétale ou qui ne la pénètre que difficilement nuit au développement des plantes ; elle en pourrit la racine et refroidit le sol, qui ne donne que des récoltes médiocres, soit en qualité, soit en quantité.

« Tout végétal a besoin, pour naître, croître et se reproduire, de trois agents sans lesquels son existence est impossible. Ces trois agents sont le calorique, l'air et l'humidité. Nous ne parlons pas pour le moment de la lumière et de l'électricité. Celle-ci joue peut-être dans le phénomène de la végétation un rôle plus important qu'on ne pense. Or, l'eau qui submerge un terrain ne lui permet pas d'avoir la quantité d'air et de chaleur indispensable à la végétation des plantes que nous cultivons dans nos contrées. D'un autre côté, elle s'oppose à la pratique des opérations agricoles faites pour les obtenir. Il faut donc dessécher les terres pour les cultiver et leur faire produire les récoltes que nous leur demandons (1). »

Le mot drainage vient d'un verbe anglais qui signifie dessécher, et le nouveau système de drainage consiste dans la pose de tuyaux en poterie ajustés bout à bout et placés dans des tranchées. L'eau qui imprègne le sol arrive jusqu'à ces tuyaux ; elle s'y introduit par les joints qui existent entre eux ; et comme ils sont disposés en pente, elle s'écoule hors du champ qu'on veut assainir. L'invention de ces tuyaux de terre cuite est un service rendu à l'agriculture, dans les pays dépourvus de pierres ou de cailloutages ; mais dans les champs où ces matières abondent, on s'en sert pour établir des conduits dans

---

(1) RICHARD DU CANTAL.

des tranchées plus ou moins profondes, ou bien on se borne à en déposer une couche au fond de ces fossés, et l'on a le double avantage de dessécher son terrain et de le débarrasser des pierres et des cailloux qui gênent la marche de la charrue.

Ce moyen d'assainissement était recommandé par Columelle, savant agronome romain, dès le premier siècle de l'ère chrétienne. « On fera, disait-il, des tranchées de trois pieds de profondeur, que l'on remplira jusqu'à moitié de petites pierres ou de gravier pur, et l'on recouvrira le tout avec la terre tirée du fossé. »

Olivier de Serres, le père de l'agriculture en France, donne la description du drainage dans un excellent livre que le roi Henri IV se faisait apporter tous les jours après son dîner, tant il y trouvait d'excellents préceptes et de judicieuses observations.

Le premier soin d'un bon agriculteur doit être d'étudier ses terres, pour connaître les méthodes d'amélioration qui leur conviennent.

« La terre, dit Chaptal, n'est point principe nutritif du végétal ; mais elle en fixe les racines et reçoit dans son sein ses principaux aliments pour les lui transmettre au besoin. Sous ce double rapport, elle doit avoir des caractères et réunir des propriétés qu'aucune des terres primitives ne nous présente, et qui ne peuvent exister que dans des mélanges bien assortis.

« Les terres les plus communes sont la chaux, l'alumine, la silice et la magnésie. Les deux premières, qui ont des propriétés très-différentes les unes des autres, donnent leur caractère dominant à presque toutes les terres qui servent à la végétation.

« Les terres où l'alumine domine sont toutes les terres grasses, pâteuses, argileuses ; elles se gercent en séchant ; elles s'imprègnent d'eau avec facilité, et sont susceptibles d'être façonnées au tour et à la main, de manière à prendre toutes les formes possibles.

« Les terres où la chaux prédomine sont poreuses, légères, très-perméables à l'eau, d'un labour aisé, formant une pâte qui n'a presque pas de consistance, ne recevant pas de retraite sensible par le feu, mais s'y divisant, tandis que la terre alumineuse y acquiert de la dureté et diminue de volume.

« Les premières reçoivent l'eau avec avidité et la retiennent obstinément ; les calcaires la prennent de même, mais elles la laissent s'échapper avec plus de facilité encore.

« Les premières se fendillent, se divisent et s'entr'ouvrent par l'action d'un soleil ardent ou d'un vent sec ; les secondes se dessèchent sans éprouver une retraite aussi considérable.

« L'air pénètre aisément à travers la terre calcaire et peut vivifier les germes à une certaine profondeur, tandis qu'ils pourrissent quand on les dépose dans des couches argileuses.

« Un terrain argileux empâte les instruments aratoires, qui l'ouvrent avec peine, et rarement trouve-t-on des saisons avantageuses pour son labour : lorsque ces terres sont sèches, elles offrent des obstacles insurmontables à la charrue ; lorsqu'elles sont humides, elles se collent à tout ce qui les touche. Le grain qu'on leur confie peut s'y pourrir par l'effet prolongé de l'humidité ; et lorsque la plante est sortie de terre et que la chaleur ou le vent en dessèche la surface, la tige se trouve étranglée par la terre qui se durcit, et il lui est impossible de se développer.

« Les terres calcaires sont d'un travail plus facile : elles se laissent pénétrer aisément par l'air et par l'eau ; elles permettent aux racines de s'étendre pour aller puiser au loin les sucs nutritifs et se donner un support fixe ; mais l'eau qui s'y infiltre sans résistance s'en échappe avec une égale facilité. Une terre de cette nature est alternativement inondée et desséchée, et la plante, qui ne saurait résister à toutes ces variations, languit et s'éteint, pour peu que la sécheresse ou l'humidité se prolonge.

« Ces deux sortes de terres ne sont donc propres à la végétation ni l'une ni l'autre ; aussi la nature ne nous les offre jamais dans un état de pureté absolue ; elles forment partout des mélanges où leurs pro-portions varient à l'infini ; ce qui donne lieu à une grande variété dans les terres et en établit plusieurs qualités, selon que l'une ou l'autre prédomine. »

On corrige les défauts de chacune de ces terres en la mêlant avec l'autre : les terrains argileux deviennent bons quand on y introduit du calcaire, et les terrains calcaires sont très-productifs quand ils sont amendés par une certaine quantité d'argile. Le sable, les plâtras, la silice conviennent à la terre argileuse et y produisent le même effet que le calcaire.

Le blé aime un terrain argileux, mais il faut qu'il soit mélangé de sable et de calcaire ; sans cette addition, le sol humide et froid ne donnerait que du grain de qualité inférieure. Mais en supposant que le terrain choisi soit excellent, il ne nous donnera pas plusieurs fois de suite une bonne récolte de blé.

L'agriculture est une science nouvelle, encore bien peu répandue ; cependant nos aïeux avaient remarqué que la même terre ne peut pro-duire du blé chaque année, et ils n'avaient rien trouvé de mieux à faire que de la laisser reposer. Une partie des champs restait donc en jachère, c'est-à-dire sans rapport ; ce qui était une perte réelle autre-fois, et en serait une plus grande encore aujourd'hui, puisque la population va toujours croissant.

On a trouvé le moyen de remédier à cette perte ; on a presque par-tout supprimé la jachère, et on l'a remplacée par une culture de plantes sarclées, qui, exigeant des binages successifs, nettoient la terre des plantes parasites, l'ameublissent et la rendent perméable à l'air et au soleil. La pomme de terre est généralement employée à cet effet ; car ce précieux tubercule, après s'être difficilement introduit chez nous, a fini par y être estimé comme il le mérite. Il faut, avant de planter la pomme de terre, donner au sol un bon fumage ; car le fumier profite non-seulement à ce légume, mais au blé qui doit lui succéder. La rave, le navet, la betterave, le trèfle, peuvent aussi être employés pour reposer la terre et pour la nettoyer. Ces plantes vont chercher leur nourriture assez loin dans le sol pour ne point nuire au blé, qui ne développe ses racines qu'à une médiocre profondeur.

Il y a plusieurs espèces de blés, qu'on range en trois classes : les blés durs, les blés demi-durs et les blés tendres. Les premiers donnent un grain difficile à casser ; ils ont une certaine transparence, se conservent parfaitement et contiennent plus de gluten que les autres.

Le gluten est une matière grisâtre essentiellement nutritive, qui rend la pâte longue et prompte à lever. Les blés durs sont donc les meilleurs ; mais ils ne réussissent que dans le Midi.

Les blés tendres donnent une farine plus blanche et plus belle que les blés durs, mais moins riche en gluten, et par conséquent moins nutritive.

Les blés demi-durs participent, comme leur nom l'indique, aux qualités des blés durs et des blés tendres ; ce sont ceux dont l'usage est le plus répandu.

Plus le grain est sec, lourd et foncé en couleur, plus le blé est bon. Mais c'est surtout quand on le destine à la semence qu'il importe de le bien choisir ; aussi les cultivateurs intelligents ont-ils le soin de prendre leur semence dans le meilleur blé de toute leur récolte ; ils le font passer à travers un crible qui laisse échapper tous les grains de médiocre grosseur et ne retient que les plus beaux.

Ils font ensuite tremper la semence dans de l'eau de chaux, à laquelle ils ajoutent un peu de sel, ou dans une dissolution de sulfate de cuivre, vulgairement appelé vitriol bleu. Cette opération a pour but de préserver le blé de la carie. On désigne sous ce nom l'invasion du grain par un champignon qui se développe en même temps que la fleur du blé, et qui remplit le grain d'une matière pulvérulente, sans aucune analogie avec la farine. Le grain carié a presque la même grosseur et la même forme que le grain sain, mais il est taché de brun.

Le charbon est encore un champignon qui se développe trop souvent dans l'enveloppe des fleurs de l'orge, de l'avoine et du maïs, et qui, comme la carie du blé, diminue de beaucoup la récolte. L'oïdium de la vigne est de la même nature ; les grappes sur lesquelles il se développe sont perdues, et quelquefois même il fait périr la plante, si l'on n'a soin de s'opposer à sa reproduction en soufrant les vignes qui en sont atteintes.

Que le blé soit destiné, à la semence ou à la consommation, il faut rejeter les grains enflés, ceux qui sont à moitié vides ou dont l'extrémité est noire ; ils sont malades ou entamés par les insectes, et l'usage du pain qu'ils fourniraient pourrait entraîner des affections dangereuses. On a vu des fièvres malignes se déclarer dans certains pays sans autre cause que la mauvaise qualité du pain dont on s'y nourrissait.

La consommation du blé s'élève en France à des chiffres énormes. On évalue cette consommation à cent cinq millions d'hectolitres ; et l'on a calculé qu'une telle quantité de blé, chargée sur des voitures attelées d'un seul cheval, en exigerait un nombre assez considérable pour que, placées à la file l'une de l'autre, elles pussent faire le tour de la terre, c'est-à-dire occuper un espace de neuf mille lieues au moins.

Tout le monde sait qu'avec le blé on fait du pain ; mais si rien n'est plus commun parmi nous que l'usage du pain et du linge, « rien n'est plus rare, dit Rollin dans son *Traité des Etudes*, que de trouver des enfants qui sachent comment l'un et l'autre se préparent, par combien de façons et de mains le blé et le chanvre doivent passer, avant que de devenir du pain et du linge. »

Cette ignorance se rencontre surtout chez les enfants des villes ; car, dans beaucoup de campagnes, les ménagères font elles-mêmes le pain destiné à la nourriture de la famille. Mais avant d'arriver dans le pétrin sous forme de farine plus ou moins fine et plus ou moins blanche, le blé, rentré en gerbes, a été battu au fléau dans les granges ou porté à la batterie mécanique, pour y être séparé de sa paille, puis vanné et passé au moulin.

Dans les premiers âges, on se contentait de faire griller le blé sur des charbons, de l'écraser entre deux pierres et d'en faire une grossière bouillie. Toutefois, les Egyptiens ont connu l'art de faire lever la pâte ; ce qui le prouve, c'est que Moïse ordonna aux Israélites de faire du pain sans levain, pour se préparer à passer la mer Rouge et pour célébrer tous les ans la fête de Pâques, instituée en souvenir de ce miraculeux passage.

Les Egyptiens se servaient sans doute de moulins à bras pour extraire la farine du blé. Ce fut longtemps le seul perfectionnement apporté à la mouture du grain ; peu à peu, l'on agrandit le diamètre des meules et l'on employa les esclaves à les faire mouvoir. Les moulins à eau ne furent inventés que peu d'années avant l'ère chrétienne, et l'on n'en vit en France que plusieurs siècles après.

« La rapidité des progrès de toutes les inventions humaines, disait Parmentier, est en raison inverse de leur utilité ; on s'occupe d'intérêts frivoles, et l'on savait déjà fabriquer les étoffes et la soie, que l'on ignorait l'art de moudre et de bluter les farines. »

Les premiers moulins à vent ne furent construits en France qu'après les croisades ; mais les Arabes les connaissaient depuis longtemps. Les moulins à vent et les moulins à eau ont été jusqu'à la fin du siècle dernier les seuls qu'on ait mis en usage ; car c'est en 1780 que James Watt, l'immortel inventeur de la machine à vapeur, essaya d'appliquer à moudre le blé cette force nouvelle qui devait changer la face d'une foule d'industries.

Le blé soumis aux procédés actuellement en usage dans les moulins à vapeur perfectionnés donne une farine beaucoup plus belle et plus abondante que les machines grossières dont on se servait autrefois partout, et qui fonctionnent encore dans bien des campagnes.

Le gruau est la partie du grain la plus rapprochée de l'écorce et la plus difficile à détacher ; on y réussit parfaitement dans les usines bien montées ; mais il faut croire qu'autrefois le gruau était livré à la consommation sans être dégagé du son, puisque le prévôt de Paris, par une ordonnance rendue au XVIᵉ siècle, proscrivait le gruau, comme indigne d'entrer dans le corps humain. Aujourd'hui, le gruau est réservé à la fabrication des pains de luxe. Il donne une mie très-blanche et une croûte pâle qui trempe bien sans se désagréger, parce qu'il contient un gluten doué d'une grande élasticité.

Toutes les pierres ne conviennent pas pour faire des meules de moulin ; il faut qu'elles soient très-dures et semées de petites aspérités qui les rendent mordantes. Les Romains se servaient des laves du Vésuve ; les Grecs, de porphyre et de granit ; aujourd'hui on désigne sous le nom de pierre meulière une espèce de silex celluleux, de nuance rougeâtre, qu'on trouve en abondance non loin de Paris et de Tours. La petite ville de la Ferté-sous-Jouarre, située dans le département de Seine-et-Marne, est entourée de collines formées de ces pierres excellentes, dont l'extraction occupe un très-grand nombre d'ouvriers, et qu'on expédie toutes façonnées jusqu'en Angleterre et aux États-Unis d'Amérique.

Le blé, réduit en poudre par ces bonnes meules, est ensuite bluté, c'est-à-dire passé dans un tamis qui retient le son, et dont le tissu, de grosseurs variées, laisse échapper la farine à divers degrés de finesse.

Pour transformer la farine en pain, il faut d'abord préparer le levain. Si l'on se bornait à pétrir la farine avec de l'eau, on n'obtiendrait qu'une pâte lourde et serrée, très-difficile à digérer. Le levain a la propriété de faire fermenter le sucre contenu dans la farine et de développer dans la pâte de l'acide carbonique, qui y reste enfermé dans des cellules plus ou moins grandes et plus ou moins nombreuses, selon la quantité de gluten que cette farine renferme.

Plus la pâte est longue et plus elle est travaillée, mieux elle lève et plus le pain est léger ; mais la fermentation n'aurait pas lieu sans l'introduction du ferment connu sous le nom de levain.

Le levain est ordinairement une portion de pâte que le boulanger ou la ménagère met en réserve pour s'en servir à la suivante fabrication du pain. Cette portion s'aigrit sous l'influence de l'air et de l'eau, et elle communique la fermentation à la pâte nouvelle. Quand on n'a pas de levain, on le remplace par de la levure de bière, qu'on délaie avec de l'eau modérément chauffée.

Le levain se délaie aussi dans l'eau chaude ; on le mêle au tiers environ de la farine qu'on veut pétrir, et on le laisse reposer jusqu'à ce qu'il soit levé. Dans les ménages, on prépare ordinairement le levain le soir, et l'on fait le pain le lendemain matin.

Pour faire le pain, on délaie la pâte ainsi préparée avec assez d'eau chaude pour pétrir le reste de la farine destinée à cette fabrication ; on l'y mêle peu à peu ; et quand elle est suffisamment pétrie, on la soulève par petites portions, et on la laisse retomber de haut, pour y introduire de l'air. Ce travail est très-fatigant, surtout quand la quantité de pâte est considérable ; cependant il faut le continuer assez longtemps, si l'on veut que le pain soit beau.

Quand on suppose que la pâte a été assez soulevée et retournée, on la divise en blocs ou pâtons, qu'on dépose dans des corbeilles garnies de grosse toile ou de farine, et on les y laisse, à l'abri du froid, jusqu'à ce qu'une nouvelle fermentation s'y soit développée. Quand les pâtons sont bien levés, on les met au four. La chaleur arrête aussitôt la fermentation, fait évaporer une partie de l'eau renfermée dans la pâte et enveloppe cette pâte d'une croûte qui l'empêche de s'étendre. Au bout d'un temps qui varie suivant la grosseur des pains, la cuisson est terminée.

Telles sont les préparations que subit le blé avant de servir à l'alimentation publique. Elles sont si primitives, nous pourrions dire si grossières, qu'on a le droit de s'étonner de ce que, dans un siècle de progrès comme le nôtre, il paraisse encore sur nos tables du pain dans lequel entre nécessairement la sueur de celui qui le pétrit, et à la croûte inférieure duquel sont attachés des charbons et des cendres.

Il faut que la force de l'habitude nous empêche de penser à de tels détails pour que nous puissions consommer sans dégoût cet aliment de première nécessité. On a inventé, depuis quelques années, les pétrins mécaniques, qui suppriment le travail trop pénible du boulanger ; mais, quoique ces nouveaux procédés réalisent de grands avantages, on ne se presse pas de les adopter. Espérons cependant que l'usage en deviendra général, et que, selon l'expression d'un journaliste distingué, M. Nestor Roqueplan, « le pain renfermera moins du corps de l'homme et plus de son esprit. »

Des fours dits aérothermes, dans lesquels le combustible est placé au-dessous du compartiment destiné à la cuisson du pain, ont été inventés à peu près à la même époque que les pétrins mécaniques ; ils réalisent des conditions de propreté qu'on n'a point obtenues jusqu'à présent, et qu'on s'est trop peu soucié d'obtenir.

Le pain blanc se fabrique avec de la farine entièrement exempte de son, tandis que le pain bis en contient une certaine quantité. Il en est de même du pain de munition ; il est fait de farine de froment peu blutée, et il retient plus d'eau que le pain ordinaire. Quant au biscuit qui sert à la nourriture des marins, on n'y emploie que de la farine de première qualité. La pâte en est faite avec très-peu d'eau ; on ne la laisse guère fermenter ; on l'étend sur des tables saupoudrées de farine, on la découpe en tablettes et on la soumet à une forte cuisson, afin que le biscuit se conserve sans altération.

Le pain de blé est le seul qui mérite véritablement le nom de pain ; cependant on fait du pain de seigle, du pain d'orge ; et dans les mauvaises années, il y a, dans les pays les plus pauvres, des malheureux qui sont reduits à mêler de l'avoine à l'orge.

Le pain de seigle est un peu brun ; il est plus compacte et conserve plus d'humidité que le pain de blé ; il a une odeur particulière qui fait reconnaître quand sa farine est ajoutée, même en petite quantité, à la farine de froment. Toutefois, il est meilleur que le pain d'orge, et la plus grande partie de la population des pays montagneux s'en contente. Le pain d'avoine est noir, amer et d'un goût désagréable.

Le seigle coupé en vert donne un excellent fourrage ; celui qu'on laisse mûrir est destiné à faire du pain ou à produire de l'eau-de-vie par la distillation.

L'orge sert principalement à engraisser les porcs et à fabriquer de la bière. L'avoine est réservée aux chevaux, dont elle entretient la vigueur.

Le blé se sème généralement avant l'hiver ; les blés de printemps réussissent souvent beaucoup moins bien que les blés d'automne. Le seigle se sème, comme le blé, en automne ou au mois de mars. L'orge demande une terre sèche et bien préparée. Il faut, dit-on, semer l'orge dans la poussière ; on s'en occupe ordinairement dans la première quinzaine d'avril. Quant à l'avoine, on la sème de septembre à mars ; mais il y a un proverbe que les cultivateurs soigneux de leurs intérêts se gardent bien d'oublier : « Avoine de février remplit le grenier. »

Le seigle et l'orge n'ont pas ou presque pas de gluten ; c'est l'absence de cette précieuse matières qui rend le pain lourd et lent à lever.

Les blés durs, très-riches en gluten, devraient être seuls employés à la fabrication des pâtes alimentaires, telles que le vermicelle, la semoule, le macaroni, et toutes les pâtes qui servent à remplacer le pain dans les potages. Quand ces pâtes sont faites de blé tendre, elles s'amollissent, se désagrègent en cuisant et altèrent le goût aussi bien que la couleur du bouillon, tandis que, préparées avec de la farine de blé dur, elles se gonflent sans cesser d'être entières et n'ôtent au liquide ni sa saveur ni sa limpidité.

Ces pâtes se tiraient autrefois de l'Italie, et elles en portaient le nom ;

elles le conservent encore aujourd'hui, quoiqu'on les fabrique partout. On pétrit de très-belle farine avec peu d'eau, un peu de sel et de safran, et l'on fait passer, en la pressant fortement, cette pâte très-ferme dans des caisses dont le fond est percé de trous de formes diverses.

Le blé se conserve indéfiniment. On en a la preuve, puisque du blé trouvé dans les tombeaux des rois d'Egypte, après y avoir séjourné plusieurs milliers d'années, a donné de magnifiques produits. Il ne s'agit, pour assurer cette conservation, que de dessécher le blé de manière à ce qu'il ne contienne pas plus de quinze pour cent d'humidité, et de le mettre à l'abri de l'air. Les Egyptiens et les Romains avaient trouvé le secret de conserver leur blé ; les Arabes l'enferment dans des silos que la nature du sol leur permet de construire sans beaucoup de frais.

Ils n'ont, en effet, qu'à creuser un trou profond dans le sable bien sec, à y déposer leur blé et à le recouvrir d'argile impénétrable à l'eau. Mais en France la difficulté est beaucoup plus grande. Le blé enterré fermenterait promptement, parce que le sol est humide, et l'on ne peut construire un silo dans de bonnes conditions qu'en le revêtant d'abord à l'intérieur d'une solide maçonnerie, dans laquelle on place un immense bocal en fonte, peint à l'intérieur et recouvert à l'extérieur d'une couche d'asphalte qui fait corps avec la maçonnerie. On dépose le blé dans le bocal, en y ajoutant par hectolitre deux grammes de chloroforme ou de sulfure de charbon ; on ferme le bocal d'un couvercle qui joigne parfaitement, et la conservation du grain est assurée pour un temps indéfini.

Par malheur, la construction d'un silo établi dans ces conditions coûte trop cher pour que les cultivateurs, les fermiers, les petits propriétaires puissent en faire la dépense. Toutefois, il y a lieu d'espérer que de nouveaux progrès permettront de construire à moins de frais ces greniers d'abondance, auxquels on serait si heureux de recourir quand la récolte est insuffisante.

Que de souffrances seraient épargnées à la classe si nombreuse de ceux qui n'ont pour nourrir leur famille qu'un travail quotidien ! Il est vrai que, grâce à la prévoyance du commerce et à la sollicitude du gouvernement, les blés qui manquent alors chez nous y arrivent de l'étranger, surtout de l'Amérique et de la Russie ; mais nous ne serons pas obligés de les aller chercher si loin et de donner notre argent en échange, quand nous pourrons facilement mettre en réserve pour les années de disette le trop plein de nos greniers, après les bonnes récoltes.

« Faulte de savoir, l'agriculture est reprochable, » disait, au XVIe siècle, le naturaliste Pierre Belon. Bien longtemps auparavant, un auteur latin se plaignait amèrement de ce qu'on voyait à Rome des maîtres de tout, excepté des maîtres d'agriculture. On peut dire que la science agricole est née d'hier, et l'on doit se féliciter des progrès qu'elle a déjà réalisés ; mais il reste beaucoup à faire, et tout homme consciencieux est forcé d'avouer qu'elle n'est pas à la hauteur des autres sciences. Elle y parviendra sans doute ; tous les progrès de l'esprit humain s'enchaînent : nous avons la navigation à vapeur, les chemins de fer, le télégraphe électrique ; les moindres industries se perfectionnent et parviennent à augmenter leurs produits en diminuant leurs frais ; l'agriculture, dont s'occupent aujourd'hui tant d'hommes éminents, et que le pouvoir honore et protége, ne restera point en arrière ; et si les populations augmentent, les ressources croîtront en même temps.

L'Algérie pourra d'ailleurs devenir le grenier de la France, comme elle était celui de Rome. Pline raconte qu'un boisseau de blé confié à cette terre féconde en rapportait cent cinquante, et l'empereur Auguste reçut d'Afrique un pied de froment qui portait près de quatre cents tiges sorties du même grain.

Les blés tendres ne réussissent pas moins bien que les blés durs aux environs d'Alger ; mais ces derniers, plus faciles à conserver et à exporter, paraissent destinés à faire la richesse de l'Algérie. Ils contiennent autant de gluten que les blés durs d'Odessa, qui sont les meilleurs de l'Europe.

Les blés d'Odessa viennent des anciennes provinces polonaises, principalement de la Podolie ; les paysans les amènent dans cette ville sur de petits chariots traînés par des bœufs, qui ne font guère plus de trois lieues (douze kilomètres) par jour, à travers des chemins presque impraticables. Leur voyage dure souvent plus d'un mois ; ce qui n'empêche pas les chariots de se succéder sans interruption sur les quais d'Odessa, comme les anneaux d'une chaîne immense, tant que dure la saison des arrivages.

Les moyens de transport entre l'Algérie et la France sont beaucoup plus prompts et plus faciles ; mais notre colonie ne produit pas encore tout ce qu'elle peut donner. Les terres cultivées par les Français se couvrent de récoltes magnifiques ; mais les Arabes, généralement paresseux et insouciants, remuent à peine le sol. Le blé pousse ; mais si la grande chaleur survient, les racines, rencontrant une terre trop dure, ne peuvent y pénétrer ; et si les pluies sont abondantes, le blé croît en herbe et ne donne que de maigres épis.

Il faut si peu aux Arabes pour se nourrir, que ces demi-récoltes leur suffisent ordinairement ; mais l'année 1868 restera tristement célèbre dans leurs annales. Les sauterelles, la sécheresse, le choléra, trois fléaux terribles, en amenèrent un plus terrible encore, la famine. Les colons souffrirent, mais les Arabes moururent par milliers, et les tribunaux eurent à juger plusieurs de ces malheureux, accusés d'avoir déterré des cadavres pour les dévorer. Leur crime excita parmi les juges encore plus de pitié que d'horreur ; ils avaient trop souffert pour qu'on les punît. Ces souffrances paraissent devoir porter des fruits salutaires : les Arabes, si cruellement décimés par la famine, comprennent enfin, dit-on, que, pour se soustraire à de tels désastres, ils doivent imiter les colons et ne pas reculer devant le travail.

II.

Les animaux domestiques. — La science et l'agriculture. — Viandes. — Lait.
— Crème. — Beurre. — Fromage.

Il ne suffit pas de rendre les terres propres à la culture par un mélange bien entendu de calcaire et d'argile. C'est beaucoup, sans doute ; mais il faut encore avoir soin de restituer au sol ce que lui coûte la nourriture des plantes qui croissent à sa surface.

La terre, comme nous l'avons dit, après Chaptal, n'est pas le principe nutritif du végétal ; elle en fixe les racines et reçoit dans son sein, pour les lui transmettre, les substances qui doivent servir à son développement. Ces substances, fournies par l'engrais, se décomposent dans le sol, et, sous la forme de gaz ou de liquides, elles sont absorbées par les racines de la plante, dont elles deviennent la sève.

> Tout donne et tout reçoit. Les feuillages flétris
> Alimentent le sol dont ils furent nourris ;
> Le pré, qui donne au bœuf sa riante verdure,
> D'une grasse litière attend la fange impure,
> Et des sels du fumier se forment en secret
> Le parfum de la rose et le teint de l'œillet (1).

(1) DELILLE.

Les sels du fumier sont absolument nécessaires à la fécondité de la terre, et le meilleur fumier est produit par les animaux domestiques, qui sont à la fois l'aide et la richesse du laboureur. Comment l'homme pourrait-il cultiver la terre, qui attellerait-il à sa charrue pour ouvrir les sillons, à ses chariots pour rentrer les gerbes, si le bœuf et le cheval venaient à lui manquer? Et la vache, et le mouton, sont-ils moins utiles que le bœuf et le cheval?

Le pain est le premier, le plus indispensable des aliments; mais qui de nous se contenterait de ne jamais manger que du pain? Le bœuf, qui prend une si large part aux travaux des champs, nous donne ensuite sa chair, et la vache, avant de passer à la boucherie, nous fournit le lait dont on fait le beurre et le fromage. Le mouton et la chèvre servent à notre nourriture et produisent la laine, à laquelle sont empruntés la plupart de nos vêtements. Tous ces animaux rendent à la terre, sous forme d'engrais, les végétaux qu'elle a fait croître pour eux; ils nous donnent en outre leur cuir, leur poil, leurs cornes, leur graisse, que l'industrie travaille et transforme.

Au nombre des animaux domestiques les plus utiles, il faut placer le porc, qui se nourrit de tout, et qui forme la plus précieuse ressource de nos campagnes. Sa chair se mange fraîche ou salée: fraîche, elle est un des meilleurs produits de la charcuterie, qui à Paris seulement débite, chaque année, plus de 80,000 porcs. Dans la plupart de nos villages, il n'y a guère de ménage qui n'élève un ou deux porcs pour sa consommation. Dans les familles peu nombreuses, on en nourrit souvent deux pour en vendre un. Si le prix de ce dernier n'égale pas tout à fait ce qu'ont coûté les deux, chaque jour ayant eu sa petite part de dépense, on ne s'en est presque pas aperçu, et les bandes de lard salé, les beaux jambons, les gros saucissons qui sèchent à la cheminée ou qu'on voit pendus au plafond, servent, avec les légumes qu'il récolte, à faire le dîner et le souper du paysan.

La graisse du porc se nomme saindoux, en terme de cuisine, et axonge chez les pharmaciens, qui s'en servent pour préparer les pommades et les onguents. Son sang, introduit avec un peu de graisse et des oignons dans des boyaux bien nettoyés, forme le boudin, que tout le monde connaît; et ses soies sont employées dans la brosserie.

On range aussi parmi les animaux domestiques le lapin, qui nous donne sa chair et son poil; la volaille, qui nous fournit ses plumes, ses œufs, sa chair délicate; les vers à soie, qui filent nos plus riches vêtements, et les abeilles, qui fabriquent le miel et la cire.

Nommons encore deux espèces d'animaux qui, ne nous donnant aucun produit alimentaire ou industriel, n'en sont pas moins utiles : le chien, gardien des troupeaux et des maisons, seul ami que le malheur ne puisse éloigner de l'homme, et le chat, destructeur des souris, par lesquelles nos provisions seraient bientôt dévorées.

« Aujourd'hui, l'existence des nations civilisées est si intimement liée à celle des animaux domestiques, que si ceux-ci venaient à manquer, il en résulterait la famine, la mort. Supposons un instant la France privée tout à coup de ses animaux domestiques, quelque borné que soit leur nombre, notre agriculture est immédiatement anéantie, et avec elle, par conséquent, notre commerce et notre industrie. Plus de production du sol, plus de nourriture pour nos populations; on peut prévoir dès lors quelle serait la conséquence d'un pareil malheur....

« Les animaux domestiques doivent être considérés comme des laboratoires multiples de chimie, comme des usines vivantes, qui fabriquent, avec un peu d'herbe verte ou sèche, un peu de graine, ou d'autres matières premières, végétales ou minérales, la chair, le lait, les os, les tendons, le cuir, les poils, les crins, la laine, les plumes, la corne, la soie, le miel, toutes les substances animales, en un mot, employées soit pour notre alimentation, soit pour nous vêtir; et qui donnent la vie à l'industrie et au commerce (1). »

---

(1) RICHARD DU CANTAL.

Laissons de côté les produits industriels, et occupons-nous d'abord de l'alimentation.

La chair des animaux, ou la viande, est par excellence l'aliment réparateur, parce qu'il offre par sa composition une grande analogie avec notre propre chair. Malheureusement, la production de la viande est insuffisante, ce qui en élève trop le prix pour qu'elle soit à la portée de toutes les bourses, et l'on regrette de dire que ceux auxquels de rudes travaux rendraient cet aliment nécessaire en sont le plus souvent privés.

On attribue cette insuffisance à ce que les animaux domestiques sont ordinairement envoyés trop tard à la boucherie. Ils se renouvellent ainsi moins souvent dans l'écurie; d'ailleurs ils prennent moins bien la graisse quand ils sont vieux, et n'arrivent que difficilement à donner un poids égal à celui qu'ils auraient eu, si on les avait engraissés plus tôt. Nous ne parlons pas de la qualité de la viande, qui est moins agréable, moins nourrissante et d'une digestion plus difficile.

Une autre cause de la rareté et de la cherté de la viande, c'est l'ignorance de l'agriculteur. On croit et l'on répète que, pour cultiver la terre, il est inutile d'être savant. On a grand tort. S'il ne s'agissait que de conduire la charrue, de faucher les foins, de charger et de battre les gerbes, il suffirait d'avoir de bons bras; mais pour reconnaître la qualité du sol, pour l'amender convenablement, pour choisir le genre de culture auquel il est propre, pour amener les récoltes à leur maximum de rendement, pour juger des qualités et des défauts du bétail qu'on achète, pour le maintenir en bon état, malgré les travaux qu'on lui impose, pour l'engraisser promptement, il faut avoir autre chose que des bras. La science doit venir en aide à l'agriculture, pour qu'elle cesse d'être reprochable, et c'est seulement grâce à la science qu'elle pourra faire de sérieux et rapides progrès. La conséquence de ces progrès sera la richesse pour le cultivateur, et pour tous la réalisation du grand problème de la vie à bon marché.

Les différentes espèces de viandes ne sont pas également nutritives, et le mode de cuisson influe aussi sur leurs propriétés. Le bœuf et le mouton rôtis, sans être desséchés, forment un aliment très-nourrissant; bouillis, ils ont perdu beaucoup de leurs qualités nutritives et sont moins faciles à digérer. Le veau, qui est le petit de la vache, donne une chair délicate et saine, mais moins nourrissante que le bœuf et le mouton. Celle du porc est d'un goût agréable; mais elle est un peu lourde et ne convient pas à tous les estomacs.

Le lait est un mélange naturel d'eau, de sucre, de beurre, de différents sels, et d'une matière blanche, sans saveur et sans odeur, qu'on nomme caséine.

L'eau qui tient en dissolution ces diverses substances entre pour quatre-vingt-sept centièmes dans la composition du lait; la proportion du sucre de lait est de cinq centièmes; le beurre et la caséine se partagent également les huit autres centièmes.

Le sucre de lait est une matière cristalline assez peu sucrée, mais qui a de la saveur et qui jouit de propriétés nutritives. Le beurre ou la crème consiste en globules graisseux tenus en suspension dans l'eau, c'est-à-dire dans la partie liquide, qu'on appelle le petit-lait. La caséine, principe du fromage, est insoluble dans l'eau; c'est une matière azotée, qui, jointe aux différents sels contenus aussi dans le lait, en fait un aliment complet.

Le lait suffit seul à la nourriture des animaux pendant un certain nombre de semaines, à celle des enfants pendant une année et quelquefois davantage. Les convalescents peuvent aussi, dans certains cas, s'en nourrir exclusivement.

Quand le lait est placé dans un endroit frais et laissé en repos pendant quelques heures, les globules graisseux, plus légers que l'eau, montent à la surface et y forment une couche de crème, dont l'épaisseur varie selon la qualité du lait et selon le temps qu'ils ont mis à monter. Cette crème enlevée, le lait qui reste a perdu la nuance jaunâtre qu'il devait à ces globules ; il est d'un blanc tirant sur le bleu.

Ce lait renferme encore du beurre, mais en petite quantité ; ce qui n'empêche pas certains marchands, peu scrupuleux, d'y ajouter encore de l'eau ; mais comme on pourrait s'apercevoir de la fraude, le liquide ayant perdu beaucoup de son épaisseur, ils la lui rendent en y délayant de la farine, de la fécule, quelquefois même de la craie.

Il ne faut pas croire cependant que le lait qu'on trouve clair et faible soit toujours étendu d'eau ; il y a des vaches qui le donnent excellent et d'autres qui fournissent un lait peu riche en crème. Il est d'ailleurs à remarquer que le lait est moins épais quand on commence à traire la vache, après avoir sevré son veau.

Quand le lait n'est plus frais, il tourne en bouillant, c'est-à-dire qu'il se coagule par l'effet de la fermentation du sucre qu'il contient. C'est ce qui a lieu surtout en été, par un temps orageux. Il arrive même, par les grandes chaleurs, que le lait tourne au bout de quelques heures, si l'on n'a pas eu la précaution de le placer dans un endroit frais et bien aéré. Il ne faut ni l'agiter ni le transvaser, mais le laisser en repos dans du verre, du fer-blanc, du grès, ou mieux encore dans de la fonte émaillée.

Tous les acides ont la propriété de cailler le lait ; il en est de même de l'alcool et de beaucoup de plantes qui renferment des acides ; mais pour que la coagulation ait lieu plus vite et soit plus complète, on se sert de petit-lait aigri, dans lequel on a mis tremper l'enveloppe intérieure de l'estomac du veau. Cette enveloppe se nomme vulgairement caillette, et le liquide dans lequel on le fait macérer s'appelle présure. L'action de la présure est si énergique, qu'une goutte suffit pour coaguler trente mille gouttes de lait, et qu'il suffit que les vases de terre ou de bois dans lesquels on veut faire cailler du lait en aient contenu une fois pour qu'il ne soit pas nécessaire d'y recourir pendant un temps assez long.

Les alcalis, tels que la soude, la potasse, empêchent au contraire le lait de se coaguler ; ils arrêtent la fermentation du sucre et retardent la production de l'acide lactique. Les laitiers ne l'ignorent pas ; et pour qu'on n'ait point à se plaindre de ce que le lait tourne, ils y ajoutent du bicarbonate de soude. La dose d'un gramme par litre suffit, quand le lait n'est pas vieux. On peut le faire bouillir sans craindre la coagulation, même pendant les plus fortes chaleurs. Souvent aussi, quand la crème est montée, on empêche le lait de tourner en y incorporant de nouveau cette crème ; mais il vaut mieux ne pas le risquer et le boire froid ; car il a conservé toutes ses qualités.

Il n'en est pas de même du lait qui se coagule quelque temps après avoir bouilli ; il subit une décomposition qui le rend impropre à la nourriture de l'homme.

La crème est, comme nous l'avons dit, la réunion des globules graisseux renfermés dans le lait ; quand ces globules sont serrés et soudés entre eux de manière à ne faire plus qu'un tout, ils prennent le nom de beurre.

C'est en agitant la crème qu'on fait le beurre. On se sert pour cela d'une espèce de tonnelet en bois, fermé à son extrémité supérieure par un couvercle dans lequel passe un bâton terminé par un disque, également en bois. On verse la crème dans ce tonnelet, appelé baratte, on soulève le bâton et on le laisse retomber, jusqu'à ce que la partie solide de la crème se dégage de la partie liquide.

La baratte n'a pas toujours la même forme ; souvent c'est un baril garni à l'intérieur de petites planchettes qui fouettent la crème, pendant que le baril, posé sur un chevalet, tourne au moyen d'une manivelle.

Quand on fabrique le beurre en grand, la baratte est mise en mouvement par plusieurs hommes, par des chevaux, et même par des machines à vapeur. Pour que le beurre soit bon, il ne faut pas laisser vieillir la crème ; aussi est-il ordinairement meilleur dans les fermes importantes, où l'on peut le battre souvent, que chez les cultivateurs qui, n'ayant qu'une ou deux vaches, sont obligés d'attendre huit jours et quelquefois davantage pour avoir une quantité de crème suffisante.

Le beurre qui sort de la baratte doit être soigneusement débarrassé du lait qu'il contient encore, et qui en altérerait bientôt le goût. Pour extraire ce lait, on lave le beurre dans l'eau jusqu'à ce qu'elle reste limpide, ou bien on le presse avec un rouleau, jusqu'à ce qu'on n'en puisse plus retirer de liquide.

Le bon beurre est ordinairement d'un blanc jaunâtre ; il faut se méfier des beurres trop jaunes ; ils sont colorés avec du jus de carotte, du souci, du safran, du rocou, etc. La qualité du beurre dépend de celle des pâturages, de la race des vaches qui le fournissent et des soins dont il est l'objet. Il est meilleur au printemps ou en automne qu'en hiver et en été, parce que les prés dans lesquels paissent les vaches sont couverts de jeune herbe au printemps, et en automne d'un regain tendre et délicat.

Le beurre, abandonné à l'influence de l'air, fermente d'autant plus vite qu'il a conservé plus de petit-lait. Cette fermentation donne naissance à des acides gras dont l'odeur rance est très-désagréable. Pour empêcher le beurre de rancir, on le serre dans des pots qu'on recouvre d'eau ; et quand ce moyen ne suffit pas, on le sale ou on le fond. Le sel neutralise l'action du petit-lait ; il en faut une bonne poignée pour dix kilogrammes de beurre. Quand ce sel est bien sec et bien pulvérisé, on le pétrit avec le beurre, qu'on entasse ensuite dans des pots bien propres, et qu'on recouvre d'eau salée.

Quand on fait fondre le beurre, on le tient assez longtemps au feu pour que le petit-lait se dépose dans le fond du vase, et on n'en verse le contenu que quand il est devenu limpide.

On peut aussi incorporer au beurre, pour le conserver frais, un mélange de sel, de sucre et de salpêtre, en donnant au sel seul le même poids qu'au sucre et au salpêtre réunis. Un kilogramme de ce mélange suffit pour vingt kilogrammes de beurre.

Le liquide qui reste dans la baratte, quand on en a retiré le beurre, et qu'on appelle lait de beurre ou lait battu, n'a pas perdu ses propriétés nutritives; dans beaucoup de campagnes on en fait de la soupe; dans d'autres, on le donne aux porcs, qui en sont très-friands.

Quand le lait écrémé est complétement caillé, on le met égoutter dans une boîte percée de trous, par lesquels le petit-lait s'échappe, et ce qui reste dans la boîte est appelé fromage blanc. Ce petit-lait est une boisson rafraîchissante et légère, qu'on peut filtrer pour la rendre plus limpide.

L'usage du lait est tellement répandu, qu'il nous serait bien difficile de nous en passer; il peut même être regardé comme aliment de première nécessité pour les enfants; aussi a-t-on cherché longtemps le moyen de le conserver sans altération pendant les voyages maritimes. On a essayé de le concentrer par l'évaporation de l'eau qu'il renferme, d'y ajouter du sucre, de le laisser réduire de quatre cinquièmes, en l'agitant toujours, et de l'enfermer ensuite dans des boîtes de fer-blanc, qu'on fait bouillir dans l'eau et qu'on soude à l'étain, comme les conserves de fruits ou de légumes.

Un autre procédé consiste à chauffer dans une étuve à vapeur des bouteilles de fer-blanc pleines de lait, dont la surface est recouverte d'une couche d'huile d'olive qui le préserve du contact de l'air extérieur. L'air contenu dans le lait est chassé par la chaleur et s'échappe à travers la couche d'huile. Au bout d'une heure, on laisse refroidir l'étuve, et l'on bouche hermétiquement chaque bouteille, en rapprochant les parois d'un tube de plomb qui la surmonte et en les soudant à l'étain.

Ces bouteilles sont assez remplies pour que le lait ne ballotte pas, ce qui le changerait en beurre; elles sont hermétiquement fermées, et le liquide qu'elles contiennent garde son odeur et sa saveur pendant plusieurs années.

Le lait et le beurre font de la vache un animal très-précieux. La chèvre et la brebis donnent aussi du lait, mais en médiocre quantité. Le lait de chèvre est nourrissant et léger ; il convient aux enfants et aux personnes délicates. Quant au lait de brebis, il a une saveur grasse toute particulière et n'est guère employé qu'à la fabrication des fromages.

Le fromage est la portion la plus nutritive du lait ; c'est la caséine qui se coagule quand la crème est montée, et qui nage dans le sérum ou petit-lait.

On ignore à quelle époque ont été fabriqués les premiers fromages ; cependant on croit que la manière d'utiliser cette partie du lait a été trouvée par les bergers de la Séquanie et de l'Helvétie, c'est-à-dire de la Franche-Comté et de la Suisse, environ cent ans avant l'ère chrétienne. On croit aussi que le nom de ce produit était formage et venait de la boîte ou forme dans laquelle on le faisait égoutter.

Quoi qu'il en soit, le fromage, qui est une grande ressource pour les habitants des campagnes et qui a sa place marquée sur les meilleures tables, est devenu l'objet d'un commerce considérable et se fabrique dans presque tous les pays de l'Europe. La différence qu'on remarque entre ces divers produits tient aux procédés de fabrication plutôt qu'à la qualité des pâturages. Le bon fromage ne peut être fait qu'avec de bon lait, ayant toute sa crème et auquel on en ajoute même très-souvent. Le fromage fait avec du lait écrémé est sec et prend le nom de fromage maigre.

Les fromages égouttés, parmi lesquels se placent les fromages de Hollande, de Brie et de Marolles, se font en activant la coagulation du lait chauffé, par l'addition d'une petite quantité de présure. On enlève le caillé à l'aide de cuillers de bois percées de trous, on le verse sur un linge mouillé placé dans une forme ou sur une claie d'osier ; on remplace ce linge à plusieurs reprises, en mettant le fromage dans d'autres formes ou sur d'autres claies, et en le pressant pour lui donner de la consistance. Quand il est assez égoutté, on le couvre d'une légère couche de sel, qui fond lentement; le lendemain, on la renouvelle, et l'on recommence ainsi jusqu'à ce que la pâte n'en absorbe plus. On place ensuite ces fromages sur des tables garnies de paille de seigle, on les essuie, on les retourne souvent, et on les laisse là jusqu'à ce qu'ils aient acquis par la fermentation le degré d'âcreté qu'on veut leur donner.

Le fromage de Neufchâtel, qui se mange frais, se fait en ajoutant au lait chaud de la crème pure, avec un peu de présure, et en mettant égoutter le caillé dans un moule percé de trous et garni de toile claire. On le retourne en changeant le linge jusqu'à ce qu'on puisse le manier facilement. On le roule alors et on le coupe en petites bondes, qu'on entoure de fin papier mouillé.

Dans les fromages de Fourme, qu'on fabrique en Auvergne, le caillé est écrasé, puis comprimé fortement et soumis à une température élevée qui le fait fermenter. On le sale, on le place dans un lieu frais, et l'on a soin de le retourner tous les jours.

Les fromages cuits, au nombre desquels se placent le parmesan, le chester, le fromage de Hollande et de Gruyères, sont les plus recherchés. Le gruyères se fabrique en Suisse et en Franche-Comté. Cette fabrication donne lieu à de nombreuses associations, chaque fermier ne disposant pas à lui seul de la quantité de lait nécessaire pour faire un fromage; car il n'en faut pas moins de trois cents litres.

On verse tout ce lait bien pur dans une chaudière; quand il commence à chauffer, on y ajoute de la présure; le caillé se forme, on l'écume et on le remue fortement; on le chauffe de nouveau, on le remue encore, puis on l'enferme dans une espèce de tonneau fait de planches de sapin, qu'on serre avec des cordes, et sur lequel on place d'autres planches lourdement chargées de pierres. Le lendemain on resserre le moule, et l'on continue jusqu'à ce que la pâte soit assez dure. On la retire du moule, on la porte dans des caves bien aérées, où on la sale, et on la retourne tous les jours pendant six semaines, puis moins souvent, jusqu'à l'époque de la livraison, qui ne se fait guère que tous les six mois. La fermentation qui s'établit dans chaque pain produit les yeux ou les trous qu'on y remarque.

Le fromage de Gruyères se fait avec du lait de vache; celui du Mont-Dore, avec du lait de chèvre; celui de Roquefort, avec du lait de brebis et de chèvre; ceux du Mont-Cenis et de Sassenage, avec du lait de chèvre, de vache et de brebis.

La viande, le lait, le beurre, le fromage, sont autant de produits par lesquels le bétail paie sa nourriture au cultivateur. Il lui fournit en outre le fumier, qui donne le blé, qui double la récolte des prairies et qui permet d'utiliser, par une culture de plantes sarclées, les champs épuisés par la production des céréales. Plus on a de foin et de plantes sarclées, plus on peut avoir de bétail; et plus on a de bétail, plus on peut espérer de fourrage et de blé.

III.

Pour élever du bétail, il faut avoir des prairies, soit naturelles, soit artificielles. Les prairies naturelles sont ces beaux tapis de verdure qu'on voit s'émailler, au printemps, d'une multitude de fleurs. Elles sont formées de plantes qu'on nomme graminées, et qui sont pour les animaux ruminants ce que les céréales sont pour l'homme. Les prairies artificielles sont dues aux plantes légumineuses papillonacées, c'est-à-dire dont les fleurs ressemblent à des papillons, telles que la luzerne, le sainfoin, le trèfle, la vesce et le lupin.

Les graminées ne demandent presque rien à la terre ; aussi peuvent-elles occuper indéfiniment le même sol, tandis que les céréales l'épuiseraient au point de le rendre stérile, si l'on ne faisait succéder à leur culture celle des plantes fourragères, qui vivent de sucs différents, et qui ont en outre l'avantage de nettoyer les champs des plantes parasites qui s'y développent en liberté, pendant que les moissons croissent et mûrissent.

La plupart des plantes sarclées sont dites fourragères, parce qu'elles servent à la nourriture du bétail ; d'autres se nomment plantes industrielles, comme le colza, le pavot, dont on fabrique de l'huile ; d'autres enfin sont tout à la fois industrielles et fourragères, comme la betterave, qui donne du sucre et de l'alcool ; la pomme de terre, dont on tire de l'eau-de-vie et de la fécule.

Après le blé, la pomme de terre occupe la première place parmi les végétaux utiles : elle nourrit des populations entières, et, grâce aux diverses préparations auxquelles on la soumet, elle offre de précieuses ressources à la table du riche aussi bien qu'à l'humble cuisine du pauvre.

La pomme de terre est originaire de l'Inde. Elle a passé de là en Amérique, d'où elle a été apportée en Irlande, au XVIᵉ siècle, par Walter Rawley. Cependant, elle était encore presque inconnue dans toute l'Europe vers la fin du XVIIIᵉ siècle ; ce qui s'explique par l'injuste répulsion dont elle était l'objet dans les quelques provinces où l'on avait essayé d'en introduire la culture. On prétendait que non-seulement elle appauvrissait la terre, mais qu'elle engendrait encore des fièvres pernicieuses et pouvait même donner la lèpre.

En 1772, l'Académie de Besançon proposa un prix pour le meilleur mémoire sur les substances alimentaires. On commençait à se préoccuper de cette grave question, l'agriculture trop négligée ne donnant que des produits insuffisants.

Il y avait alors à Paris un chimiste, nommé Parmentier, qui s'en préoccupait encore plus que tout le monde, parce qu'il joignait à un grand savoir le plus sincère désir d'être utile à l'humanité. Il s'empressa de travailler au mémoire demandé ; il démontra qu'un grand nombre de plantes, dont on ne faisait pas assez de cas, pouvaient aider à l'alimentation publique. De ce nombre étaient le maïs et la châtaigne. Il obtint le prix et n'en continua ses recherches qu'avec plus d'ardeur.

La pomme de terre surtout attira son attention; il en fit l'analyse, et publia un traité par lequel il établissait la supériorité de ce tubercule sur la plupart des autres substances alimentaires. Le traité fut vivement critiqué; on alla même jusqu'à dire que son auteur avait perdu la raison.

Mais Parmentier savait qu'il n'y a rien de plus difficile à vaincre qu'un préjugé; il ne se tint donc pas pour battu, et, joignant l'exemple au précepte, il fabriqua lui-même du pain de pomme de terre, qu'il fit goûter à ses amis; puis il les convia à un festin dans lequel ne devaient figurer que des mets dont la pomme de terre aurait fait les frais.

Les amis de Parmentier étaient des savants qui ne demandaient qu'à voir triompher ses idées; cependant ils le raillaient un peu de sa passion pour la pomme de terre. Après avoir reconnu par eux-mêmes qu'il n'en disait pas trop de bien, ils vantèrent partout le précieux tubercule qui leur avait fourni non-seulement un bon potage et des mets variés, mais du pain et des liqueurs. Ils ne trouvèrent que des incrédules, et Parmentier serait mort sans avoir vu la pomme de terre cultivée en France, s'il n'avait eu l'ingénieuse idée de lui donner l'attrait du fruit défendu.

Louis XVI aimait trop son peuple pour ne pas favoriser tout projet tendant à diminuer les cruelles disettes dont on souffrait alors si souvent. Il écouta Parmentier, sourit à ses espérances, et lui donna, pour y planter des pommes de terre, cinquante-quatre hectares dans la plaine des Sablons. Il l'autorisa en outre à faire garder son champ par des gens armés, et il laissa répandre le bruit que toute cette récolte était réservée à la table de la cour.

Les sentinelles faisaient bonne garde pendant tout le jour; mais elles dormaient la nuit, et bientôt Parmentier reconnut avec joie qu'on profitait de leur sommeil pour voler ses pommes de terre. En moins d'une semaine le champ, mis au pillage, fut complétement dépouillé.

Puisque le roi voulait garder pour lui ce nouveau légume, on en pouvait manger sans crainte ; on en mangea, on le trouva bon , et l'année suivante Parmentier put, en se promenant hors de Paris, constater le succès de la ruse que l'amour du bien public lui avait inspirée.

La conquête de la pomme de terre est une de celles que l'Europe doit le plus bénir, puisqu'elle a augmenté d'un dixième la quantité des substances alimentaires , et qu'elle n'a coûté , disait cet homme célèbre, ni larmes ni crimes à l'humanité.

La pomme de terre ne forme pas un aliment complet, comme le pain, le lait ou la viande , mais elle en restreint la consommation , et les pays où l'on cultive en grand ce tubercule sont ceux qui fournissent à la charcuterie ses meilleurs produits. Depuis qu'on apprécie tous les avantages qu'on en peut tirer, depuis surtout qu'elle a fait disparaître la jachère et rendu par conséquent chaque année à la production des milliers d'hectares, la famine n'a pas sévi chez nous.

Personne ne doit donc s'étonner des alarmes qu'a causées en 1845 l'invasion de la maladie qui menaçait de nous ravir une plante si utile. Les agriculteurs les plus distingués, les chimistes, les savants se sont tous alors occupés de cette maladie, et des moyens de la guérir. On a écrit là-dessus bien des traités ; on a fait bien des essais , qui sans doute n'ont pas été inutiles, puisque les craintes sont aujourd'hui dissipées et qu'on ne trouve plus que de loin en loin des tubercules envahis par le vénéneux parasite contre lequel se sont réunis tant d'efforts.

La pomme de terre malade n'était cependant pas encore complète-ment rejetée. On s'était assuré que la fécule qu'elle renfermait échappait à la corruption, et l'on en extrayait des quantités considé-rables.

Toutes les céréales contiennent de la fécule ; mais quand on la sépare du gluten et des autres matières qui composent le grain, elle prend le nom d'amidon et ne sert point à l'alimentation. Rien n'est plus facile que d'opérer cette séparation : on place la farine sous un mince filet d'eau, on la pétrit et on laisse cette eau enlever peu à peu toute la substance blanchâtre, qui n'est autre que l'amidon. Le gluten reste sous la forme d'une espèce de gelée grisâtre.

Autrefois, ce gluten était perdu ; on le laissait se corrompre, et il exhalait une odeur tellement infecte, qu'il fallait reléguer loin des villes les fabriques d'amidon ; aujourd'hui on le fait sécher, on le sépare en petits grains, et, sous le nom de gluten granulé, on en fait d'excellents potages, très-nourrissants, puisque le gluten est la partie du blé la plus riche en principes azotés.

La fécule de pomme de terre s'extrait par des procédés analogues. La pomme de terre bien lavée et dépouillée de sa pellicule est rapée dans un grand tamis sur lequel tombe lentement une eau froide et pure. On remue et l'on presse la pulpe jusqu'à ce que cette eau qui la traverse en sorte bien claire.

Elle tombe dans des cuves où on la laisse pendant un certain temps, pour que la fécule puisse se déposer dans le fond, où elle forme une pâte très-blanche et très-légère. On la sèche à l'étuve, on la presse pour la réduire en une poudre impalpable, et l'on n'a plus qu'à la mettre en paquets pour la livrer au commerce.

La fécule de pomme de terre est presque aussi nourrissante que la farine de froment. Elle est employée dans la confection de diverses pâtisseries, qu'elle rend plus faciles à digérer et qu'elle conserve fraîches plus longtemps. Elle sert à préparer aussi de bons potages ; mais pour cet usage, beaucoup de personnes la préfèrent sous forme de semoule ou de tapioca.

Le tapioca, le sagou, l'arrow-root, le salep, sont des fécules exotiques. Le tapioca s'extrait de la racine du manioc jatropha et forme, sous le nom de cassave, la principale nourriture des nègres des Antilles. Le sagou se trouve à l'intérieur d'une espèce de palmier qui croît dans l'Asie orientale. L'arrow-root provient de la racine d'une plante nommée maranta, qu'on cultive dans l'île Ceylan ; et le salep, de celle d'une espèce d'orchis très-commun dans la Perse.

La fécule de pomme de terre, à laquelle on fait subir quelques préparations peu dispendieuses, imite à s'y méprendre ces fécules exotiques ; mais elle n'a pas le même goût ; et comme le prix de revient est d'ailleurs beaucoup moins élevé que celui de ces produits étrangers, on ne peut l'y assimiler sans une fraude coupable. La fécule de pomme de terre ne doit pas non plus être mêlée à l'amidon ; car elle n'en a pas les qualités.

La pomme de terre distillée donne de l'eau-de-vie, que les peuples du Nord préfèrent au meilleur cognac, mais qui, malgré cette préférence, doit être rangée parmi les eaux-de-vie *mauvais goût*. Nous dirons bientôt comment s'opère la distillation des liquides ou des matières fermentées qui contiennent de l'alcool.

La betterave est une plante sarclée dont les larges feuilles et la racine charnue conviennent à la nourriture du bétail. Dans la plupart des campagnes, elle n'a pas d'autres usages, si ce n'est qu'elle entre, après avoir été cuite au four, dans la composition des salades d'hiver. Mais dans les pays où l'industrie et l'agriculture ont fait le plus de progrès, on plante une très-grande quantité de betteraves pour en fabriquer du sucre.

Beaucoup de végétaux contiennent du sucre, mais en proportions médiocres ; ceux qui en renferment assez pour qu'on puisse l'extraire avec profit sont la canne à sucre, l'érable, la betterave et le sorgho, dont la culture a été récemment introduite dans le midi de la France.

Le sucre, dont on fait aujourd'hui une énorme consommation, ne se vendait autrefois que chez les apothicaires, et les médecins le désignaient sous le nom de sel indien. Cependant on le connaissait dès la plus haute antiquité dans les Indes et en Chine, où croît naturellement la canne à sucre.

Cette graminée gigantesque fut transportée dans plusieurs contrées de l'Asie et de l'Afrique, vers le milieu du xiii⁰ siècle, et en 1506, l'Espagnol Pierre d'Etiença l'introduisit à Saint-Domingue, d'où elle se répandit bientôt dans toutes les Antilles.

La canne ne donne pas de semence, parce qu'on la coupe avant la floraison, qui absorberait une grande quantité de sucre. Le haut de la canne en contient fort peu; on le met de côté pour servir à la nouvelle plantation. Chaque hectare de terre reçoit environ cinq mille de ces boutures, au mois de septembre ou d'octobre. Elles ne tardent point à pousser, et dans l'espace d'une année elles atteignent en moyenne une hauteur de deux mètres. Quand elles sont près de fleurir, les esclaves se répandent dans les champs, armés d'un couteau appelé manchette, dont ils se servent pour trancher d'un seul coup la canne à une petite distance du sol, et pour en détacher la tête. Ils enlèvent les feuilles, disposent les cannes en fagots, les chargent sur leurs épaules et les portent au moulin.

Ce moulin, mu par le vent, l'eau, et quelquefois par la vapeur, broie les cannes, dont le jus passe à la batterie. On appelle ainsi la réunion des trois ou des quatre chaudières dans lesquelles on fait bouillir ce jus, qu'on nomme *vesou*. On alimente le feu avec des débris de cannes et l'on ajoute au vesou un peu de chaux, qui le fait écumer abondamment. A mesure que l'écume se produit, on l'enlève et on la jette dans la chaudière suivante, qu'on soumet ensuite au même traitement. Quand le jus paraît cuit à point, on le retire; et quand il est refroidi, on le verse dans une espèce de grand entonnoir en bois, dont la base assez large est percée de trous par lesquels la mélasse s'écoule. On appelle mélasse la partie du sucre qui ne peut se cristalliser; on la laisse fermenter et on la distille pour en retirer la liqueur alcoolique connue sous le nom de rhum.

Ce qui reste dans l'entonnoir est le sucre brut ou la cassonade. On l'étend sur des nattes pour le blanchir un peu par l'action de l'air et du soleil, puis on l'entasse dans des tonneaux. Les colonies nous l'expédient ainsi, et c'est en France seulement qu'on le soumet au raffinage, opération qui souvent s'exerce en même temps sur les sucres bruts extraits de la betterave.

Ce fut en 1747 seulement que Margraff, chimiste prussien, parvint à extraire de la betterave du sucre identique à celui de la canne; mais on ne s'occupa guère du parti qu'on pouvait tirer de cette plante que quand le blocus continental eut fermé l'entrée de nos ports aux sucres exotiques. Le miel ne pouvant suffire à le remplacer, les chimistes, les agriculteurs, les mécaniciens unirent leurs efforts pour créer l'industrie du sucre indigène; et grâce à l'état des sciences dans notre pays, cette industrie se développa et se perfectionna rapidement. C'est dans les volumineuses racines de la betterave dite de Silésie que se trouve le sucre. On les rape et l'on enferme cette pulpe dans des sacs qu'on place sous une presse hydraulique. Le jus qui en découle est mis en ébullition avec une certaine quantité de chaux; on en sépare la mélasse et l'on procède au raffinage du sucre brut.

Les raffineurs ne font aucune distinction entre les sucres bruts des colonies et ceux qui proviennent de la betterave. Les uns et les autres sont refondus dans des chaudières au moyen d'un jet de vapeur qui échauffe la petite quantité d'eau qu'on a d'abord introduite dans un double fond. Quand la dissolution est complète, on y ajoute cinq kilogrammes de noir animal fin pour cent kilogrammes de sucre, puis une certaine quantité de sang de bœuf battu dans de l'eau.

On remue le tout: le sang de bœuf dans lequel abonde l'albumine, substance analogue à celle du blanc d'œuf, se coagule et entraîne au fond de la chaudière les impuretés que le sucre retenait encore. Le noir animal, ou charbon d'os réduit en poudre, dont les propriétés décolorantes sont très-actives, débarrasse le jus de sa teinte brune; et par la pression de la vapeur, ce jus monte dans un tube qui le conduit dans d'autres chaudières placées à l'étage supérieur de la raffinerie.

Après plusieurs ébullitions successives, ce liquide prend le nom de *clairce*. Pour le séparer du noir animal, on le fait passer dans des sacs de toile de coton étendus sur des claies, puis à travers des cylindres remplis de noir animal en grains, qui achève de le décolorer.

La clairce est ensuite soumise à l'évaporation, c'est-à-dire qu'au moyen d'ingénieux appareils, l'eau qu'elle contient se dégage, sans qu'il soit nécessaire de la chauffer beaucoup. Quand elle est devenue assez épaisse, on la fait passer dans une autre chaudière, plus fortement chauffée, d'où on la verse dans des formes.

Il ne reste plus guère aujourd'hui de formes en terre cuite dont on se servait d'abord ; elles sont presque toutes en tôle émaillée. L'extrémité inférieure de ces cônes est fermée par un bouchon, qu'on ôte quand le sucre est refroidi, pour que le sirop qu'il contenait encore puisse s'écouler.

Ces pains de sucre ne sont toutefois pas assez blancs pour être livrés au commerce; on les place, toujours dans leurs formes, sur des planchers dans lesquels sont creusées des rigoles, et l'on verse sur chaque pain de la clairce qui le pénètre et qui s'écoule dans ces rigoles, avec les matières étrangères qu'elle a dissoutes.

On fait trois fois la même opération ; puis on couvre les pains d'argile mouillée. Le sucre s'imprègne peu à peu de cette eau ; elle le traverse tout entier, et elle achève de lui donner sa blancheur et sa pureté.

La mélasse est en partie consommée par beaucoup de ménages, dans lesquels elle remplace le sucre. Ce qui n'est pas vendu sous cette forme sert à la fabrication de l'alcool.

Ce qui reste de la mélasse après la distillation est porté dans un four à réverbère fortement chauffé. Cette matière prend feu ; on la laisse brûler jusqu'à ce qu'elle ne produise plus de flamme ; puis on la retire et on la met en tas, pour qu'elle achève de se consumer lentement. Quand elle est complétement éteinte, elle forme ce qu'on appelle du *salin*, mélange formé de plusieurs espèces de sels. On lave le salin, on fait évaporer les eaux qui ont servi à ce lavage, et l'on obtient des sels de potasse, dont la valeur est de 80 à 85 fr. les cent kilogrammes.

On utilise jusqu'à l'écume du jus de betterave, soumis à une première ébullition. Cette écume, riche en substances azotées, se vend comme engrais.

Beaucoup de plantes, telles que la carotte, le navet, la citrouille, contiennent du sucre cristallisable, mais en si petite quantité, que les frais d'extraction en excéderaient le produit.

Les fruits et surtout le raisin contiennent beaucoup de sucre; mais on n'a pas jusqu'à présent trouvé le moyen de le cristalliser, comme celui de la betterave. Ce sucre liquide se nomme glucose. C'est avec le glucose du miel qu'on sucrait le café, pendant que la France, en guerre avec l'Angleterre sous le premier Empire, ne recevait plus les cassonades d'Amérique. On avait trouvé, dit-on, le moyen d'ôter à ce glucose toute saveur différente de celle du sucre; cependant c'était toujours du miel, et beaucoup de personnes ne s'en accommodaient pas.

Les savants se mirent à l'œuvre, et le sucre de betterave fit son apparition dans le commerce, sans toutefois recevoir l'accueil qu'il méritait. On s'obstina longtemps à le trouver inférieur au sucre de canne, quoique sa composition soit absolument la même, et certains marchands exploitent encore aujourd'hui ce vieux préjugé; quand ils prétendent vendre du sucre de canne, puisque très-souvent les cassonades de canne et de betterave sont raffinées ensemble, comme nous l'avons dit.

La fécule et l'amidon soumis à quelques opérations chimiques donnent aussi du glucose.

La fabrication du sucre indigène est une de nos plus riches industries. Elle occupe quarante mille ouvriers au moins, sans compter les

4

machines à vapeur qu'elle emploie pour économiser la main-d'œuvre. Ses produits ne le cèdent en rien à ceux des colonies, et la perfection des procédés qu'on y applique compense largement ce qui manque à la richesse saccharine de la betterave, comparée à celle-de la canne à sucre.

Le sucre se dissout dans le tiers de son poids d'eau froide; l'eau bouillante en dissout bien davantage, et forme les sirops. Quand le sirop de sucre se refroidit vite, il présente la multitude de petits cristaux qu'on remarque dans le sucre ordinaire. Quand on le laisse refroidir lentement, et qu'on place dans ce sirop des fils ou des baguettes, il s'y attache sous la forme de cristaux durs et transparents, qu'on nomme sucre candi, parce que ces cristaux nous venaient autrefois de l'île de Candie.

Si l'on verse sur une plaque de marbre huilée du sirop de sucre suffisamment épaissi, on obtient ce qu'on appelle le sucre d'orge, dans lequel il n'entre pas, comme on le voit, le moindre grain d'orge. Le sucre-de pomme se prépare de la même manière; seulement on y ajoute un peu de gelée de pomme et d'eau de fleur d'oranger; encore la gelée de pomme est-elle souvent remplacée par quelques gouttes de vinaigre, qui conservent au sucre sa transparence.

La pâte de guimauve et la pâte de jujubes ne contiennent pas plus de guimauve ni de jujubes que le sucre d'orge ne contient d'orge. Il entre dans la composition de ces deux pâtes de la gomme, du sucre, de l'eau de fleur d'oranger, et l'on ajoute des blancs d'œufs à la pâte de guimauve. Dans les pâtes de réglisse et de lichen, il entre du jus de réglisse et de la poudre de lichen.

La confection de ces pâtes, des dragées, des fruits confits, des bonbons de toutes sortes, dans lesquels le sucre est joint à diverses substances, forme une branche d'industrie particulière, qu'on nomme la confiserie.

La fabrication du chocolat en est encore une autre non moins importante.

Le chocolat, dont l'usage est aujourd'hui très-répandu, est un mélange de sucre et de cacao, qu'on aromatise avec de la vanille. Les Espagnols ont été les introducteurs du chocolat en Europe, parce qu'ils ont trouvé le cacao en grande faveur au Mexique, quand ils en ont fait la conquête. Il paraît même que les amandes du cacaoyer servaient de monnaie dans ce pays, et qu'elles étaient reçues en paiement de l'impôt, nous ne dirons pas dans les coffres, mais dans les greniers du roi.

Le cacaoyer appartient à la famille végétale des malvacées, c'est-à-dire qu'il a, par sa fleur, quelque analogie avec la mauve; mais par la disposition de ses branches, il rappelle les cerisiers de nos jardins. Son fruit est une cosse ovale et ligneuse qui contient plusieurs amandes entourées d'une pulpe amère, d'une odeur agréable.

Le cacaoyer croît dans toute l'Amérique centrale, pourvu qu'il soit abrité contre les vents, les pluies et le grand soleil. On a renoncé à le cultiver aux Antilles, où les ouragans sont terribles et fréquents. Cela n'empêche pas les créoles d'aimer le chocolat avec passion et d'en faire leur principale nourriture.

Chez les Mexicains, avant l'arrivée des Espagnols, les princes seuls avaient le droit de se faire servir des mets préparés avec du cacao ; mais chacun le prenait en boisson et y ajoutait une espèce de poivre nommé chilé. Les plus pauvres, n'ayant pas d'amandes de cacao, se contentaient d'en faire bouillir les cosses. Les Espagnols furent les premiers qui joignirent du sucre au cacao ; mais le chocolat fut réellement inventé par les religieuses de Guacxa, qui le préparèrent avec du jus de maïs, du sucre, de la vanille et quelques autres aromates. Cette boisson fut promptement adoptée par les dames ; elles en prenaient à toute heure et s'en faisaient même apporter à l'église; ce qui leur valut une réprimande de la part du pieux Las-Casas, évêque de Chiapa.

Les Espagnols prétendaient se réserver l'usage du cacao ; ils avaient défendu qu'on en expédiât ailleurs que chez eux ; mais cette défense ne fut point respectée. Toutefois, le chocolat ne devint à la mode en France qu'après le mariage d'Anne d'Autriche avec Louis XIII.

Mme de Sévigné, qui prétendait que le café passerait comme Racine, dont le talent lui paraissait contestable, parle aussi du chocolat dans plusieurs de ses lettres :

« Je pris, dit-elle, du chocolat hier pour mieux digérer mon dîner, afin de bien souper, et j'en pris hier pour me nourrir et pour jeûner jusqu'au soir : voilà de quoi je le trouve plaisant, c'est qu'il agit selon l'intention. »

D'accord avec plusieurs médecins de Paris qui regardaient le chocolat comme une invention des dieux et comme un remède presque universel, Mme de Sévigné en recommandait l'usage à sa fille, dont la santé lui inspirait de grandes inquiétudes.

Il est certain que le chocolat est un aliment réparateur, parce qu'il contient des substances très-nutritives.

Quand les gousses du cacaoyer sont mûres, on les détache de l'arbre ou on les gaule ; on en retire les amandes et on les jette dans des fosses recouvertes de planches chargées de pierres. Elles y subissent un commencement de fermentation, qui les gonfle, les brunit et leur enlève une partie de leur amertume. On les fait sécher au soleil, et on les enferme dans des sacs de cuir ou de grosse toile, pour les envoyer en Europe.

Le meilleur cacao est connu dans le commerce sous le nom de cacao caraque. Il vient de Caracao, dans l'Amérique méridionale. Les amandes doivent être douces au toucher, bien développées et couvertes d'une poussière d'un blanc pur ; celles qui sont tachées ou moisies sont classées parmi les produits inférieurs.

Après le triage, le cacao est soumis à la torréfaction, dans des cylindres semblables à ceux dont on se sert pour le café ; il en sort moins amer et doué d'un arome plus agréable. La cosse ou l'enveloppe de l'amande se détache alors facilement, au moyen d'un rouleau de bois qu'on fait glisser sur le cacao à demi refroidi, ou d'un moulin dans lequel les amandes sont concassées. On les vanne pour les débarrasser de ces cosses, qu'on broie ensuite très-finement pour en mêler la poudre aux chocolats à bas prix.

Les amandes sont placées sous des meules de granit ou de porphyre, tournant sur une plate-forme chauffée à soixante degrés, afin que la substance grasse connue sous le nom de beurre de cacao ne se fige pas par le refroidissement.

On ajoute à cette pâte un poids égal de sucre raffiné, puis un peu de cannelle ou de vanille. On broie le tout ensemble, parce que la vanille seule serait très-difficile à pulvériser, et l'on soumet ces diverses substances au travail de la machine appelée mélangeuse ; puis on les fait passer entre des cylindres de fonte ou de granit qui les broient et les pressent encore. Pour achever de les souder entre elles et pour donner au chocolat un grain uni et fin, on verse la pâte dans une trémie, qui la fait tomber entre deux cylindres broyeurs, d'où elle sort par un tube qui lui donne la forme d'un gros boudin, qu'on coupe par morceaux de deux cent cinquante grammes.

Ces morceaux sont placés dans des moules de fer-blanc, où on les étend à l'aide d'une spatule. Les moules sont portés sur une table à secousses, mise en mouvement par une machine à vapeur ; et quand, par l'effet de ces secousses, la pâte adhère parfaitement aux moules, on les descend dans une cave ou dans tout autre local où la température permette au chocolat de se refroidir.

Il ne reste plus alors qu'à retirer les tablettes des moules et à les envelopper de papier plombé pour les soustraire à l'humidité et les défendre de la piqûre des insectes.

IV.

Quand le sucre est mis en contact avec certaines matières, il entre en fermentation et, en se décomposant, produit de l'alcool et de l'acide carbonique. C'est la décomposition du sucre en alcool qui nous fournit le vin, le cidre, le poiré, la bière, c'est-à-dire toutes nos boissons fermentées.

Le raisin contient un grand nombre de substances : du sucre d'abord, du tannin, de l'albumine, de la glycérine, des huiles essentielles, des principes colorants, du ferment et des sels divers, en dissolution dans l'eau. Le raisin est un fruit excellent ; mais il est surtout estimé parce qu'il donne le vin.

Le vin est une des grandes richesses de la France ; la culture de la vigne est répandue dans les trois quarts de nos départements ; et si plusieurs ne produisent que des vins médiocres, le Bordelais, la Bourgogne, la Champagne, les bords du Rhône, et plusieurs coteaux du Midi, sont justement fiers de leurs crûs, dont la réputation est universelle.

Le choix du cépage, la nature du sol, l'exposition des vignes, et surtout la chaleur du climat, influent sur la qualité des vins. Les pays dans lesquels on ne récolte que de la piquette dans les années pluvieuses, donnent de bon vin quand l'été est chaud, parce qu'alors le raisin mûrit partout, et que le raisin bien mûr contient seul assez de sucre pour que la fermentation s'opère dans des conditions satisfaisantes.

Le raisin, coupé par les vendangeurs, est écrasé avant d'être jeté dans la cuve. Dans beaucoup de localités, on le foule seulement avec les pieds ; dans d'autres, on le fait passer entre deux cylindres cannelés, soit en bois, soit en fonte : Ce second moyen est préférable, sous le rapport du produit, aussi bien que sous celui de la propreté.

La fermentation s'établit bientôt dans la masse du raisin ; la température s'élève peu à peu, et l'acide carbonique qui se dégage du sucre fait monter à la surface du liquide une partie du marc ou des rafles du raisin. Quand la fermentation s'arrête, le vin se refroidit et l'acide carbonique cesse de se produire. On procède alors au décuvage, et l'on verse le vin dans des tonneaux qu'on a soin de ne pas emplir, et qu'on bouche ordinairement avec une poignée de cendres serrée sur des feuilles de vigne, parce que la fermentation qui s'achève pourrait faire sauter la bonde ou éclater les cercles du fût. Quand le vin ne travaille plus, on remplit les fûts, et on le laisse tranquillement déposer sa lie, c'est-à-dire les matières étrangères qu'il peut retenir encore. Au mois de mars ou d'avril, on le soutire, pour le débarrasser de sa lie ; et s'il n'est pas encore assez limpide, on le colle, avant de le boire, en l'agitant après y avoir versé du sang de bœuf, de la gélatine, ou, ce qui vaut mieux, des blancs d'œufs bien frais, auxquels beaucoup de vignerons joignent les coques écrasées et une poignée de sel.

Les vins blancs se font avec du raisin rouge ; mais il ne faut pas laisser le jus en contact avec les pellicules, parce que ce sont ces pellicules qui renferment la matière colorante et qui la transmettent au vin sous l'influence de l'alcool.

Ce n'est pas toutefois, comme on pourrait le croire, le sucre seul qui fait le vin par la production de l'alcool ; s'il en était ainsi, il suffirait, pour obtenir une plus grande quantité de vin, d'ajouter à la cuvée de l'eau et du sucre ; mais il entre dans la composition du raisin plusieurs autres substances, et il s'opère pendant la fermentation du moût diverses combinaisons qui établissent une grande différence entre le vin naturel et celui que la chimie pourrait fabriquer.

Il arrive quelquefois que le vin en fermentation tourne à l'aigre ; cela n'est pas à craindre, tant qu'il est sucré ; mais quand le sucre a cédé la place à l'alcool, ce produit, sous l'influence de l'air, de la chaleur et du ferment, se change en acide acétique. Les vins dans lesquels le principe acétique se développe ainsi par accident, ou les petits vins, dont le prix est peu élevé, sont transformés en vinaigre au moyen de certains procédés dans lesquels l'air et la chaleur continuent à jouer le principal rôle.

Le cidre, le poiré, la bière, étant aussi des liquides alcoolisés, peuvent servir à la fabrication du vinaigre ; mais le vin, qui y est plus généralement employé, mérite cette préférence.

Pour empêcher le vin de tourner à l'aigre, et en même temps pour lui conserver toute sa force et tout son arome, on conseille d'emplir la cuve aux quatre cinquièmes seulement, de la couvrir de planches ajustées, auxquelles on donne du poids en les chargeant d'une couche de sable, d'abandonner la fermentation à elle-même, et de décuver lorsque le vin est refroidi.

Quelle que soit la méthode employée pour faire le vin, on porte au pressoir le marc qui reste dans la cuve, quand on en a fait égoutter le liquide ; mais beaucoup de vignerons mettent de côté les rafles qui, chassées à la surface par la fermentation, sont presque toujours acides ; on les presse à part, et l'on en tire du vinaigre.

Le cidre remplace le vin dans plusieurs contrées où le climat s'oppose à la culture de la vigne. Le cidre a, dit-on, été connu des Hébreux ; il l'était assurément des Romains, et du temps de saint Augustin, on en fabriquait dans le nord de l'Afrique. Les Maures en introduisirent l'usage en Espagne, et quelques marins normands rapportèrent de ce pays des pommiers à cidre qui réussirent à merveille chez eux.

Le cidre de Normandie est en réputation. Rien n'est plus beau à voir que les campagnes de cette riche province, quand la brise du printemps secoue la neige odorante des pommiers en fleur, et quand les pommes diversement colorées tombent des arbres sous l'effort de quelque robuste paysan, aux cris joyeux des femmes et des enfants, qui s'apprêtent à les ramasser.

On réunit les pommes dans un lieu sec, et on les laisse en tas jusqu'à ce qu'elles soient tout à fait mûres, c'est-à-dire pendant six semaines à peu près. Pour avoir de bon cidre, il faut faire entrer dans sa composition trois sortes de pommes : des pommes douces ou sucrées, des pommes acides et des pommes âpres. Ces dernières, très-riches en tannin et en alcool, assurent la conservation du cidre.

Les pommes sont écrasées entre des cylindres ou pilées par une meule, qu'un cheval fait mouvoir dans une auge circulaire, puis portées au pressoir. Le jus qui s'en échappe est mis dans des tonneaux qu'on laisse debout jusqu'après une première fermentation, qui le débarrasse des matières étrangères ; on le soutire, et on laisse cette fermentation s'achever lentement dans d'autres tonneaux.

On évalue la consommation du cidre en France à dix millions d'hectolitres. On en fabrique aussi en Angleterre, en Allemagne, en Russie, en Amérique, et l'on n'a pas dans ces pays, comme chez nous, la mauvaise habitude d'abattre à coups de gaule les pommes qui ne sont pas assez mûres pour se détacher de l'arbre par des secousses réitérées. On les cueille à la main, et l'on épargne ainsi les boutons qui doivent donner du fruit l'année suivante.

Le poiré se fabrique par les mêmes procédés que le cidre. Les poires qu'on y emploie sont âpres ; elles donnent un jus plus sucré et fournissent, par conséquent, plus d'alcool.

Le cidre a ses partisans comme le vin ; ceux qui sont habitués à cette boisson la préfèrent à toute autre ; et, sans établir de comparaison entre ces deux produits de notre territoire, on peut dire que les pays où croît la vigne ne donnent que de mauvais cidre, tandis que ceux où l'on fabrique de bon cidre ne donneraient que des vins de la pire espèce.

Dans nos départements du Nord, où ne réussissent ni les fruits à cidre ni la vigne, on fait usage de la bière ; et l'on en boit d'ailleurs partout, depuis que le tabac à fumer et les cigares sont en honneur.

La bière est une boisson fermentée qui se prépare avec de l'orge et du houblon, et qui contient le plus de substances nutritives. Les trois principales opérations par lesquelles on obtient la bière sont le maltage, la saccharification et la fermentation.

Le maltage consiste à développer le germe du grain, pour faire naître le principe qui transforme en sucre l'amidon de ce grain. On fait gonfler l'orge dans l'eau, puis on la place dans un lieu nommé germoir, où le germe apparaît sous l'influence d'un air humide et d'une chaleur modérée. Quand l'orge est assez germée, on la dessèche à l'air d'abord, puis à l'étuve ; on la passe au tamis pour en détacher la jeune pousse, et l'on moud grossièrement le grain, qui prend alors le nom de malt.

Le malt est porté dans des cuves munies d'un double fond percé de trous ; on le trempe d'eau chauffée à soixante degrés, on le brasse, c'est-à-dire qu'on le remue à force de bras, et on le laisse reposer pendant trois heures. On fait ensuite arriver dans la cuve de l'eau plus chaude, jusqu'à ce que la masse ait atteint une température de soixante-dix à soixante-quinze degrés. On brasse de nouveau, on laisse la cuve en repos pendant trois heures, et la saccharification est achevée ; l'amidon contenu dans l'orge s'est changé en sucre, et ce sucre s'est dissous dans l'eau chaude.

Le liquide prend le nom de moût, et l'orge celui de drèche. Le moût, auquel on ajoute une certaine quantité de houblon, est porté à l'ébullition ; il passe dans des réservoirs, où il est nécessaire qu'il se refroidisse promptement, puis dans des cuves où la fermentation ne tarde pas à s'établir, parce qu'on a soin d'y mêler de la levure de bière, qui agit comme ferment.

La levure, dont les boulangers et les pâtissiers font usage pour aider à la fermentation de la pâte, est la partie la plus épaisse de la mousse qui se forme sur la bière pendant qu'elle travaille.

Quand la première fermentation s'est opérée dans la cuve de bière, on verse le liquide dans des fûts où il achève d'écumer. Il ne reste plus qu'à l'éclaircir, ce qu'on fait en y ajoutant une certaine quantité de colle de poisson.

Il y a des bières de différentes qualités ; celles dans lesquelles il entre le plus d'eau ne peuvent être les meilleures. Les bières anglaises ont une grande réputation ; et parmi les bières anglaises, l'*ale*, qui se fabrique avec d'excellente orge, occupe le premier rang. Shakespeare lui-même disait qu'un pot d'ale est un repas de roi. Le *porter*, plus chargé de houblon que l'ale, est beaucoup moins alcoolique.

On ne peut que difficilement, en France, se faire une idée de l'importance de la fabrication de la bière en Angleterre. La seule ville de Londres en fournit au commerce 1,600,000 barriques par an. De puissantes machines à vapeur sont employées pour faire monter l'eau des puits artésiens dans les brasseries, pour opérer le mélange de l'orge et du houblon dans l'eau chaude, pour faire passer la bière d'une cuve dans l'autre, et même pour nettoyer les tonneaux qui rentrent vides chez le brasseur.

Nous dirons bientôt ce que c'est que la vapeur, et par combien d'efforts le génie de l'homme est enfin arrivé à lui faire remplir le rôle qu'elle joue dans l'industrie manufacturière.

Remarquons, en attendant, que l'industrie manufacturière et l'industrie agricole se tiennent de si près, qu'il est presque impossible de ne pas passer de l'une à l'autre sans même s'en apercevoir. La récolte de la canne à sucre et les procédés tout primitifs dont on se sert aux colonies pour en extraire le sucre brut appartiennent certainement à l'industrie agricole, aussi bien que la fabrication du vin, du cidre, du poiré, et la distillation de ces divers liquides telle qu'on l'opère dans les campagnes ; tandis que les raffineries de sucre, les grandes brasseries et les distilleries dans lesquelles fonctionnent des appareils perfectionnés, doivent être classées parmi les établissements d'industrie manufacturière.

Nous avons dit que le sucre contenu dans les grains, les fruits et les légumes, tels que la betterave, la pomme de terre, etc., se change en alcool et en acide carbonique, pendant la fermentation de ces diverses substances. Nous empruntons au *Savant du Foyer*, de M. Louis Figuier, une explication très-claire de ce phénomène :

« Si l'on fait une dissolution de sucre, qu'on y ajoute de la levure de bière, et qu'on place le tout en un lieu dont la température soit de 20 à 25°, on voit, au bout de quelque temps, un mouvement s'établir dans la liqueur. Un gaz, l'acide carbonique, se dégage d'abord lentement, puis en plus grande abondance. Au bout de quelques jours, ce phénomène s'arrête, la liqueur s'éclaircit, et le ferment se dépose à la partie inférieure du vase. Si l'on goûte alors le liquide, on reconnaît que sa saveur sucrée a disparu, qu'il a acquis une odeur vineuse et un goût spiritueux. Si on le distille, il fournit un liquide incolore, volatil, inflammable : c'est l'alcool. Que s'est-il passé ? Sous l'influence de la levure de bière, qui a joué le rôle de *ferment*, le sucre s'est transformé en acide carbonique, qui a produit le dégagement gazeux observé, et en alcool, qui est resté mêlé à l'eau, et d'où la distillation peut l'extraire. »

M. Louis Figuier invite ses lecteurs à faire eux-mêmes cette expérience, puis il ajoute :

« Il ne faudrait pas croire que la levure de bière soit le seul corps capable de transformer le sucre en acide carbonique et en alcool. Une décomposition toute semblable a lieu spontanément dans le jus sucré d'un grand nombre de fruits, tels que le raisin, les cerises, les groseilles, les pommes, les poires, etc. Ces sucs renferment, en effet, une matière azotée qui se change en ferment sous l'influence de l'air. Un ferment n'est autre chose qu'un être organisé qui se forme aux dépens d'une matière azotée, sous l'influence de l'air, ou plutôt de l'oxygène de l'air. Ce ferment provoque la décomposition du sucre qui existe dans les sucs des fruits du raisin, de la groseille, etc. ; il change ce sucre en acide carbonique et en alcool. En soumettant ensuite à la distillation ces sucs fermentés, on peut en retirer l'alcool. »

Dans presque toutes les fermes, et chez la plupart des cultivateurs qui engraissent du bétail, on trouve des appareils dont ils se servent pour distiller le marc de leur vin, les prunes, les pommes, les poires de leurs vergers, les pommes de terre et le grain de qualité inférieure.

L'eau-de-vie qu'ils en retirent sert pendant toute l'année aux ouvriers, et les résidus des grains et de la pomme de terre sont employés avec avantage à la nourriture des bœufs et des porcs à l'engrais.

Ces appareils, qu'on appelle alambics, sont d'origine très-ancienne. Ils étaient déjà connus au premier siècle de l'ère chrétienne ; car Dioscoride, médecin grec, qui écrivait à cette époque, parle de la manière d'extraire le mercure du cinabre, et nomme *ambix* l'instrument qu'on employait à cet effet. Plus tard, Avicenne, médecin arabe, donne la description de l'*alambix*, et les savants remarquent que la particule *al* qu'il ajoute au mot *ambix* n'est autre que l'article arabe.

Arnauld de Villeneuve, alchimiste, théologien et médecin français, qui vivait au xiiie siècle, dit : « Qui croirait qu'on pût extraire du vin, par des procédés chimiques, une liqueur qui n'a ni la couleur du vin ni ses effets ordinaires ? Cette eau-de-vin est appelée par quelques personnes eau-de-vie, et elle est digne de ce nom ; car c'est vraiment une eau d'immortalité : elle prolonge les jours, dissipe les humeurs peccantes ou superflues, ranime le cœur et entretient la jeunesse. »

Si ce grand médecin eût été témoin des nombreuses maladies et des désordres plus nombreux encore qu'occasionne l'usage immodéré de l'eau-de-vie, on peut croire qu'il n'en eût pas fait l'éloge ; mais cette boisson enivrante était alors si rare et si peu connue, qu'elle n'était employée que comme remède et par conséquent à très-petites doses.

L'eau-de-vie est un excitant, et, comme tel, elle ne doit être prise qu'avec une grande modération. Elle agit sur les nerfs et donne à l'homme une force factice, qui fait bientôt place à une plus grande faiblesse ; et ce n'est jamais sans danger qu'on y recourt trop souvent.

« L'eau-de-vie, par son action sur les nerfs, dit le célèbre chimiste Liebig, permet à l'ouvrier de réparer, aux dépens de son corps, les forces qui lui manquent, de dépenser aujourd'hui ce qui, dans l'ordre naturel des choses, ne devrait s'employer que demain. C'est comme une lettre de change tirée sur sa santé, et qu'il lui faut toujours renouveler, ne pouvant l'acquitter, faute de ressources. Il consomme son capital, au lieu des intérêts ; de là la banqueroute de son corps. »

L'alambic consiste en une chaudière de cuivre, dont le couvercle est surmonté d'un tuyau qui se replie plusieurs fois sur lui-même et qu'on nomme serpent. La chaudière est placée dans un fourneau en maçonnerie, ce qui permet de chauffer plus promptement et à moins de frais les matières qu'elle contient et qui ont d'abord été soumises à la fermentation.

La partie alcoolique contenue dans ces matières s'échauffe beaucoup plus vite que les autres ; elle bout à 78°, tandis que l'eau exige 100°. La vapeur produite par l'alcool monte donc la première dans le tube qui termine le couvercle, et de là elle descend dans le serpent, dont elle suit les différents tours. Le serpent est placé dans un tonneau d'eau froide, afin que la vapeur puisse se condenser, c'est-à-dire reprendre sa forme liquide.

L'extrémité du serpent vient aboutir dans un récipient où l'eau-de-vie arrive par un robinet. Celle qui tombe la première est la plus forte ; elle s'affaiblit peu à peu ; et si l'on prolonge trop l'opération, ce n'est plus de l'eau-de-vie, mais seulement de la vapeur d'eau qui se liquéfie dans le serpent.

L'eau-de-vie est donc un mélange d'alcool et d'eau, dont les proportions varient. Quand on veut obtenir de l'alcool, on distille l'eau-de-vie, et, grâce à un ingénieux instrument qu'on nomme alcoomètre, on donne au produit de cette distillation le degré convenable à l'usage qu'on en veut faire.

L'alcool ordinairement livré au commerce marque à l'alcoomètre de 84 à 86° centigrades. On le désigne sous le nom d'esprit ou de trois-six. Cette dernière dénomination vient de ce que trois litres d'alcool joints à trois litres d'eau font six litres d'eau-de-vie. C'est une de ces expressions que l'usage a consacrées, en dépit de la raison ; car on pourrait dire avec autant de justesse du deux-quatre ou du cinq-dix que du trois-six.

L'alcool est sans couleur ; il s'enflamme facilement, brûle avec une flamme pâle et ne laisse en s'éteignant que l'eau qu'il contenait encore. On peut obtenir de l'alcool absolu ou alcool anhydre, c'est-à-dire privé d'eau, en distillant encore une fois l'alcool ordinaire, après l'avoir laissé séjourner pendant quelques heures sur de la chaux vive. L'alcool absolu n'est employé que par les chimistes et ne se trouve point dans le commerce. L'alcool ordinaire, pris comme boisson, peut, même en petite quantité, causer de graves accidents ; l'alcool absolu donnerait la mort. Une goutte de ce liquide brûlant introduite dans une veine produirait le même effet, parce qu'il caillerait le sang avec lequel il se trouverait en contact, et s'opposerait ainsi à la circulation de la masse.

Toutes les boissons fermentées renferment de l'alcool ; on en extrait du cidre, du poiré, de la bière, mais surtout du vin. La meilleure eau-de-vie est faite avec du vin blanc ; on la nomme eau-de-vie de Cognac, parce qu'elle est principalement fabriquée dans cette ville, dont la réputation est depuis longtemps établie. La Saintonge et l'Angoumois donnent les mêmes produits ; mais il est à remarquer qu'on boit de l'eau-de-vie de Cognac non-seulement en France, mais dans toute l'Europe, en Afrique, en Amérique et jusqu'en Océanie. Comment les vins récoltés dans deux départements pourraient-ils suffire à une si grande consommation ?

L'eau-de-vie de Cognac n'est employée qu'à bonifier les eaux-de-vie ordinaires ; encore n'entre-t-elle que pour une très-minime portion dans celles qu'on vend pour de vrai cognac ; quant aux autres, malgré le nom qu'on leur donne, ce n'est le plus souvent que de l'alcool de betterave, qu'on est parvenu à débarrasser en partie du mauvais goût auquel on le reconnaît.

Le Languedoc et tout le midi de la France fournissent, par la distillation des vins, de l'esprit bon goût ; c'est celui-là qu'on coupe et qu'on vend pour du cognac ; on le désigne sous le nom de trois-six Montpellier, et l'alcool de betterave se nomme alcool du Nord. La différence du prix des eaux-de-vie dépend d'abord du goût, puis du degré ; plus elle est forte, plus la quantité qu'on en obtient est restreinte, et plus elle paie de droits au gouvernement ; par conséquent, il faut la vendre plus cher que quand elle est faible.

Les alcools employés dans l'industrie sont exempts d'impôts ; on les livre sans les désinfecter par les procédés auxquels on a recours lorsqu'ils doivent entrer dans la consommation. Les usages de l'alcool dans l'industrie sont si nombreux, que, les matières distillées jusqu'à présent ne suffisant pas à en produire assez, on fait chaque jour des essais sur des plantes auxquelles on n'en avait pas encore demandé ; on en tire même de la houille, en la soumettant à diverses opérations.

Ces alcools servent à la préparation des vernis, à la dissolution d'un grand nombre de matières industrielles, à l'entretien de certaines lampes, à la fabrication du chloroforme et d'une foule de produits chimiques.

Le chloroforme s'obtient en distillant de l'alcool dans lequel on a mis du chlorure de chaux. Tout le monde sait que le chloroforme est employé dans les opérations chirurgicales, pour épargner la souffrance au patient et le maintenir dans l'immobilité nécessaire pour que le chirurgien puisse agir sûrement.

C'est à Humphry Davy, célèbre chimiste anglais, que l'humanité est redevable d'une découverte si précieuse. Il fit le premier l'essai du protoxyde d'azote ; il reconnut que l'aspiration de ce gaz calmait ses douleurs de dents et lui procurait une espèce de sommeil plein de sensations agréables. Il renouvela plusieurs fois l'expérience, au risque de compromettre sa santé ; et le résultat s'étant trouvé toujours le même, il déclara dans un savant Traité que le protoxyde d'azote, qu'il surnomma gaz hilarant, lui paraissait propre à supprimer la douleur dans les plus cruelles opérations.

On en parla beaucoup alors ; mais ce fut longtemps après qu'un dentiste s'avisa d'utiliser cette conquête de la science pour extraire les dents sans souffrance. Toutefois, l'emploi du gaz hilarant réclamait une main habile ; plusieurs accidents survinrent, et on le remplaça par l'éther et par le chloroforme, qui, moins dangereux que le protoxyde d'azote, doivent cependant être administrés avec une extrême prudence.

Les alcools servent souvent aussi à remonter les vins, c'est-à-dire à donner de la force à ceux qui en manquent ; et ils entrent dans la composition de certains liquides qu'on vend sous le nom de vins, et qui n'ont rien ou presque rien de commun avec le raisin.

Cette fraude coupable s'est, dit-on, largement exercée pendant les quelques années où l'oïdium a frappé la plupart de nos vignes. On songeait plutôt alors à faire des vins artificiels qu'à distiller le peu qu'on en récoltait ; mais on a trouvé dans le soufrage du raisin le remède à cette maladie, qui menaçait de ruiner les pays vignobles ; et quoique la routine et l'insouciance aient empêché sur beaucoup de points l'application d'un remède si simple, l'oïdium a presque complétement disparu.

On recommence donc dans l'ouest et dans le midi de la France à distiller les vins, et l'on se sert d'un appareil construit, au commencement de notre siècle, par Edouard Adam, marchand rouennais, qui, comme beaucoup d'inventeurs, mourut pauvre et obscur, mais qui, par un acte de reconnaissance tardive, a maintenant sa statue sur une des places de Montpellier.

Ce nouvel alambic se compose de deux chaudières superposées : la première, placée immédiatement au-dessus du feu, envoie dans la seconde les vapeurs alcooliques qui s'échappent de son contenu, et augmente ainsi la richesse du vin renfermé dans cette seconde chaudière. Ces vapeurs passent dans un serpent placé dans un tonneau plein de vin assez échauffé pour que l'alcool, dont la vapeur a beaucoup de force, ne fasse que le traverser, tandis que la vapeur d'eau s'y condense et retourne dans la chaudière. Un second serpent reçoit la vapeur alcoolique qui se condense dans du vin froid, qu'elle attiédit peu à peu. Ce vin, qui vient d'un réservoir supérieur, est destiné à renouveler celui qui entoure le premier serpent, et à passer ensuite de la seconde chaudière dans la première, où il arrive déjà chaud et d'où l'alcool remonte comme nous venons de le dire.

L'alcool bon goût est employé aussi à la fabrication des liqueurs de table, dont les premières furent composées, dit-on, pour stimuler l'estomac devenu paresseux du vieux roi Louis XIV. Cependant le *rossoli* était connu en France du temps de Catherine de Médicis, et le rossoli n'est autre chose qu'une liqueur préparée avec des roses, du jasmin d'Espagne et des fleurs d'oranger.

Les liqueurs se composent d'un mélange d'eau, d'alcool et de sucre, auquel on ajoute un principe aromatique extrait des fleurs ou des fruits de certaines plantes. Les fabricants de liqueurs soumettent à la distillation ces diverses parties des plantes pour en retirer l'arome ou l'huile essentielle ; mais dans les ménages, on se contente de faire infuser les fleurs ou les fruits dans l'alcool ou dans l'eau-de-vie *bon goût*. Ces deux liquides peuvent également être employés ; seulement on doit se rappeler que l'alcool, étant plus fort que l'eau-de-vie, demande l'addition d'une plus grande quantité d'eau.

Les liqueurs d'orange, de citron, de cédrat, se préparent en faisant infuser dans l'alcool ou dans l'eau-de-vie l'écorce de ces fruits, exempte du zeste ou de la substance molle et blanche qui adhère à l'écorce, et en y ajoutant plus tard du sirop de sucre bien clarifié.

Pour la liqueur de fleur d'oranger, il faut, après avoir retranché les parties vertes de la fleur, jeter de l'eau bouillante sur le reste, prendre cette eau pour faire le sirop et ne pas mettre infuser les fleurs dans l'eau-de-vie sans leur avoir fait subir cette demi-cuisson, qui leur ôte une âcreté désagréable.

L'eau de noyaux se fait avec des noyaux frais de pêches ou d'abricots, dont on enlève la peau. C'est une liqueur dont il faut boire très-modérément ; car elle doit son arome et sa saveur à l'acide prussique, le plus violent de tous les poisons.

L'absinthe, qu'on trouve dans tous les cafés, devient aussi pour ceux qui en usent souvent un véritable poison. Elle se prépare en faisant infuser, pendant huit jours, dans l'alcool, des fleurs et des feuilles d'absinthe, de la racine d'angélique, de l'anis étoilé et des feuilles de dictame. Cette infusion donne une couleur jaune à l'alcool, et l'on y ajoute une petite quantité d'indigo pour le colorer en vert. Cette liqueur ne se prépare jamais avec de l'eau-de-vie ; elle est très-forte ; aussi la boit-on plus souvent étendue d'eau que pure.

Le cassis se fait en mettant infuser dans l'eau-de-vie des groseilles noires, auxquelles on joint souvent des cerises et des framboises, ou mieux encore en exprimant le jus de ces fruits dans l'eau-de-vie, qu'on sucre ensuite à volonté.

Disons maintenant un mot des boissons gazeuses, dont l'usage est aujourd'hui si répandu, que leur fabrication forme une branche importante de notre industrie.

En 1775, un médecin de Montpellier, nommé Venel, réussit à imiter l'eau de Seltz, pour faire jouir des qualités bienfaisantes de cette eau quelques-uns de ses malades qui ne pouvaient se déplacer. Un peu plus tard, Bergmann, chimiste suédois, publia un Traité sur la composition des eaux minérales naturelles et fit connaître la manière d'en fabriquer d'artificielles.

Plusieurs pharmaciens profitèrent de ces indications ; mais bientôt, pour augmenter la consommation de ce produit, ils supprimèrent le sel ordinaire et les autres sels qui donnent à la véritable eau de Seltz une saveur désagréable, et ils livrèrent au public une boisson aigrelette et mousseuse, qui trouva promptement des amateurs.

L'eau de Seltz qu'on mêle aux vins et aux sirops, et qui figure en été sur tant de tables, ne ressemble donc plus à celle qu'on trouve au village de Seltz, dans le duché de Nassau ; ce n'est plus un médicament, mais seulement une boisson gazeuse douée de propriétés excitantes et digestives.

Les appareils destinés à la fabrication de l'eau gazeuse sont plus ou moins compliqués ; mais ils se composent tous d'un générateur ou vase métallique, dans lequel on fait arriver de l'acide sulfurique étendu de quinze fois son poids d'eau, sur des morceaux de marbre et plus souvent sur de la craie. Le marbre et la craie contiennent de la chaux et de l'acide carbonique. L'acide sulfurique s'unit à la chaux, la décompose et en fait du sulfate de chaux, vulgairement connu sous le nom de plâtre ; l'acide carbonique devient libre et se dégage du générateur par un tube qui le conduit dans un réservoir appelé gazomètre, d'où il passe dans un vase contenant de l'eau ordinaire. On force le gaz à se dissoudre dans cette eau en l'agitant sans cesse. Dans les appareils perfectionnés, l'eau et le gaz arrivent en même temps et sans interruption dans le vase, au moyen d'une pompe à double jeu, et ils en sortent par un robinet qui les introduit dans les bouteilles qu'on n'a plus qu'à boucher exactement.

Autrefois on se servait de fortes bouteilles ordinaires et de bouchons de premier choix ; maintenant on les a presque partout remplacées par des bouteilles de verre ou de grès, fermées par un bouchon métallique. Un ressort à vis maintient ce bouchon ; mais la pression d'une tige adaptée au ressort le soulève et fait arriver, par un petit tube, le liquide dans le verre préparé pour le recevoir. Ces bouteilles, dites siphoïdes, empêchent la perte du gaz, qui s'échappe dans l'air aussitôt qu'on lui ouvre une issue.

La limonade gazeuse se fabrique par des procédés tout semblables ; seulement on remplace l'eau ordinaire par de l'eau sucrée, à laquelle on ajoute de l'acide citrique ou tartrique aromatisé par de l'essence de citron.

On peut préparer soi-même l'eau de Seltz, en versant dans une bouteille solide, aux trois quarts pleine d'eau, cinq grammes de bicarbonate de soude et cinq grammes d'acide tartrique. On bouche hermétiquement et l'on agite la bouteille. L'acide tartrique s'empare de la soude , la décompose et forme avec elle du tartrate de soude ; l'acide carbonique se dégage, et, ne pouvant s'échapper, il se dissout dans l'eau, qui est bonne à boire au bout de quelques instants ; mais, ainsi préparée, elle est légèrement purgative, parce qu'elle contient du tartrate de soude ; tandis qu'en se servant de l'appareil Briet, on évite cet inconvénient.

L'appareil Briet est formé de deux vases de verre placés l'un au-dessus de l'autre ; le vase inférieur dans lequel s'opère le mélange retient le tartrate de soude, et le gaz qui s'en échappe vient se dissoudre dans l'eau que contient le vase supérieur.

Nous ne pouvons terminer le chapitre qui traite des boissons sans parler de celle qui entre dans la composition des autres, et qui pourrait au besoin les remplacer, puisqu'elle suffisait à l'homme dans les premiers âges du monde.

L'eau est de tous les liquides le plus nécessaire à la vie des êtres organisés. Les plantes, les animaux et l'homme en ont un égal besoin ; il leur est aussi impossible de vivre sans eau que sans air.

On a regardé longtemps l'eau comme un élément, c'est-à-dire comme un corps simple ; mais les expériences des chimistes ont prouvé que c'est un composé de deux corps simples, l'oxygène et l'hydrogène. Cavendish, célèbre physicien anglais, parvint, en 1781, à fabriquer de l'eau en mettant le feu à un mélange d'hydrogène et d'oxygène. Lavoisier, qu'on regarde avec raison comme le père de la chimie moderne, fit la même expérience, sans savoir qu'un autre l'eût tentée avant lui, et l'on voit encore au Muséum d'histoire naturelle un vase contenant de l'eau artificiellement produite dans l'appareil inventé par Lavoisier.

Depuis, on a décomposé et recomposé l'eau assez souvent pour être assuré qu'elle contient en poids quatre-vingt-neuf parties d'oxygène pour onze parties d'hydrogène.

L'eau, dans son état ordinaire, est liquide ; mais un froid très-vif la rend solide, tandis qu'une grande chaleur la réduit en gaz ou en vapeur. C'est sous ces trois formes que l'eau existe dans la nature : les mers, les fleuves, les rivières, les sources nous la présentent à l'état liquide ; les hautes montagnes couronnées de glaces et de neiges nous la montrent sous sa forme solide ; elle se trouve en vapeur dans l'air ; et quand elle y est saisie par le froid, elle retombe en pluie, en brouillard, en neige et en grêle.

La composition de l'eau n'est pas toujours la même. Dans l'eau pure, il n'entre que de l'oxygène et de l'hydrogène ; mais souvent il se joint à ces deux corps des matières étrangères, des substances salines, des débris de végétaux ou d'animaux, quelquefois des principes qui agissent d'une manière bienfaisante sur l'organisme humain et font donner à ces sources salutaires le nom d'eaux minérales.

Pour obtenir de l'eau véritablement pure, c'est-à-dire qui puisse servir aux expériences des chimistes, il faut la distiller. Distiller de l'eau, c'est la faire bouillir, pour qu'elle se dégage en vapeur et qu'elle abandonne les substances étrangères dont elle peut être chargée. La vapeur se condense en passant à travers un tube placé dans l'eau froide, et redevient liquide.

L'eau distillée ne contient plus que de l'oxygène et de l'hydrogène ; elle est parfaitement pure ; mais elle est plus lourde qu'avant cette opération, et les poissons qu'on y place ne peuvent y vivre. Pour qu'elle soit bonne à boire, il convient d'y ajouter un peu de vin, de vinaigre, d'eau-de-vie, de café, ou de l'agiter à l'air.

On regarde comme un grand avantage pour les marins la possibilité de se procurer en mer de l'eau potable par la distillation. Autrefois, chaque navire était obligé d'en emporter, et de faire relâche pour renouveler sa provision lorsqu'elle était épuisée ; et quand il se trouvait trop loin des côtes, ou ne rencontrait aucune île sur son chemin, l'équipage était mis à la ration.

Le premier plant de café porté de France à la Martinique par le capitaine Desclieux, faillit lui coûter la vie. On manquait d'eau ; et quoique le brave officier souffrît cruellement de la soif, sous un climat brûlant, il partagea toujours avec le précieux plant l'insuffisante ration qui lui était accordée.

Aujourd'hui, la cuisine des navires est munie d'un appareil distillatoire qui en utilise le combustible et fournit l'eau nécessaire aux besoins de l'équipage et des passagers. Pour remplir l'appareil, on n'a qu'à puiser dans la mer, et l'eau qui en sort, dégagée du sel qu'elle contenait, est devenue tout à fait potable.

L'eau potable est celle qui peut être employée aux usages domestiques. L'eau non potable est facile à distinguer : elle ne dissout pas le savon et ne cuit pas les légumes secs. On peut remédier au premier de ces inconvénients en ajoutant à l'eau une petite quantité de carbonate de soude ; mais on ne doit pas s'en servir comme boisson, car elle contient des sels ou du plâtre dont l'absorption deviendrait dangereuse.

L'eau joue un grand rôle dans l'industrie aussi bien que dans la nature. Elle existe dans un grand nombre de substances, elle se joint à beaucoup d'autres pour les dissoudre, les transformer, les décomposer. Elle remplace les bras de l'homme dans une foule de circonstances : un cours d'eau fait mouvoir la roue d'une usine ; mais comme on ne dispose pas toujours d'un cours d'eau, on est parvenu, à force d'études et de recherches, à faire de la vapeur d'eau l'agent le plus actif et le plus puissant, le moteur par excellence de l'industrie universelle.

V.

Combien y a-t-il d'années qu'une vigilante ménagère, occupée à
préparer le repas de la famille, a pu remarquer que le couvercle bien
ajusté d'une marmite pleine d'eau et placée sur un bon feu, se soule-
vait pour laisser échapper un jet de vapeur, quand l'eau bouillait fortement? Il y a des siècles sans doute ; mais pendant des siècles aussi,
on s'est borné à constater ce fait, sans s'imaginer qu'il fût possible
d'en faire quelque utile application.

La gloire de trouver le parti qu'on pouvait tirer de la force de la
vapeur d'eau était réservée à la science moderne, et cette découverte,
si féconde en merveilleux résultats, ne devait se faire que lentement,
après avoir été l'objet des méditations et des expériences des esprits
les plus éclairés.

La science sommeilla longtemps : les philosophes et tous ceux qui prétendaient au nom de savants avaient adopté, pour se dispenser de répondre aux questions embarrassantes, une formule dont ils ne s'écartaient guère et dont le vulgaire se contentait. Ainsi, quand on leur demandait pourquoi l'on trouvait bien loin des mers et sur des hauteurs où les eaux ne devaient jamais avoir séjourné, des fossiles affectant la forme de coquillages marins, ils disaient que c'était là un des mille jeux de la nature. Ce fut vers la fin du xviie siècle qu'un potier, qui ne connaissait ni le grec ni le latin, mais qui était homme de génie, Bernard Palissy, osa dire que les coquilles fossiles étaient réellement ce qu'elles paraissaient être. On se rit de cette assertion, ou plutôt on n'y prit point garde ; mais un peu plus tard, quand l'attention fut attirée vers la science géologique, on se ressouvint des paroles de Bernard, et des recherches sérieuses en confirmèrent la vérité.

Tout le monde sait aujourd'hui que les eaux ont couvert la plus grande partie du globe pendant un temps indéterminé, mais qu'on est fondé à croire très-long ; que la terre, dont la croûte mince est à peine refroidie, fut, à divers intervalles, déchirée par l'éruption du feu qui couvait et qui couve encore dans ses entrailles ; que ces éruptions firent surgir des montagnes du sein des mers ; qu'un affreux cataclysme, dont la tradition s'est conservée chez la plupart des peuples et que les livres saints ont nommé déluge, a bouleversé, brisé, superposé les unes aux autres les couches de terrain lentement entassées.

On ne savait pas définir l'électricité ; mais on disait que l'aimant et l'ambre, dont on avait remarqué les propriétés attractives, étaient des substances douées de sentiment, puisqu'elles avaient de l'affection pour certains objets, de la répulsion pour d'autres.

On n'expliquait pas mieux les effets de la pesanteur de l'air. Cependant on avait déjà inventé les pompes ; et avant cette invention, quelque enfant s'était amusé sans doute à plonger dans l'eau un tube de paille ouvert aux deux bouts, et à faire monter l'eau à travers ce tube, dont il plaçait à sa bouche l'extrémité supérieure. Les savants, pressés de dire pourquoi l'eau montait dans le corps d'une pompe et dans le tuyau de paille, répondaient que, la nature ayant horreur du vide, l'eau devait remplir aussitôt celui que laissait l'extraction de l'air opérée par le jeu de la pompe et l'aspiration des lèvres de l'enfant.

Il fallait, faute de mieux, se contenter de cette explication, et c'est ce qu'on faisait. Toutefois les fontainiers, quoique moins instruits que ceux qui la donnaient, avaient remarqué que, dans les pompes qu'ils construisaient, l'eau ne pouvait s'élever qu'à une certaine hauteur, et que jamais elle n'arrivait au delà de trente-deux pieds. Ils ne s'occupaient sans doute pas de savoir pourquoi ; ils tâchaient de n'avoir pas à élever les eaux au-dessus de cette limite, voilà tout.

Vers l'an 1630, époque à laquelle vivait l'immortel Galilée, qui avait fait dans les sciences de notables découvertes, le duc de Florence chargea un habile fontainier de construire une pompe pour amener dans son palais les eaux de l'Arno.

Le travail fut fait avec soin ; mais quand il fut achevé, l'eau n'arriva point à la hauteur du corps de pompe. Le duc en demanda la raison ; les ouvriers répondirent que cela n'avait rien d'étonnant, puisque le tuyau de cette pompe avait plus de trente-deux pieds. Ils ne purent donner d'autre raison, et Galilée, consulté sur ce fait, demeura presque aussi embarrassé qu'eux.

Comment alléguer l'horreur de la nature pour le vide, puisque cette horreur prétendue n'avait d'effet que jusqu'à un certain degré ? Galilée comprit le ridicule de cette solution ; mais avant d'en donner une qui pût être admise par des esprits sérieux, il avait besoin d'étudier ce phénomène, et la mort ne lui en laissa pas le temps.

Un de ses élèves, nommé Torricelli, résolut de poursuivre la tâche du maître. Il se dit que si l'eau ne pouvait s'élever au delà de trente-deux pieds, cela venait sans doute de ce que la pesanteur de l'air faisait équilibre à la pression exercée par une colonne d'eau de cette hauteur. Il ne voulut pas avancer une telle opinion sans avoir une preuve sur laquelle il pût l'appuyer. Son raisonnement était juste, un liquide plus lourd que l'eau devait s'élever moins haut par le jeu de la pompe; donc le mercure, étant quatorze fois plus lourd, devait s'élever quatorze fois moins, c'est-à-dire à vingt-huit pouces seulement. Il remplit de mercure un vase dans lequel il plongea un petit tube de verre, également plein de mercure; il en ouvrit l'extrémité supérieure fermée par son doigt, et il eut la joie de voir que ce liquide se tenait exactement au point indiqué par ses calculs.

La pesanteur de l'air était désormais un fait acquis à la science, qui hésitait à l'admettre, quoique Galilée eût reconnu cette pesanteur et l'eût même déterminée par diverses expériences. Le nom de Torricelli pénétra en France, où Blaise Pascal, jeune encore, s'était acquis déjà autant de réputation comme philosophe que comme mathématicien. Pascal admit la théorie du savant étranger, et la confirma en s'assurant qu'au sommet du Puy de Dôme le mercure montait de trois pouces moins haut dans le tube de Torricelli que quand on répétait l'expérience au bas de la montagne.

Cette expérience était décisive : « Il s'ensuit nécessairement, dit Pascal, que la pesanteur et pression de l'air est la seule cause de la suspension du vif-argent, et non pas l'horreur du vuide, puisqu'il est bien certain qu'il y a beaucoup plus d'air qui pèse sur le pied de la montagne que non pas sur le sommet, au lieu qu'on ne saurait dire que la nature abhorre le vuide au pied de la montagne plus que sur le sommet. »

De nouveaux essais faits sur la tour Saint-Jacques, le point alors le plus élevé de Paris, donnèrent les mêmes résultats; aussi, quand ce monument fut restauré, on y plaça la statue de Pascal.

Après Torricelli et Pascal, il ne fut plus question de l'horreur de la nature pour le vide; la pesanteur de l'air fut admise, et les savants purent expliquer sans aucune peine que si l'eau ne s'élève pas au delà de trente-deux pieds, c'est-à-dire de dix mètres trente-trois centimètres, dans le tuyau d'une pompe, c'est que le poids de l'air qui l'y fait monter n'excède pas celui d'une colonne d'eau de cette hauteur.

Beaucoup de gens se récrièrent toutefois en apprenant que l'air, au milieu duquel nous vivons, et qui, sous le nom d'atmosphère, entoure notre terre d'une couche incolore et fluide de soixante kilomètres d'épaisseur, pèse sur tous les corps placés à la surface du globe, et qu'un homme de taille ordinaire en supporte environ quinze mille kilogrammes.

C'est un poids énorme, il est vrai ; mais notre organisation est telle, que nous le portons sans nous en apercevoir, et que s'il nous était retiré, au lieu de nous sentir allégés, nous ne pourrions plus vivre. « Si l'air presse au dehors de notre corps, dit M. Louis Figuier, il presse de même au dedans. Dans nos poumons, dans l'intérieur des vaisseaux sanguins qui parcourent l'intimité de nos organes, l'air extérieur pénètre librement, avec la pression qui lui est naturelle. Pressés au dedans aussi bien qu'au dehors, en d'autres termes, soumis à deux pressions égales qui se font équilibre, nos organes ne doivent nullement souffrir. Le poisson qui nage au sein des eaux profondes supporte également, à la partie supérieure de son corps, le poids d'une haute colonne d'eau ; mais par sa surface inférieure, il reçoit une pression presque égale, et ces deux pressions s'équilibrent ou se détruisent l'une l'autre. Voilà pourquoi l'homme baigné dans l'air et le poisson immergé dans les eaux n'ont rien à redouter de la pression des fluides dans lesquels ils s'agitent avec une entière liberté de mouvements, et sans avoir aucune conscience d'une action physique qui, pour être mise en lumière, réclame le concours d'une science précise (1). »

L'instrument inventé par Torricelli pour mesurer la pesanteur de l'air a pris le nom de baromètre, et l'a conservé jusqu'à présent. On

____

(1) *Le Savant du Foyer.*

distingue plusieurs sortes de baromètres, dont le plus simple est le baromètre à cuvette: c'est celui qui, perfectionné par Fortin, est employé pour les observations scientifiques. Le baromètre à siphon, qui n'est qu'une modification du premier, a servi aux expériences de Pascal, et a été appliqué par l'Anglais Robert Hooke aux baromètres à cadran qu'on place dans les appartements, et auxquels on demande s'il fera beau lorsqu'on a quelque projet que la pluie pourrait contrarier. Toutefois, il ne faut pas trop se fier à ces indications. Il est vrai qu'un air sec fait ordinairement monter le mercure du baromètre, et que, quand l'air est très-sec, les nuages qui y sont quelquefois amenés par un vent d'ouest s'y vaporisent sans se résoudre en pluie ; il est vrai encore qu'un air chargé d'humidité fait descendre le mercure, et que l'aiguille, obéissant à ce mouvement, au moyen d'une petite poulie sur laquelle passe un fil attaché à un cylindre flottant sur le mercure, marche vers un des points du cadran qui annoncent le beau temps, la pluie, la tempête. Mais diverses circonstances atmosphériques pouvant influer sur le baromètre, on ne doit compter sur le beau temps que quand il monte pendant plusieurs jours, et sur la pluie que quand il baisse lentement pendant plusieurs jours aussi.

Cette invention n'aurait donc pas valu à Torricelli la réputation qu'elle lui a donnée, si le baromètre n'avait pas d'autre usage que celui qu'on en fait vulgairement. Il sert à évaluer la pression de l'air dans les expériences des savants, à mesurer les gaz, à déterminer la hauteur des montagnes, enfin à guider les aéronautes dans leurs périlleuses ascensions. C'est beaucoup sans doute ; mais la puissance de la pression de l'air, démontrée par Torricelli et Pascal, détruisant le grand préjugé de l'horreur du vide, ouvrit la voie à de nouvelles découvertes, qui devaient amener celle de la machine à vapeur.

On était généralement préoccupé des conséquences du principe proclamé par ces deux savants. En 1663, un an après la mort de Pascal, enlevé prématurément à la science, le marquis de Worcester prétendit, dans un ouvrage publié à Londres, avoir découvert un moyen aussi admirable que puissant pour élever l'eau par le feu ; non pas avec le secours d'une pompe, mais à l'aide d'une puissance qui ne devait point avoir de bornes, pourvu que le vase dont on se servait pour l'obtenir fût assez fort. Il annonça qu'il avait trouvé le secret de construire ce vase, après avoir fait une expérience sur un canon brisé, qu'il avait aux trois quarts rempli d'eau et dont il avait fermé le bout à l'aide d'une vis. Ce canon, exposé ensuite à un feu ardent, éclata avec grand bruit au bout de vingt-quatre heures, résultat auquel le marquis devait s'attendre, puisqu'il n'avait laissé aucune issue à la vapeur de l'eau bouillante.

Ces vases dont il disait avoir trouvé le secret ne sont pas autrement décrits ; il ajoute seulement qu'il en a vu jaillir l'eau à quarante pieds de hauteur ; mais lui seul l'a vue sans doute ; car personne que lui n'en a parlé, et la définition qu'il donne de sa machine est tout à fait inintelligible. Il est donc permis de douter que cette admirable machine ait existé ; mais les Anglais, heureux de nous disputer l'invention de la vapeur comme force motrice, l'attribuent, sans autre preuve, au marquis de Worcester.

S'il ne s'agissait, pour avoir été l'auteur d'une découverte qui devait changer la face de l'industrie, que d'avoir constaté la puissance de la vapeur et entrevu les résultats que pourraient avoir ses applications, cet honneur reviendrait à Salomon de Caus, architecte normand, mort en 1630. Salomon dédia au roi Louis XIII un ouvrage ayant pour titre : *Les Raisons des Forces mouvantes*, ouvrage dans lequel il dit qu'on peut, à l'aide de la vapeur d'eau, mettre en mouvement les voitures et les vaisseaux.

L'ingénieur normand ne rencontra que des incrédules ; mais il faut avouer que la description qu'il donnait de l'appareil destiné à faire monter l'eau par le feu ne devait pas inspirer une grande confiance.

« C'est, disait-il, une balle en cuivre bien soudée tout alentour, à laquelle il y aura un soupirail par où l'on mettra l'eau, et aussi un tuyau qui sera soudé en haut de la balle, et dont le bout approchera près du fond sans y toucher ; après, faut emplir ladite balle d'eau par le soupirail, puis la bien reboucher et la mettre sur le feu ; alors la chaleur, donnant contre ladite balle, fera monter l'eau par le tuyau. »

La légende a fait de Salomon de Caus un génie méconnu et persécuté ; elle ajoute que, rendu fou par l'injustice de ses concitoyens, il fut enfermé à Bicêtre en 1641. C'est un roman fait pour attendrir les cœurs les plus durs ; mais, par bonheur, ce n'est qu'un roman. Le maître ingénieur normand fut encouragé par Richelieu ; s'il vit les courtisans sourire de ses prédictions sur l'emploi de la vapeur, sa raison n'en fut point troublée, et il y avait déjà onze ans qu'il était mort, en 1641, époque présumée de son incarcération.

On ne peut sérieusement attribuer à Salomon de Caus l'invention de la machine à vapeur ; on peut encore moins en faire honneur à Edward Somerset, marquis de Worcester ; mais ce qu'ils ont écrit prouve que les recherches des savants étaient tournées de ce côté, et l'on aurait tort de croire que cette machine ait été créée par un seul homme et comme d'un seul jet.

Un physicien allemand, Otto de Guericke, bourgmestre de Magdebourg, qui se préoccupait beaucoup de la découverte de la pression de l'air, trouva le moyen de faire le vide, c'est-à-dire d'aspirer l'air contenu dans un récipient. L'instrument qu'il inventa prit le nom de machine pneumatique, et servit à déterminer le poids réel de l'air. Ce poids, que l'illustre Galilée avait déjà trouvé par ses calculs, n'est que d'un gramme trois décigrammes par litre ; mais comme la quantité de litres qui composent la hauteur de l'atmosphère est énorme, la pression de l'air est une force considérable.

Quelques années après la découverte d'Otto, Louis XIV, ayant fait exécuter de grands travaux à Versailles, voulut amener les eaux de la Seine dans les bassins du parc. Plusieurs ingénieurs furent consultés en vain. L'abbé de Hautefeuille, qui était fort savant, proposa d'élever ces eaux par la pression atmosphérique, et il crut en avoir trouvé le moyen en établissant une caisse munie de quatre soupapes et d'un tube immergé dans la Seine. Pour faire le vide dans cette caisse, il y brûlait une petite quantité de poudre à canon ; l'air s'échappait par les soupapes, et l'eau montait dans le tube. Mais cette machine, fort incomplète, fut presque aussitôt mise de côté ; ce qui n'empêcha pas un homme déjà célèbre par d'éminents travaux, le Hollandais Huyghens, de reprendre cette idée.

Huyghens construisit un cylindre dans lequel un piston bien ajusté devait se mouvoir au moyen de la poudre brûlée à la partie inférieure du cylindre. L'explosion, chassant l'air par une soupape ménagée à cet effet, faisait monter le piston, qui s'abaissait ensuite sous la pression de l'air, puisque le vide avait été fait au-dessous de ce piston. Mais ce vide n'était pas complet, et l'emploi de la machine présentait un grand inconvénient, puisqu'il fallait brûler une certaine quantité de poudre pour chaque coup de piston qu'on voulait obtenir.

Toutefois il y avait progrès ; car on pouvait donner à l'appareil un mouvement régulier et l'employer à diverses opérations mécaniques. Il ne fallait que le perfectionner, en remplaçant la poudre à canon par quelque autre agent moins difficile et moins dangereux à manier pour le rendre vraiment utile. Huyghens avait alors pour élève un médecin, qui lui avait été recommandé par Colbert, le grand ministre auquel les savants, tant étrangers que français, devaient une honorable et libérale protection.

Denis Papin (c'était le nom du jeune docteur) suivait avec un intérêt passionné les expériences de son maître et cherchait, comme lui, quel serait l'agent dont on reconnaissait la nécessité. Peut-être l'eussent-ils trouvé ensemble ; mais Denis, qui était protestant, s'expatria en 1685, plutôt que de revenir à la foi catholique, et ce fut en 1690 seulement qu'il écrivit ces lignes :

« Comme l'eau a la propriété, étant, par le feu, changée en vapeur, de faire ressort comme l'air et ensuite de se recondenser si bien par le froid, qu'il ne lui reste plus aucune apparence de cette force de ressort, j'ai cru qu'il ne serait pas difficile de faire des machines dans lesquelles, par le moyen d'une chaleur médiocre et à peu de frais, l'eau ferait ce vide parfait qu'on a inutilement cherché à faire par la poudre à canon. »

C'était une grande découverte, une idée pleine d'avenir, et l'on peut dire que la première machine à vapeur, qu'on appelait alors machine à feu ou pompe à feu, a été inventée par Denis Papin. Cette machine, comme celle de Huyghens, consistait en un cylindre, dans lequel était placé un piston. On faisait arriver dans ce cylindre de la vapeur d'eau, qui, par sa force élastique, obligeait le piston à monter jusqu'en haut ; pour qu'il redescendît ensuite, il suffisait de condenser la vapeur, c'est-à-dire de la ramener à l'état liquide, en introduisant de l'eau froide dans le cylindre. La vapeur condensée retombant alors, le vide se produisait au-dessous du piston, et la pression de l'air le forçait à descendre. Un nouveau jet de vapeur le faisait remonter, et le mouvement alternatif de bas en haut continuait ainsi.

Pour utiliser ce mouvement, il ne fallait que mettre le piston en communication avec l'arbre moteur d'une machine ; mais on ne vit pas alors et Denis ne vit pas lui-même tout l'avantage qu'on en pouvait tirer. Il avait l'esprit très-inventif ; mais il aimait le changement, et il n'avait pu rester en Angleterre, où cependant le savant Robert Boyle l'avait parfaitement accueilli.

Avant de publier ses idées sur la vapeur d'eau, le physicien français avait inventé un appareil dont la destination peu ambitieuse avait cependant établi sa réputation. C'était une marmite dans laquelle on pouvait faire cuire un pot-au-feu en quelques instants, grâce à la vapeur d'eau bouillante qui y restait enfermée. De crainte que ce vase si bien clos ne vînt à se briser, Denis y avait adapté une soupape de sûreté, pour donner issue à cette vapeur lorsqu'elle acquerrait une trop grande force. La soupape de sûreté imaginée par cet homme célèbre est encore en usage aujourd'hui pour prévenir l'explosion des machines à vapeur ; cependant les Anglais, dont l'amour-propre national est excessif, attribuent cette invention à Robert Hooke.

Papin se rendit à Venise, en quittant l'Angleterre. Il y revint au bout de deux ans ; mais il n'y retrouva pas le bon accueil qu'il y avait reçu d'abord. Il ne put obtenir qu'une maigre pension, en retour de laquelle il prit l'engagement de copier la correspondance de la Société Royale et d'exécuter les expériences dont le chargerait ce savant corps, qui remplissait à Londres les mêmes fonctions que l'Académie française à Paris.

Denis vécut chétivement de cette pension pendant quatre années, au bout desquelles le landgrave de Hesse lui fit offrir la chaire de mathématiques de l'Université de Marbourg. Ce fut là qu'il publia sa méthode pour obtenir des forces motrices très-puissantes, et qu'il entreprit d'appliquer à la navigation cette force, qui n'était autre que celle de la vapeur d'eau.

On ne sait quelles modifications il fit subir à sa machine ; mais avant de la mettre en œuvre, il écrivait que ses tuyaux ne pouvant pas commodément faire jouer des rames ordinaires, il lui faudrait employer des rames tournantes. Ce qu'il y a de certain, c'est qu'il parvint à adapter à un bateau, dont il avait surveillé la construction, une machine qui faisait mouvoir des palettes et qui fut essayée avec succès en présence du landgrave. Toutefois, comme il n'obtint pas les encouragements sur lesquels il croyait pouvoir compter, il résolut de retourner en Angleterre. Il s'embarqua sur la *Fulde*, pour gagner la mer du Nord par le Wéser ; mais les mariniers de ce fleuve refusèrent de le laisser passer, à moins qu'il ne leur payât un droit de péage qui excédait de beaucoup ses moyens.

Papin essaya de leur faire entendre raison, mais ce fut en vain ; et il eut la douleur de voir ces misérables mettre en pièces sa machine et son bateau. Ruiné et découragé, Papin rentra encore une fois en Angleterre et se remit à la solde de la Société Royale, sans vouloir s'occuper désormais des recherches dans lesquelles s'étaient consumées ses plus belles années.

Pendant le séjour qu'il avait fait en Allemagne, un Anglais, nommé Thomas Savery, avait inventé une machine destinée à extraire l'eau des mines. Savery était un homme très-intelligent: d'abord simple ouvrier mineur, il était devenu capitaine de navire, puis ingénieur. Témoin, dans sa jeunesse, de l'irruption subite des eaux dans les mines, il cherchait le moyen de les en tirer promptement, quand la critique faite par Robert Hooke de la machine à feu de Papin le mit sur la voie du moteur qu'il devait employer. Mais soit qu'il ne voulût pas imiter le docteur français dans la construction de cette machine, soit qu'il la crût beaucoup plus défectueuse qu'elle ne l'était, il n'adopta pas le cylindre muni d'un piston, c'est-à-dire tout ce qu'elle avait de plus ingénieux.

Il établit un système de tubes dont l'extrémité inférieure plongeait dans la mine qu'on voulait épuiser, et dont l'extrémité supérieure, servant de déversoir, conduisait les eaux dans un canal ou dans un bassin. Ces tubes fonctionnaient au moyen de soupapes alternativement ouvertes par la vapeur d'une chaudière d'eau bouillante, et fermées par la pression de l'air. Un robinet faisait arriver sur le récipient rempli de vapeur un jet d'eau froide qui produisait le vide en amenant la condensation. Mais pour que l'eau froide pût condenser la vapeur en arrosant seulement l'extérieur du récipient, il fallait que les parois de ce récipient fussent très-minces; et comme la quantité d'eau à élever était considérable, il fallait chauffer beaucoup la chaudière; aussi y avait-il souvent des explosions.

Telle qu'elle était, la machine de Savery fonctionnait avec un certain succès quand Papin rentra pour la dernière fois en Angleterre. Il essaya de la perfectionner, plutôt que de chercher à remédier à ce qui manquait encore à la sienne ; ce qui prouve que le malheur lui avait enlevé la confiance qu'il devait avoir en son génie.

Il y avait alors à Darmouth un forgeron nommé Thomas Newcomen, qui avait pour ami le vitrier John Cawley. C'étaient d'excellents ouvriers, qui aimaient à s'instruire et qui employaient souvent à lire le temps que leurs compagnons passaient à la taverne. Ils avaient entendu parler de la machine inventée par Savery, un ancien ouvrier comme eux ; ils le trouvaient bien heureux d'avoir pu s'élever ainsi par son propre mérite et doter son pays d'une utile invention.

Ils apprirent avec joie qu'une de ces machines allait être installée près de Darmouth, et ils éprouvèrent, en la voyant fonctionner, autant d'étonnement que d'admiration. Ils n'étaient pas les seuls qu'attirait la curiosité ; mais la leur ne devait point être stérile. A force d'examiner le jeu de la machine, ils en reconnurent les défauts, sans toutefois savoir comment il serait possible d'y remédier. On pouvait faire mieux, cela leur paraissait certain : mais ils n'avaient pas fait les études nécessaires pour résoudre un problème devant lequel tant de savants avaient échoué.

Newcomen avait pour compatriote Robert Hooke, le même qui avait violemment critiqué les inventions de Papin. Il le voyait de temps en temps, et il existait entre eux assez d'intimité pour que le serrurier communiquât ses idées à un homme dont il reconnaissait la supériorité. Robert avoua que la machine de Savery laissait beaucoup à désirer ; mais il ajouta qu'elle lui paraissait encore préférable à celle du docteur français, alors à peu près tombée dans l'oubli. Newcomen demanda sur cette dernière machine des renseignements que Robert lui donna volontiers. Le piston glissant dans le cylindre sous l'effort de la vapeur et de la pression de l'air parut à Newcomen ce qu'il était réellement, le meilleur moyen d'utiliser cette double force et de l'appliquer à divers travaux.

Le serrurier communiqua ses idées à son ami Cawley, et il le présenta à Robert Hooke, qui renouvela devant lui ses explications. Cawley pensa, comme Newcomen, qu'il n'était pas plus difficile de corriger la machine de Papin que celle de Savery, et qu'en prenant ce que chacun avait de bon, il serait possible d'en créer une nouvelle, beaucoup moins imparfaite que les deux premières.

La difficulté de faire le vide était le principal reproche adressé par les savants à la machine de Papin; le piston montait dans le cylindre par l'effet de la dilatation de la vapeur; mais il ne pouvait retomber que quand cette vapeur condensée par le refroidissement laissait vide l'intérieur du cylindre; elle ne marchait donc que lentement et ne pouvait donner que de très-médiocres résultats. Les deux amis jugèrent que le moyen employé par Savery pour amener une prompte condensation, moyen qui, nous l'avons dit, consistait à faire arriver un jet d'eau froide sur le récipient de la vapeur, pouvait être appliqué à la machine de Papin. Ils construisirent d'après cette idée un modèle qu'ils présentèrent à Robert Hooke,

« Votre fortune est faite, leur dit l'ingénieur, après avoir vu fonctionner la nouvelle machine. »

Malgré cette assurance et malgré la supériorité réelle de leur appareil, Newcomen et Cawley eurent à supporter bien des épreuves avant de jouir du fruit de leurs travaux. D'abord, comme ils avaient emprunté à Thomas Savery le moyen de condenser la vapeur en amenant de l'eau froide sur le cylindre, ils lui offrirent de le mettre en tiers dans la propriété de leur machine. Savery accepta; il avait des relations avec de puissants personnages, qui lui firent obtenir, ainsi qu'à ses deux associés, un brevet pour cette nouvelle invention.

Mais cela ne suffisait pas; il fallait la faire adopter, soit pour l'épuisement de l'eau dans les mines, soit pour quelque autre usage; et plusieurs années se passèrent avant que les deux ouvriers pussent l'installer dans de bonnes conditions. Ce fut seulement en 1713 qu'ils eurent la joie de la voir fonctionner dans une mine ouverte près de Birmingham.

La machine se composait d'une chaudière surmontée d'un cylindre, dans lequel se mouvait un piston. La vapeur de l'eau bouillante arrivant dans le cylindre chassait le piston jusqu'en haut; et pour qu'il retombât promptement, un robinet versant de l'eau froide sur le cylindre y faisait le vide, par la condensation de la vapeur.

Nous ne devons pas craindre de répéter ces explications pour bien faire comprendre à nos jeunes lecteurs comment la force de la vapeur et celle de la pression de l'air ont été utilisées dans les premières machines, qui, perfectionnées plus tard, sont devenues le moteur universel de l'industrie.

Dans la machine ainsi établie, le piston montait et descendait dix ou douze fois par minute, et communiquait au moyen d'une forte chaîne ce mouvement de va-et-vient aux pompes destinées à l'épuisement des eaux. Newcomen avait pourvu sa chaudière de la soupape de sûreté inventée aussi par le docteur Papin, afin que si l'ouvrier chargé de tourner le robinet qui donnait accès dans le cylindre à la vapeur produite par l'eau bouillante tardait à s'acquitter de cette besogne, la chaudière fût préservée de l'explosion.

Peu de jours après l'installation de la machine, les deux amis réalisèrent un grand progrès, en faisant arriver dans le cylindre même le jet d'eau froide nécessaire à la condensation de la vapeur, au lieu de le verser à l'extérieur du cylindre; ils purent dès lors donner plus d'épaisseur à ce tube et rendre par conséquent les accidents moins nombreux.

On ignore si Papin était mort quand son invention, modifiée par ces deux intelligents ouvriers, commença à remplacer partout celle de Savery. S'il vivait encore, son découragement était bien profond, puisqu'il ne réclama sa part ni dans les profits ni dans l'honneur de cette invention.

Il n'y avait guère plus d'un an que la machine de Newcomen et Cawley fonctionnait à Birmingham, quand un heureux perfectionnement vint en rendre le jeu plus prompt et plus régulier. Un tout jeune homme, presque un enfant, était chargé du soin facile mais dangereux de tourner le robinet qui donnait accès à la vapeur dans le cylindre et celui qui y amenait l'eau condensatrice. Il s'acquittait de sa tâche avec assez d'exactitude, parce qu'on lui avait fait comprendre que sa négligence pourrait entraîner de graves accidents; mais il portait envie à ceux de ses compagnons qui pouvaient s'ébattre dans les rues, ou qui du moins n'étaient point assujettis à un travail aussi monotone et surtout aussi continuel que le sien. Si, par hasard, quelqu'un de ses amis venait passer un instant avec lui, il ne pouvait ni rire ni babiller à l'aise; car ses yeux devaient être toujours fixés sur ces maudits robinets.

Humphry Potter (c'était le nom du jeune ouvrier) soupirait donc ardemment après un peu de loisir; de là à chercher le moyen de s'en procurer, il n'y avait qu'un pas. A force d'y songer, Humphry s'avisa d'attacher une ficelle à l'un des robinets et d'en nouer l'extrémité au balancier que la chaîne du piston mettait en mouvement. En se levant et en s'abaissant, le balancier devait agir sur le robinet, et le jeune homme, après s'être assuré de la longueur à donner à sa ficelle et du point où elle devait être fixée, vit avec transport la machine se charger elle-même d'une partie du travail qu'il accomplissait avec tant d'ennui. Faire pour le second robinet ce qu'il avait fait pour le premier ne devait nullement l'embarrasser, et bientôt notre apprenti s'échappa, tout fier d'une liberté si longtemps désirée.

On ne s'aperçut point de son absence; mais on remarqua que les coups de piston étaient plus réguliers et se succédait plus rapidement qu'à l'ordinaire; et quand on voulut en féliciter l'apprenti, on s'étonna de ce qu'une idée si ingénieuse et pourtant si simple ne fût pas venue aux inventeurs de la machine. Une chose non moins simple, c'était de remplacer les ficelles par des tringles métalliques plus solides et d'un jeu plus précis ; cependant il fallut encore cinq années pour que ce progrès s'accomplît.

Telle qu'elle était enfin, la machine de Newcomen rendit de grands services en Angleterre. L'usage s'en répandit dans la plupart des mines ; elle en facilita l'exploitation, et le nom de pompe à feu qu'on lui donna longtemps, à l'exclusion de tout autre, indiquait assez qu'on ne la faisait servir qu'à l'épuisement des eaux.

Newcomen et Cawley avaient fait beaucoup pour leur pays ; de grands perfectionnements devaient être apportés à leur invention ; mais il fallait, pour les rendre possibles, que la science fît de nouveaux progrès.

VI.

La machine inventée par Denis Papin, modifiée par Newcomen et
Cawley, était la conséquence des expériences de Torricelli et de
Pascal ; aussi l'appelait-on souvent la machine atmosphérique, l'air
étant un des deux agents qui la faisaient mouvoir. En effet, si la
vapeur élevait le piston, c'était la pression de l'air qui le faisait retomber.

L'Angleterre possédait alors un illustre savant dont le nom sera à
jamais célèbre. C'était Isaac Newton. A l'âge où la raison commence
à peine à se développer, il montrait déjà pour les sciences physiques
le goût le plus prononcé. Il employait ses récréations à construire diverses machines, des moulins, des horloges, des cadrans solaires.
Quand l'étude eut développé ces rares dispositions, Newton commença
la série de ses immortelles découvertes par celle de la composition

de la lumière. Il reconnut ensuite la loi universelle de la gravitation, en vertu de laquelle les astres sont maintenus dans leurs orbites. Il inventa, selon les uns, et, selon les autres, il perfectionna seulement, le télescope inventé par Grégory, astronome écossais, et il rendit d'un usage facile, par des indications exactes, un autre instrument, qu'on appelait thermomètre, et qui servait à mesurer les variations de la chaleur et du froid.

Cornélius Drebbel se servit pour la première fois du thermomètre en 1621. C'était alors un tube de verre fermé par un bout et rempli d'air, qui plongeait dans l'eau par l'extrémité restée ouverte. Cette eau s'élevait ou s'abaissait dans le tube suivant les variations de la température. L'Académie de Florence simplifia l'instrument en enfermant dans un tube de verre une certaine quantité d'alcool teint en rouge, qui descendait sous l'influence du froid, et montait sous celle de la chaleur. Ce tube était divisé en deux cents parties ou degrés, dont le milieu indiquait la température ordinaire d'une cave.

Mais la température n'étant pas la même dans toutes les caves, le point de départ manquait d'exactitude. Renaldini, professeur de Padoue, signala ce défaut, sans pouvoir y remédier complétement. Newton créa un nouveau thermomètre, dont le tube, fermé par le haut et vide d'air, formait à son extrémité inférieure un petit réservoir rempli d'huile de lin. La nécessité d'un point de comparaison invariable étant démontrée, il choisit pour terme supérieur la chaleur du corps humain, qui est partout la même, sous l'équateur aussi bien qu'aux pôles, en hiver comme en été. Quant au point inférieur, il le fixa à l'endroit du thermomètre où l'huile s'arrêtait dans la neige. Il divisa en douze degrés l'espace compris entre ces deux points, et il établit douze autres degrés, au-dessous du froid de la neige et au-dessus de la chaleur du corps humain.

Le thermomètre de Newton fut adopté avec enthousiasme ; mais bientôt cependant un physicien français, nommé Guillaume Amontons, reprit le thermomètre à air de Cornélius Drebbel, et choisit pour terme supérieur la chaleur de l'eau bouillante. Gabriel Fareinheit perfectionna l'instrument créé par Newton, en substituant le mercure à l'huile de lin, et en adoptant pour la plus haute température la chaleur de l'eau bouillante choisie par Amontons. Quant au terme inférieur, il le plaça au point où le mercure s'arrêtait quand on laissait séjourner le thermomètre dans un mélange de neige et de sel ammoniac, mélange dont lui seul connaissait les proportions.

Le thermomètre de Fareinheit fut reçu en Angleterre, où l'on s'en sert encore presque exclusivement aujourd'hui. En France, un membre de l'Académie des sciences, M. de Réaumur, divisa le thermomètre en quatre-vingts degrés, dont le point de départ est la température de la glace fondante ; et le physicien Celsius ayant substitué cent degrés aux quatre-vingts qu'avait établis Réaumur, cette division, qui parut plus simple, fit généralement adopter le thermomètre centigrade.

Ce fut le thermomètre de Fareinheit qui amena la machine de Newcomen à un haut degré de perfection, et l'homme de génie qui, à force d'étude et de patience, eut la gloire de transformer cette machine, fut James Watt, qu'on a surnommé le Christophe Colomb de la mécanique et de l'industrie.

Né à Greenock, en Ecosse, le 19 janvier 1736, James Watt comptait dans sa famille plusieurs ingénieurs distingués ; mais son père était négociant. De malheureuses spéculations l'ayant en partie ruiné, il dut renoncer pour son fils au brillant avenir que semblaient lui promettre de rares dispositions pour l'étude. James n'avait que seize ans quand on le mit en apprentissage dans un petit atelier où l'on fabriquait des ustensiles de pêche et quelques instruments de précision. Il y resta quatre ans, satisfait de son sort, et s'attachant de plus en plus à un genre de travail qui convenait à sa santé, trop délicate pour qu'il pût s'imposer de grandes fatigues. Il quitta son premier maître pour entrer à Londres chez un fabricant de boussoles et de lunettes d'approche.

Un jour d'hiver, la tâche dont il était chargé l'ayant retenu près de la porte ouverte, il fut pris d'un rhume violent, qui menaça de dégénérer en phthisie pulmonaire. Les médecins, désespérant de le guérir, lui conseillèrent d'aller respirer l'air natal. Il partit pour l'Ecosse, et loua à Glascow une petite boutique, dans laquelle il comptait exercer son état ; mais il y était à peine installé, que la corporation des arts et métiers de la ville, à laquelle il avait négligé de demander l'autorisation d'ouvrir un atelier, lui chercha querelle. Vainement il s'assujettit alors à toutes les formalités exigées, il ne put rien obtenir ; et il se voyait sur le point d'être obligé de renoncer à travailler pour son propre compte, lorsque le professeur Joseph Black, dont il suivait assidûment les leçons depuis son arrivée à Glascow, entreprit de le protéger.

Joseph Black était fort estimé pour son grand savoir ; mais les corporations étaient alors toutes puissantes et fort jalouses de leurs priviléges ; le professeur ne voulut pas se risquer dans une lutte inégale. Il aima mieux présenter le jeune Watt à l'Université comme un excellent constructeur d'appareils de physique, et demander pour lui la clientèle de la savante compagnie. Il y avait longtemps que les collègues de Black se plaignaient de n'avoir pas sous la main quelqu'un qui pût fabriquer ou réparer les instruments de précision dont ils avaient besoin ; ils accueillirent James Watt et lui donnèrent un atelier dans les bâtiments de l'Université.

Rien ne pouvait mieux convenir au jeune homme ; il travaillait pour subvenir à ses besoins, et employait le reste de son temps à étudier ou à s'entretenir avec les professeurs, dont sa naïve simplicité, sa modestie, sa candeur, lui avaient promptement gagné la bienveillance. Les élèves de l'Université l'aimaient autant que les maîtres ; lorsqu'ils se trouvaient embarrassés par quelque problème, ils allaient lui en demander la solution, et le trouvaient toujours disposé à la chercher avec eux, lorsqu'il ne pouvait la leur donner sur-le-champ. Son caractère aimable, sa gracieuse obligeance lui faisaient pardonner une supériorité qu'on ne rencontre guère que chez les hommes dont l'étude a fait blanchir les cheveux. Il la devait à son génie sans doute, mais aussi à l'opiniâtreté avec laquelle il s'attachait à trouver la raison de toutes choses.

« Tout objet sur lequel son attention était une fois fixée, dit le docteur Robinson, devenait pour lui une occasion d'études profondes et de découvertes. Jamais il ne lâchait une question qu'après l'avoir entièrement éclaircie, soit qu'il la réduisît à rien, soit qu'il en tirât quelque résultat net et substantiel. Une fois, pour trouver la solution d'un problème qui lui avait été proposé, il crut nécessaire de lire l'ouvrage de Leupold sur les machines. Il apprit aussitôt l'allemand. Une autre circonstance semblable fut cause qu'il apprit l'italien avec la même facilité. »

Robinson était alors étudiant à Glascow; il raconte naïvement qu'il avait la vanité de se croire très-avancé dans la physique et la mécanique avant de faire la connaissance de James Watt, et qu'il ne fut pas médiocrement mortifié en voyant combien ce jeune ouvrier lui était supérieur. Cependant une étroite amitié s'établit entre eux; ils se confièrent mutuellement leurs idées, leurs projets; ils travaillèrent ensemble, et Robinson reconnut plus d'une fois dans James une délicatesse et une modestie bien rares chez les savants; car il dit lui-même que c'était pour Watt un plaisir de faire honneur à ses amis de ses propres découvertes.

L'Université de Glascow comptait alors parmi ses professeurs des hommes très-distingués : Robert Simpson, Adam Smith, Anderson partagèrent bientôt l'affectueux intérêt que James avait inspiré à Joseph Black, et se félicitèrent de se l'être attaché. Il occupa pendant six ans l'atelier qui lui avait été offert; mais en 1763 il le quitta, après s'être fait recevoir ingénieur civil. Il fut chargé d'importants travaux relatifs aux canaux et aux ports, sans toutefois cesser de s'occuper de l'étude des machines ; car son ami Robinson rêvait au moyen de substituer la vapeur aux chevaux des voitures publiques.

Malgré les entreprises dont il s'était chargé, il travaillait encore pour l'Université. Pendant l'hiver de 1763 à 1764, Anderson lui envoya un modèle de la machine de Newcomen, en le priant de remédier à ce qu'il y manquait ; car ce modèle n'avait jamais pu fonctionner. Watt l'ayant examiné, reconnut que le cylindre était trop volumineux pour la chaudière ; il le réduisit, et elle marcha ; mais pour y faire ce changement, il avait été obligé de démonter la machine, et il n'avait pas manqué d'en étudier soigneusement toutes les parties. Il comprit qu'un moteur aussi puissant que la vapeur devait, si l'on en perfectionnait l'emploi, opérer une révolution dans l'industrie, et il s'imposa la tâche de modifier cette machine, très-ingénieuse, il est vrai, mais encore toute primitive.

Il avait appris l'allemand et l'italien, afin de pouvoir lire les ouvrages dont il croyait avoir besoin ; il ne devait reculer devant aucune des études nécessaires à l'exécution de ses projets. Le docteur Black, son maître et son ami, avait publié de savantes théories sur le calorique. Watt, admettant ces principes, entreprit diverses expériences à la suite desquelles il lui fut démontré qu'on pouvait, en obtenant de la machine un travail plus suivi, diminuer de beaucoup la dépense du combustible qui l'alimentait.

Le mariage de James avec miss Miller, sa cousine, lui donna, en lui procurant une aisance qu'il n'avait jamais connue, la facilité d'interrompre les travaux qui le faisaient vivre et de donner tout son temps aux recherches pour lesquelles il se passionnait chaque jour davantage. Le premier perfectionnement qu'il introduisit dans la machine de Newcomen fut celui du condenseur isolé. Depuis longtemps on savait que le jet d'eau froide lancé dans le cylindre pour condenser la vapeur, occasionnait une grande perte de chaleur, et par conséquent une grande dépense de chauffage ; mais on croyait qu'en faisant arriver l'eau froide à l'intérieur du cylindre, au lieu de la verser dessus, Newcomen et Cawley avaient pris le meilleur parti auquel ils pussent s'arrêter. On disait bien que si la condensation de la vapeur s'opérait hors du cylindre, ce serait un progrès réel ; mais on ne croyait pas que cela fût possible.

Le nouvel ingénieur imagina de faire communiquer par un tube muni d'un robinet la partie inférieure du cylindre avec une caisse continuellement refroidie par un courant d'eau. La vapeur arrivant dans le cylindre faisait monter le piston jusqu'en haut ; le robinet s'ouvrant aussitôt, la vapeur se précipitait dans la caisse froide, où elle se condensait, en faisant le vide dans le cylindre ; le piston retombait par la pression de l'air ; un second afflux de vapeur le chassait de nouveau, et la même condensation s'opérant, il redescendait aussitôt.

Le cylindre n'étant plus refroidi, la vapeur y jouissait de toute sa force sans qu'on fût obligé de chauffer à outrance l'eau contenue dans la chaudière. Cette modification, si remarquable par sa simplicité, devait non-seulement économiser la plus grande partie du combustible employé jusque-là, mais accélérer considérablement le jeu du piston. On donna le nom de condenseur isolé à la caisse ajoutée par James Watt à la machine de Newcomen.

Mais James ne devait pas s'arrêter en si beau chemin. Croyant n'avoir rien fait, puisqu'il pouvait faire mieux encore, il ne regarda ce premier succès que comme un encouragement, et il se remit à l'étude avec une ardeur toujours croissante. Le résultat de ses nouvelles méditations fut la création de la machine à vapeur à double effet.

Dans la machine de Newcomen perfectionnée par l'addition du condenseur isolé, la vapeur ne servait qu'à faire monter le piston ;

c'était la pression de l'air qui le faisait descendre. Watt supprima l'influence atmosphérique, en conduisant alternativement la vapeur au-dessous et au-dessus du piston, c'est-à-dire en le forçant à s'élever et à s'abaisser par la seule force de la vapeur. Ce nouvel appareil, qu'on appela machine à double effet, acquit une précision toute mathématique, et donna au nom de James Watt une éclatante réputation.

« Restait encore la grande difficulté, qui est toujours celle de décider les hommes à courir les chances d'une expérience nouvelle, surtout en mécanique, où une erreur de calcul peut précipiter l'entrepreneur dans des dépenses ruineuses. Watt était peu communicatif, peu répandu dans le monde. D'un caractère timide, il ne montrait pas tout ce qu'il valait et ne prenait aucune peine pour se faire valoir. Cependant il fit connaissance d'un homme instruit, le docteur Rœbuck, créateur de la célèbre fonderie de Caron, près d'Edimbourg. Rœbuck avança à Watt les premières sommes nécessaires, et fit établir la nouvelle machine sur le puits de la mine de charbon de Kinneil, appartenant au duc d'Hamilton. Tous ces noms sont devenus historiques.

« Ce fut en 1768 que Watt demanda sa première patente ; mais il ne l'obtint qu'en 1769, l'année de la naissance de Napoléon. Le docteur Rœbuck était devenu l'associé de Watt dans l'exploitation de sa patente, et s'obligeait à supporter tous les frais de construction, à la condition de recevoir les deux tiers des bénéfices. Mais, s'étant trouvé bientôt dans l'impossibilité de remplir la première condition du contrat, il céda ses droits à Matthieu Boulton, riche fabricant de Birmingham, homme éclairé, d'un caractère entreprenant, et jouissant d'un grand crédit. Si le nouvel associé de Watt dut être fier de ses relations avec un homme de ce mérite, déjà connu par ses premiers essais en Ecosse, Boulton n'en sera pas moins digne de souvenir, par le zèle qu'il mit à propager une entreprise dans laquelle il eut plus à cœur le bien de son pays que le désir d'agrandir encore sa fortune, qui était déjà très-considérable. Jamais la richesse n'avait si bien secondé le génie (1). »

La patente obtenue par l'inventeur de la machine perfectionnée lui en assurait exclusivement la construction pendant sept années; mais le privilége allait expirer sans qu'il en eût recueilli le moindre profit, quand il signa son traité avec Matthieu Boulton. Le nouvel associé, grâce à son crédit et à celui de ses nombreux amis, obtint que ce privilége fût prorogé jusqu'en 1800, c'est-à-dire pendant vingt-cinq années ; ce qui ne s'était jamais fait en Angleterre, et prouvait toute l'importance des découvertes dues au génie de Watt.

Boulton avait à Soho, près de Birmingham, une vaste manufacture dans laquelle on fabriquait divers objets d'or, d'argent et d'acier; il affecta une partie de cet établissement à la construction des machines, et bientôt, dit M. Arago, « la colline stérile de Soho, où l'œil du voyageur apercevait à peine la hutte d'un garde-chasse, se couvrit de beaux jardins, de somptueuses habitations et d'ateliers qui, soit par leur étendue, soit par l'importance et la perfection des ouvrages qu'on y exécutait, devinrent en peu de temps les premiers de l'Europe. Soho, devenu un établissement modèle, une sorte d'école polytechnique pour les mécaniciens et les ingénieurs, fut visité par tous les étrangers, savants ou curieux, qui voyageaient en Angleterre. »

De ce nombre fut Constantin Périer, qui acheta en 1779 la première machine de Watt qu'on ait vue en France. Quelques machines de Newcomen étaient employées à l'épuisement des eaux dans les mines de Valenciennes et de Condé ; mais on ne connaissait que d'une manière très-vague les grands changements qu'y avait faits l'ingénieur écossais. Il y avait d'ailleurs en France un sentiment général de répulsion pour les machines, et sans doute la jalousie nationale avait

---

(1) *Biographie des Hommes utiles.*

une grande part à ce sentiment. On dénigrait donc des inventions qu'on ne pouvait apprécier; les uns disaient qu'il était inutile de les introduire chez nous; les autres jugeaient que cela était impossible.

Périer, sans écouter toutes les raisons alléguées par la routine et le préjugé, installa à Chaillot la machine qu'il avait achetée en Angleterre, et qu'il destinait à élever les eaux de la Seine, afin d'en rendre la distribution facile dans tous les quartiers de Paris.

L'eau ne peut, nous l'avons dit, monter dans les corps de pompe qu'à une hauteur de trente-deux pieds; mais l'eau sous forme de vapeur déplace l'air et s'élève aussi haut qu'on le veut. L'idée de Périer était donc de faire monter de la vapeur d'eau, et de la condenser par le refroidissement lorsqu'elle aurait atteint un point assez élevé pour qu'on n'eût qu'à la laisser retomber sous sa forme première. Londres devait à ce système réalisé par onze machines à vapeur, une abondante distribution d'eau dans tous ses quartiers.

Les Parisiens accueillirent mal le projet de Périer; et quand la pompe de Chaillot fonctionna, ils prétendirent que l'eau qu'elle leur fournissait sentait le fer, sentait le feu, et ne pouvait qu'être nuisible à la santé. Il fallut que la Société royale de Médecine les rassurât, en déclarant que l'eau élevée par les procédés anglais ne pouvait avoir ni saveur désagréable ni action délétère sur l'organisme de ses consommateurs.

Périer, non content d'avoir introduit en France cette machine perfectionnée, conçut le projet d'en construire de semblables, afin d'affranchir sa patrie du tribut qu'il fallait payer à l'Angleterre. Il fit plusieurs voyages à Soho; mais il fut dénoncé au Parlement comme cherchant à dérober les secrets de l'industrie britannique, et l'entrée du territoire anglais lui fut interdite. Il chargea plusieurs ingénieurs, ses amis, de l'aider à achever le vol dont il s'avouait coupable, et les dessins qui lui manquaient lui furent fournis par MM. de Bettancourt et Zureda.

Constantin Périer, secondé par son frère, fit donc construire, dans l'île des Cygnes, une machine à vapeur à double effet. Il n'y réussit qu'à force de courage et de persévérance. Watt et Boulton avaient des ouvriers habiles, qui comprenaient leur pensée et s'empressaient d'exécuter leurs ordres, tandis qu'en France on ne connaissait encore ni l'art de couler les grandes pièces dans des fourneaux chauffés à la houille, ni la manière de faire sécher les moules, ni celle d'ajuster le piston dans le cylindre, de manière à ce qu'il puisse y jouer sans difficulté. Les frères Périer, obligés de fournir les modèles, d'indiquer les procédés et de mettre parfois la main à l'œuvre, firent de leurs ateliers une véritable école, d'où sortirent non-seulement d'excellents ouvriers, mais des hommes pénétrés de cette pensée féconde que rien n'est impossible à une ferme volonté.

Le soin de défendre ses inventions contre les tentatives des étrangers ne fut pas l'unique ennui de James Watt. Seul il eût été inhabile à en tirer profit ; mais Boulton, qui possédait au plus haut degré l'entente des affaires commerciales, avait su trouver le moyen de faire adopter partout les machines de son associé. Qui donc aurait pu s'y refuser ? La maison Watt et Boulton les construisait, les installait à ses frais chez les propriétaires de mines, et ne demandait rien.... rien que le tiers de la somme économisée par le nouvel appareil sur le combustible précédemment employé pour l'alimentation des machines de Newcomen.

Toute l'activité déployée dans les ateliers de Soho pouvait à peine suffire au grand nombre des commandes qu'on y recevait. Nous disons des commandes, nous devrions dire des prières ; car on manque de hardiesse quand il s'agit de demander un objet qu'on ne doit pas payer. Chacun trouvait qu'il était impossible aux constructeurs de se montrer moins exigeants ; chacun se trompait, Boulton seul avait bien calculé. Jamais il n'eût osé coter ses machines d'après le chiffre du revenu qu'il était sûr d'en obtenir. Ce chiffre était énorme.

Les propriétaires des mines de Chacewater, en Cornouailles, rache-tèrent, moyennant une somme annuelle de 60,000 fr., ce qu'ils de-vaient à la maison Watt et Boulton pour trois machines qui fonction-naient dans leurs houillères. Cela faisait 20,000 fr. pour chaque ap-pareil, qui représentait en conséquence un capital de 400,000 fr.

Tous ceux qui s'étaient d'abord loués de la générosité des deux associés changèrent bientôt d'avis ; ils se plaignirent d'en être cruelle-ment rançonnés, et leur suscitèrent pendant plusieurs années un grand nombre de procès. Ils payaient leurs machines bien cher, sans doute ; mais ils réalisaient encore une économie très-considérable, puisque les constructeurs ne touchaient que le tiers de cette économie. Ces tracasseries continuelles enlevèrent à James Watt la liberté d'esprit nécessaire pour perfectionner ses inventions.

Dès qu'il put s'en occuper exclusivement, il créa, pour transmettre au balancier de la machine le mouvement du piston, une pièce à laquelle il donna le nom de parallélogramme articulé. Il imagina en-suite d'adapter au balancier la manivelle qui sert à faire tourner la roue des rémouleurs, et par ce moyen si simple, le va-et-vient du piston put imprimer un mouvement circulaire à l'arbre moteur d'une machine. Enfin, il parvint à réaliser une nouvelle économie de com-bustible, tout en donnant une plus grande régularité à la marche du piston par l'invention du régulateur à boules.

Ainsi Watt, après avoir transformé l'imparfaite machine de Newco-men en un appareil nouveau, eut la gloire d'en améliorer ensuite toutes les parties, de l'amener à peu de chose près à ce qu'elle est en-core aujourd'hui, et de la rendre applicable à la plupart des indus-tries.

Le privilége qui lui avait été accordé expirait en 1800. Watt, pos-sesseur d'une fortune immense, se retira au château de Heathfield , qu'il avait acheté près de Soho, et céda sa part des affaires à son fils James, auquel s'associa le fils de Matthieu Boulton.

Parvenu à un âge très-avancé, l'illustre ingénieur prenait encore plaisir à visiter les magnifiques ateliers qu'il avait créés, et il racontait aux ouvriers qui l'entouraient alors des témoignages d'un profond respect, qu'il avait longtemps vécu comme eux du travail de ses mains, et que s'il avait enfin réussi, c'était à force d'étude et de persévérance.

Depuis longtemps, au milieu de cette retraite peuplée par les affections de la famille, embellie par les charmes de l'amitié, James désirait revoir l'Ecosse, sa patrie Greenock, où se trouvait encore la boutique où il avait débuté comme apprenti; Glascow, dont l'Université l'avait pris sous sa protection. Ce désir devenant de plus en plus impérieux dans son cœur, il se mit en route, malgré ses quatre-vingts ans. Ce voyage fut pour lui plein d'émotions; mais ces émotions, quoique bien douces, jointes à la fatigue du voyage, altérèrent sa santé. Il rentra souffrant à Heathfield, et, après avoir langui pendant quelque temps encore, il fut enlevé à l'Angleterre en 1819.

« Watt a eu, dit la *Biographie des Hommes utiles*, le bonheur de naître dans un pays et à une époque où le besoin de puissantes machines a coïncidé avec l'abondance des capitaux et l'esprit de spéculation porté à un degré inconnu jusqu'alors. Ce concours de circonstances a manqué à Salomon de Caus et à Papin. »

Ajoutons à cette réflexion que les sciences avaient fait des progrès depuis que les deux ingénieurs français s'étaient occupés de créer une grande puissance motrice, et que James Watt était très-savant. Il fut du petit nombre des hommes de génie qui voient leurs travaux récompensés par la fortune, les honneurs, et, ce qui vaut mieux encore, par la reconnaissance publique; mais la prospérité ne changea point son caractère; il resta « bienveillant, modeste et réservé comme au temps où il nettoyait les appareils de l'Université de Glascow. »

On avait déjà érigé trois statues à sa mémoire, quand une souscription s'ouvrit, en 1824, dans toute la Grande-Bretagne pour lui décerner un dernier et plus éclatant hommage. Le roi signa le premier ; une somme considérable fut promptement recueillie, et l'inauguration de cette statue, dans l'abbaye de Westminster, fut une véritable fête nationale.

Jusqu'en 1800, la machine de Watt n'avait guère été employée qu'à l'épuisement de l'eau dans les mines ; l'addition du parallélogramme articulé, de la manivelle et du régulateur à boules, la rendait applicable à toutes les industries, pourvu qu'on pût disposer d'assez de place pour l'installer convenablement.

Mais souvent il arrive que la place manque ; et pour ne parler que de nos chemins de fer, ils n'auraient pu prendre, grâce à la vapeur, le rang qu'ils occupent dans l'industrie, s'il eût fallu recourir à la machine de Watt pour leur exploitation.

Nos lecteurs se rappellent qu'étant encore à Glascow, James apprit l'allemand afin de pouvoir étudier un ouvrage du mécanicien Leupold. Dans cet ouvrage, Leupold donnait la description d'une machine disposée de telle sorte, que la vapeur, après avoir mis en mouvement le piston, était rejetée au dehors par un conduit spécial. La condensation de la vapeur, difficulté qui avait si longtemps arrêté Savery, Newcomen et Watt, s'opérait d'elle-même dans l'air, d'après le système de Leupold.

Emise en 1725, cette idée passa inaperçue ou parut irréalisable ; mais elle fut reprise au commencement de notre siècle par un Américain, Olivier Evans, qui, sans doute, n'avait jamais lu l'ouvrage de Leupold ; car c'était un pauvre charron, peu versé dans les sciences et dans l'étude des langues étrangères.

Tout en travaillant pour gagner son pain de chaque jour, Olivier réfléchissait beaucoup ; et comme il avait vaguement entendu parler de la puissance de la vapeur d'eau, il se demandait s'il ne serait pas possible de régulariser et d'employer cette puissance. Ignorant que James Watt eût résolu la question en Angleterre, il se mit à l'étude avec courage ; car il comprenait que sans instruction il ne pourrait arriver à rien.

Il commençait à construire la machine dont il avait formé le plan , quand il apprit, en lisant un volume de l'*Encyclopédie britannique*, la découverte de l'ingénieur Watt. Beaucoup d'autres, à sa place, se fussent découragés; Olivier n'y songea pas; il redoubla d'ardeur au travail, et il inventa l'appareil qu'on nomme encore aujourd'hui machine à haute pression,

Nous savons que la vapeur d'eau bouillante, introduite dans un cylindre, fait monter le piston qui joue à l'intérieur de ce cylindre. Ewans remarqua que plus cette vapeur était chauffée avant de sortir de la chaudière, plus elle avait de force, et ce fut d'après ce principe qu'il construisit sa machine.

Après avoir fait arriver dans le cylindre un jet de vapeur qui chassait le piston vers le haut, il l'obligea à redescendre en conduisant une vapeur plus forte au-dessus du piston, tandis qu'une soupape s'ouvrant à la partie inférieure du cylindre laissait échapper la vapeur primitivement introduite. Une autre soupape débarrassait la partie supérieure, pendant qu'un nouveau jet de vapeur faisait remonter le piston, et toute cette vapeur devenue inutile allait se condenser dans l'air.

La machine à haute pression ne réalisait pas, comme celle de Watt, une grande économie de combustible ; il fallait chauffer beaucoup pour obtenir ce qu'on nomme la tension de la vapeur ; mais cet appareil, beaucoup plus simple que la machine à condenseur , tenait moins de place et n'atteignait qu'un poids relativement médiocre. Il devait, pour cette raison, être préféré dans bien des cas.

C'est la machine à haute pression qui a établi, soit par terre, soit sur l'eau, la rapidité des communications, et son inventeur vit tout d'abord, à ce qu'on assure, quel avenir lui était réservé. Sa machine, appliquée à faire mouvoir des moulins, fut très-appréciée, et d'autres industries l'adoptèrent. Ewans établit un vaste atelier à Pittsbourg ;

mais en 1819 un incendie s'y déclara, et l'inventeur mourut des suites du saisissement qu'il en éprouva.

L'Angleterre n'adopta pas d'abord les machines d'Ewans, et l'Amérique, par représailles sans doute, rejeta celles de Watt. Les autres nations ne rendirent pas non plus à l'artisan américain la justice qu'il méritait : tandis que le nom de James Watt était dans toutes les bouches, celui d'Olivier Ewans restait ignoré ; mais la postérité, toujours impartiale, dira que l'un et l'autre ont été des hommes de génie et qu'ils ont conquis des droits à la reconnaissance du monde entier.

Le parti le plus sage qu'il y eût à prendre pour les ingénieurs mis à même d'apprécier les qualités de la machine de Watt et de celle d'Ewans, c'était de réunir autant que possible ces qualités dans un seul appareil. Arthur Wolf, mécanicien anglais, y réussit mieux que tout autre. Il construisit une machine à deux cylindres, dont le second recevait la vapeur, après qu'elle avait produit son effet dans le premier. Cette vapeur, un peu affaiblie, conservait cependant assez de puissance pour agir sur le piston du second cylindre, et il résultait de ce double mouvement une plus grande force mécanique et une économie de combustible.

La machine de Wolf fut bien accueillie, et elle est encore employée, soit en Angleterre, soit en France, dans un grand nombre d'usines.

Divers autres essais de perfectionnement ont plus ou moins réussi.

Les machines à cylindre fixe vertical sont utilisées dans les ateliers où plusieurs sortes de travaux doivent être exécutés par la vapeur. Les machines à cylindre fixe horizontal sont préférées, quand on ne dispose que de peu de place en hauteur. Les machines oscillantes et les machines rotatives, après avoir fait concevoir de grandes espérances, ont été abandonnées.

Dans les expositions universelles qui ont eu lieu depuis quelques années, on a pu remarquer des machines de diverses formes et de diverses grandeurs ; mais dans toutes se retrouve, comme disposition essentielle, le cylindre, dans lequel glisse un piston que la vapeur fait mouvoir de haut en bas et de bas en haut.

Ce piston communique le mouvement à l'arbre moteur des usines; et par l'addition d'un certain nombre de courroies il économise les bras des ouvriers, en donnant la vie aux nombreux outils qui achèvent de façonner et de polir les produits des grands ateliers.

Quelle que soit la forme des machines à vapeur, on peut les ranger toutes en trois classes : les machines fixes, dont nous venons de parler, les locomotives et les locomobiles. Tout le monde connaît l'usage de la locomotive, et nous aurons d'ailleurs à nous en occuper plus tard.

La locomobile est une machine à vapeur qui, son nom l'indique, peut être transportée d'un endroit à l'autre. Il faut que sa construction soit des plus simples, qu'elle puisse être démontée et remontée sans l'intervention d'un homme du métier, qu'elle occupe peu de place et que son poids n'empêche pas de la conduire où l'on peut en avoir besoin.

C'est une machine réduite à ses premiers éléments : la chaudière qui produit la vapeur, le cylindre muni d'un piston qui communique au moyen d'une roue le mouvement à la batterie, à la pompe, à la charrue qu'on veut faire manœuvrer.

Les locomobiles n'ont jusqu'à présent été employées qu'aux travaux de l'agriculture; aussi les désigne-t-on sous le nom de machines agricoles. Elles ont été inventées en Amérique, d'où elles ont passé en Angleterre; mais elles sont encore peu communes en France.

Il est vrai que chaque cultivateur ne peut faire les frais d'une machine et qu'il n'y a pas chez nous beaucoup d'agriculteurs qui exploitent de grandes propriétés; cependant les locomobiles paraissent appelées à rendre des services sérieux dans les campagnes, où les ouvriers deviennent de plus en plus rares, par suite de l'erreur qui leur persuade que le séjour des villes est préférable à celui du village qui les a vus naître.

On se sert aussi avec avantage de la locomobile pour forer les tuyaux de drainage dans les pays où la pierre est commune. Quand au contraire elle est rare, on emploie, comme nous l'avons dit, des tuyaux de terre cuite qui s'emboîtent les uns dans les autres, et qui, placés à une certaine profondeur sur un plan incliné, débarrassent le sol de l'excès d'humidité qu'il retient.

En Amérique, où la main-d'œuvre coûte fort cher, on emploie la machine à vapeur pour forer les trous de mines. Une petite locomobile fait mouvoir un fleuret qui frappe de cent à cent vingt-cinq coups par minute, et qui peut, en une heure, ouvrir un trou d'un mètre de profondeur, tandis qu'il faudrait à un homme cinq heures d'un travail pénible pour obtenir le même résultat. Quand cette ouverture est assez profonde, il ne reste qu'à y introduire une cartouche de poudre, à laquelle on met le feu pour faire éclater le roc.

VII.

Le lin et le chanvre sont les seules plantes textiles cultivées en Europe. Elles servent à fabriquer les toiles destinées à la confection du linge, partie essentielle de nos vêtements.

Ces deux plantes contiennent des fibres ligneuses qui, dégagées de leur écorce, donnent un tissu plus ou moins fin, mais souple, qui se nettoie par des procédés faciles à employer et qui, dans tous les ménages, est regardé comme un objet de première nécessité.

Le chanvre appartient à la famille des urticées. Il a l'apparence d'une ortie, dont la tige est assez élevée ; toutes ces tiges fleurissent ; mais toutes ne portent pas de graines. Il y a des pieds dont les fleurs n'ont que des étamines, d'autres qui n'ont que des pistils ; ceux-ci portent la graine et mûrissent les derniers. C'est le chanvre femelle ; mais, par une habitude dont il serait difficile de donner la raison, il est généralement appelé chanvre mâle.

Beaucoup d'oiseaux sont très-friands de cette graine, qui contient une petite amande d'un goût assez prononcé. On en tire une huile qui peut servir à l'éclairage, lorsqu'elle est épurée, et qui entre dans la fabrication du savon gras.

Le chanvre demande un bon terrain, un sol riche et profond, parfaitement remué et aplani. Plus on le sème dru, plus il s'élance, et plus la filasse qu'il donne est fine. On le serre moins quand on doit en employer le produit à la fabrication des cordages, des toiles à voiles, des sacs, etc.

Le lin est, comme le chanvre, une plante annuelle, originaire de l'Asie, mais depuis longtemps acclimatée en Europe. Ses tiges, plus fines que celles du chanvre, sont moins hautes et n'offrent pas le même aspect. Elles portent de nombreuses fleurs, d'un bleu azuré, auxquelles succèdent bientôt de petites capsules renfermant des graines recouvertes d'une écorce brune et lustrée. Ces graines donnent une huile siccative employée dans la peinture ; et quand on les écrase sous une meule sans en exprimer l'huile, elles servent à faire des cataplasmes émollients.

Les fibres textiles du lin sont plus fines et plus douces que celles du chanvre ; on les emploie quelquefois dans la même toile ; le chanvre sert pour la chaîne, et le lin pour la trame. Le chanvre femelle, qu'on désigne improprement sous le nom de mâle et qui mûrit quinze jours ou trois semaines après l'autre, donne une filasse plus forte mais plus grossière que le chanvre qui ne porte point de graine et dont la maturité est plus hâtive.

Autrefois, la principale occupation des femmes, sans en excepter les princesses, était de filer ; la loi salique le prouve, en déclarant que la couronne de France ne doit point tomber en quenouille. Aujourd'hui, on ne trouve plus de fileuses que dans les campagnes ; encore beaucoup de jeunes filles ne se soucient-elles plus de filer leur trousseau.

Mais avant de s'enrouler autour de la quenouille, le chanvre et le lin ont besoin d'être débarrassés de leur écorce et séparés en fils fins et souples. Le seul moyen qu'on ait longtemps employé pour enlever cette écorce est de la faire pourrir. Cette opération, qu'on nomme le rouissage, s'effectue en étendant le chanvre ou le lin sur le pré, et en le retournant souvent pendant un mois ou six semaines. Pour abréger ce délai, on met tremper les poignées ou masses dans un ruisseau, une mare ou un fossé ; l'action de l'eau aide à la décomposition des matières étrangères ; mais cette eau exhale une odeur fétide et malsaine ; aussi ne doit-on jamais procéder au rouissage dans les cours d'eau voisins des habitations.

Après avoir fait rouir le chanvre ou le lin, il faut le *teiller* ou le broyer. Le teillage s'opère au moyen d'un instrument grossier, composé d'une espèce de chevalet auquel s'adapte un couteau de bois à deux lames peu tranchantes. On pose le chanvre ou le lin en travers sur le chevalet, et on le frappe à coups redoublés, en faisant avancer ou reculer la poignée, à mesure que l'écorce en est brisée. On le bat ensuite pour l'assouplir avec un autre couteau de bois plus affilé, ou bien on le peigne en le faisant passer sur des dents métalliques plus ou moins rapprochées. Les brins les plus courts se détachent, et servent, sous le nom d'étoupes, à fabriquer des toiles de qualité inférieure ; les grands brins sont pliés et tordus par poignées ; il ne reste plus qu'à arranger la poignée sur la quenouille, et à l'y maintenir à l'aide d'un ruban.

Depuis quelques années, le rouissage s'opère, dans les grands centres de l'industrie textile, par des moyens plus actifs et moins insalubres que dans les campagnes. Le lin est placé dans des routoirs en briques cimentées, dans lesquels on verse de l'eau froide, qu'on échauffe en y introduisant de la vapeur, et l'opération est terminée en trois jours.

On commence aussi à teiller le lin par des procédés mécaniques ; des pinces saisissent les brins, les tirent en sens contraire et les conduisent entre des bandes de cuir, où il est écrasé par le jeu d'un certain nombre de baguettes.

Dans nos villages, la fileuse s'assied devant son rouet, dont elle fait mouvoir la roue en appuyant le pied sur une palette de bois mobile ; elle trempe ses doigts dans un godet placé sur le rouet, et, faisant agir ses deux mains, elle étend les brins et les place les uns sur les autres, tandis que le mouvement de la roue les tord légèrement et les enroule sur une bobine.

Le fil qui couvre la bobine est remis en écheveaux, pour être lessivé plusieurs fois, puis on le pelote et on le donne au tisserand.

C'est ainsi qu'on fait dans les ménages ; mais pour la grande fabrication des toiles, le rouet de nos paysannes n'est pas assez expéditif. On se sert de machines qui soudent les uns aux autres les brins de filasse peignée. Ces machines portent le nom d'étaleuses ; elles forment un ruban, qui est ensuite étiré au laminoir et filé à l'aide de métiers mus par la vapeur.

Les toiles de lin étaient connues des anciens : les Egyptiens étaient surtout habiles à les travailler ; mais, quoique la culture de cette plante éminemment utile ait été introduite dans les Gaules longtemps avant l'ère chrétienne, peu de progrès ont été réalisés dans les procédés de fabrication.

C'est seulement en 1810 que le problème de la filature mécanique du lin fut résolu. Le 12 mai 1810, le *Moniteur* offrait un prix d'un million de francs à l'inventeur de la meilleure machine propre à filer le lin, et un article de ce décret rendu par Napoléon Ier ordonnait qu'il fût traduit dans toutes les langues, afin que les mécaniciens de toutes les nations pussent prendre part au concours.

Philippe de Girard, qui, après s'être distingué comme professeur de chimie et d'histoire naturelle à Nice et à Marseille, venait d'inventer divers instruments d'optique, une lampe perfectionnée et les globes de verre dépoli, résolut d'étudier sérieusement cette question, dont il ne s'était jamais occupé. Sans prendre conseil de qui que ce fût, sans vouloir se guider sur rien de ce qui avait été fait jusque-là, il se fit apporter du lin et du fil. Il examina le fil à la loupe avec une extrême attention ; il mit tremper le lin dans l'eau, puis il en réunit quelques brins, et parvint à tordre avec ses doigts un fil d'une remarquable finesse. Cela fait, il réfléchit pendant quelques heures ; puis il dessina le plan d'un métier qui lui parut devoir exécuter ce travail.

Ses parents, pleins de confiance en son talent, mirent à sa disposition tout ce qu'ils possédaient, afin qu'il pût construire sa machine et monter la filature qui devait lui faire obtenir le million promis.

Au mois de mai 1813, époque à laquelle le prix devait être décerné, le métier Girard marchait à merveille dans les ateliers de la rue Meslay, à Paris ; mais il n'était plus question de concours ; la malheureuse campagne de Russie venait d'avoir lieu, et l'ennemi se disposait à entrer en France, à la suite des débris de notre armée.

Non-seulement Philippe ne reçut pas le million sur lequel il comptait pour indemniser sa famille des avances qu'elle lui avait faites, mais il fut obligé d'interrompre ses travaux, la guerre ayant fait fermer les fabriques de toiles auxquelles il vendait ses fils. La nécessité le pressant, il se décida à prendre deux associés qui lui offrirent des fonds, mais qui, abusant de sa confiance, enlevèrent les modèles de ses machines et les portèrent en Angleterre.

Ce fut un coup terrible pour l'inventeur ; il demanda justice au gouvernement ; mais Louis XVIII avait remplacé Napoléon sur le trône, et ne se croyait pas lié par les promesses de l'empereur. Philippe, ne pouvant rien obtenir, passa en Autriche, où il espérait gagner assez d'argent pour relever sa filature, dont il laissait la garde à ses frères. En son absence, une commission fut nommée pour examiner ses machines ; mais les savants qui en faisaient partie, prévenus sans doute contre lui, déclarèrent que ces machines ne lui donnaient droit à aucune récompense.

En Autriche et en Russie, au contraire, elles furent accueillies avec la plus grande faveur. Philippe y établit plusieurs filatures de lin, dont l'une donna lieu à l'établissement d'une ville qui porte son nom (Girardon). Il trouvait toujours quelque chose à inventer ou à perfectionner, et il ne cessait de travailler à la prospérité de son œuvre.

Les machines condamnées par la commission de Paris avaient été fort admirées en Angleterre, où elles avaient contribué beaucoup au développement de l'industrie linière. Au bout d'un certain nombre d'années, elles passèrent le détroit et furent installées dans nos départements du Nord, où l'on se récria sur cette nouvelle preuve du génie inventif des Anglais.

Philippe de Girard l'apprit : il protesta hautement contre cette erreur, qu'il n'hésita pas à appeler un crime de lèse-patrie, et il prouva qu'il était seul l'auteur de cette invention.

Il avait passé trente ans à l'étranger, quand il se décida à revoir la France, qu'il regrettait toujours. C'était en 1844, pendant l'Exposition de l'Industrie. Il y fut conduit par sa famille, et il eut la joie de voir les différentes machines qu'il avait créées y figurer avec honneur.

Le jury lui décerna la grande médaille d'or, et ceux dont ses inventions avaient fait la fortune l'entourèrent des témoignages de leur reconnaissance. Il crut pouvoir alors réclamer du gouvernement de Louis-Philippe le million promis par Napoléon. Ce fut en vain ; mais la Société des inventeurs et des filateurs lui assura une pension viagère de 6,000 fr.

Philippe n'en jouit pas longtemps; il mourut l'année suivante; et comme cela était arrivé déjà pour plusieurs hommes de génie, sa mort fut le signal d'un concert de louanges et de regrets, à la suite duquel on lui éleva des statues, et l'on vota aux membres survivants de sa famille une récompense nationale.

La filature mécanique du lin et la fabrication des toiles sont très-florissantes en Angleterre, en France et en Belgique. Le tiers environ des produits de l'industrie linière en France appartient à l'ancienne province de Flandre et aux départements voisins. L'autre tiers est réparti entre la Bretagne, la Normandie, la Lorraine, la Vendée et le Dauphiné. Lille et Amiens surtout ont des établissements remarquables, mais qui le cèdent encore à ceux de Courtray, de Gand, de Liége et de Bruxelles. La Prusse a les toiles de Westphalie, et la Saxe est justement fière de ses magnifiques services de linge damassé.

Il faut dire toutefois que la perfection des dessins du linge damassé est due à un autre inventeur, plus célèbre encore que Philippe de Girard, un simple artisan lyonnais, Jacquard, qui construisit pour les ouvriers en soie un ingénieux métier, bientôt appliqué à la fabrication de toutes les étoffes façonnées.

Quoique le tissage mécanique donne d'abondants produits, le tissage à la main n'est pas abandonné. On le préfère même, surtout pour les toiles fines; et comme cet article, ne changeant pas de mode, peut être fabriqué d'avance, il y a dans les campagnes où l'industrie linière est florissante, beaucoup de tisserands qui donnent à leur métier tout le temps que ne réclament pas les travaux des champs.

Le chanvre est généralement employé pour la marine et la confection des grosses toiles; le lin sert à fabriquer les toiles fines, les coutils, les batistes, les dentelles. Cependant la plupart des dentelles se font aujourd'hui avec du coton, quoiqu'on les nomme encore dentelles de fil.

Il n'y a plus en France que la plus belle et la plus chère de toutes les dentelles, le point d'Alençon, qui se fabrique en fil de lin. Les dentelles se font à la main; un carreau rembourré et des fuseaux qu'elles font jouer avec une grande habileté, souvent acquise dès l'enfance, forment tous les outils des dentellières. Ils sont encore moins nombreux pour le point d'Alençon : une feuille de parchemin, une petite pince et une aiguille, voilà tout.

On fabrique maintenant à Bayeux beaucoup de point d'Alençon, ainsi que d'autres dentelles blanches et des dentelles noires, rivales de celles de Chantilly. Dans tout le Calvados, la plupart des femmes sont occupées à cette fabrication. Le Puy, dans la Haute-Loire; Mirecourt, dans les Vosges, fournissent aussi des dentelles au commerce. Celles qu'on nomme valenciennes ne viennent plus de la ville dont elles ont conservé le nom, mais de Bailleul (Nord) et de la Belgique. C'est aussi en Belgique que se fabriquent les belles dentelles dites de Malines, et le point d'Angleterre, qui rivalise avec le point d'Alençon, est plus justement appelé point de Bruxelles; car il est l'œuvre des dentellières de cette ville.

Le coton est une matière textile étrangère à notre pays. C'est un duvet fin et soyeux qui enveloppe les graines d'une plante de la famille des malvacées. On distingue plusieurs espèces de cotonniers, qu'on divise, d'après la taille qu'ils atteignent, en herbacés, arbustes et arborescents. Le coton croît dans toute l'Asie, en Afrique, en Amérique, en Océanie; il n'y a que l'Europe qui en soit privée; encore réussirait-il en Espagne, en Grèce et dans l'Italie méridionale.

Le fruit du cotonnier est une capsule à plusieurs loges, remplies d'une matière filamenteuse, au milieu de laquelle se trouvent des graines noires assez semblables à celles du poivre. Quand le fruit est mûr, la capsule s'ouvre, et il faut se hâter de recueillir la graine, que le vent disperserait. On la porte sous des rouleaux pour la séparer de son duvet, qui, battu avec des baguettes, puis fortement serré dans des enveloppes de toile, forme ce qu'on appelle des balles de coton.

L'industrie cotonnière occupe en Europe plus de cinq millions de personnes, et l'on n'évalue pas à moins de trois milliards les produits qu'elle livre à la consommation. Le coton se file beaucoup plus facilement que le chanvre et le lin, et il sert à fabriquer une multitude de tissus, depuis les emballages les plus grossiers jusqu'aux mousselines les plus transparentes et les plus légères. On en fait des draps, des velours, des tapis, des couvertures, des calicots, des indiennes, et une grande variété d'étoffes connues sous le nom de cotonnades.

Les premiers tissus de coton furent portés par les Indiens ; ils perfectionnèrent sans doute à force de patience leurs procédés de fabrication ; car ces tissus jouissaient d'une haute réputation même avant l'ère chrétienne.

Vers la fin du viii⁰ siècle ou au commencement du ix⁰, les Arabes apportèrent en Espagne des graines de coton, qui réussirent très-bien. Pour en utiliser le produit, ils créèrent les premières fabriques de ces tissus, dont l'Inde avait eu jusque-là le monopole. Il est à remarquer cependant que les anciennes peuplades de l'Amérique connaissaient les étoffes de coton, puisqu'on en a trouvé dans des tombeaux qui remontent à la plus haute antiquité.

Quand Christophe Colomb découvrit ce nouveau monde, les indigènes portaient déjà des vêtements de coton ; et l'on fabriquait au Mexique des cotonnades d'une admirable finesse, lorsque Fernand Cortez fit la conquête de ce pays.

Les Arabes, doués d'un esprit très-industrieux, arrivèrent promptement à fabriquer de beaux tissus de coton ; ils remarquèrent que ces tissus étaient légers en été, chauds en hiver, et ils s'en firent des vêtements. Les Espagnols ne les imitèrent pas, craignant qu'on ne pût les confondre avec ces infidèles, dont ils avaient horreur; et les autres peuples de l'Europe firent comme les Espagnols.

On ne commença que bien longtemps après à filer et à tisser en Italie *la laine végétale*, et ce fut seulement en 1357 qu'arrivèrent en Angleterre les premières balles de coton. Il fallut encore des années pour qu'on se décidât à en tisser des étoffes; mais à peine les premières eurent-elles paru, qu'on se mit à en fabriquer de tous côtés. L'industrie cotonnière, tardivement introduite en France, commença d'y prospérer vers 1806; mais elle n'y devint réellement florissante qu'après la paix de 1815.

Malgré le rapide essor qu'avait pris en Angleterre la fabrication des étoffes de coton, il était impossible de prévoir, avant l'invention des machines à filer et à tisser, à quel développement atteindrait cette industrie. Un fabricant de peignes à tisser, nommé Highs, inventa la première machine à filer, et lui donna le nom de Jenny, qui était celui de sa fille. La Jenny abrégeait beaucoup le travail; mais les fils qu'elle formait n'offraient pas assez de solidité pour être employés à la chaîne des étoffes; ils ne pouvaient servir que pour la trame. Un barbier de Preston, Richard Arkwright, modifia cette machine, et Samuel Crampton, empruntant aux deux inventeurs les dispositions les plus ingénieuses de leur appareil, en fit l'admirable machine connue sous le nom de *mull-jenny*.

La plus grande partie du coton travaillé en Europe vient de l'Amérique. Cette plante y croît naturellement, et nous avons dit qu'on récoltait la laine végétale pour en faire des tissus bien avant la découverte de ce continent. Cette culture et cette fabrication y avaient toutefois été abandonnées, et il fallut que des Européens l'y remissent en honneur. La production du précieux duvet s'accrut rapidement. Avant la guerre des Etats-Unis, le prix du coton, dans les ports de

France et d'Angleterre, n'était point exorbitant, et il y a lieu d'espérer que bientôt ce prix sera rétabli.

Le coton est soumis, au sortir des balles, à diverses opérations qui ont pour but de le débarrasser des matières étrangères qu'il contient encore et de lui rendre la souplesse qu'il a perdue par l'emballage. Il passe ensuite entre des cylindres, d'où il sort sous la forme d'un ruban très-mince. Ce ruban s'enroule autour d'un grand nombre de bobines, d'où il est tiré par le mouvement d'une espèce de chariot à deux roues glissant sur des rails. Le ruban passe entre de nouveaux cylindres, les uns cannelés, les autres unis, dont la vitesse inégale a pour résultat de tordre le fil. Arrivé à l'extrémité de sa course, le chariot revient sur lui-même, et ce mouvement de recul enroule le fil sur la dévideuse, au moyen d'un mécanisme d'une extrême simplicité. Ce chariot, qui n'a besoin que de deux ouvriers pour faire marcher un grand nombre de broches, est la mull-jenny perfectionnée, ou métier renvideur.

« Les progrès mécaniques se sont élevés si haut dans l'industrie des matières filamenteuses, dit M. Alcan, le travail des machines est devenu si complétement automatique, qu'il suffit de leur confier la matière brute pour qu'elles la rendent spontanément au degré de finesse et de longueur voulues. On livre journellement, par exemple, un kilogramme de coton dont les fibres duveteuses ont en moyenne trois centimètres de longueur, et les machines, sans secours étranger, produisent un fil ou cylindre flexible, d'une homogénéité parfaite, d'une étendue de quatre cents kilomètres (cent lieues), et d'une grosseur mathématiquement égale sur toute cette étendue.

« Pour obtenir ce résultat, plusieurs machines concourent, par des transformations successives, au but final. La première sépare des fibres les corps durs et la poussière ; la seconde les bat pour y réintégrer la souplesse qu'une pression très-énergique avait en partie neutralisée ; la troisième leur fait subir un peignage pour les redresser, les égaliser et les ranger ; la quatrième fait glisser les filaments les uns sur les autres avec une parfaite régularité, les échelonne pour en former un ruban continu : ce travail était, il y a soixante ans, réservé aux fileuses à la main. Cette machine a été inventée en Angleterre par un perruquier, qui est devenu plusieurs fois millionnaire. La cinquième machine, continuant l'œuvre de la précédente, commence à arrondir le ruban ; enfin, la sixième complète la formation des fils ; elle en produit de cinq à six cents à la fois, et en pourrait produire beaucoup plus ; car on n'est limité que par les limites mêmes de l'emplacement et de la force motrice. Les ouvriers et ouvrières ne sont employés qu'à servir la matière première aux métiers, à l'enlever lorsqu'elle est transformée ; à réparer les accidents, s'il y a lieu ; enfin, à entretenir et à nettoyer les principaux organes qui constituent l'ensemble d'un matériel industriel.

« Ces machines sont moins variées et moins compliquées qu'on ne pourrait le supposer ; il s'ensuit naturellement que, quelle que soit la nature de la matière à laquelle on les destine, leur travail se résumera toujours : 1° par le nettoyage des filaments ; 2° par leur échelonnement au moyen de glissements successifs ; 3° par la torsion de ces filaments pour leur donner une adhérence suffisante, lorsque les glissements ont atteint la limite voulue. La production du fil de soie fait seule exception à cette règle générale (1). »

Une grande partie des cotons que l'Amérique nous expédie arrivent au Havre, et sont transformés en tissus qui servent à vêtir les habitants des campagnes et la population ouvrière. La rouennerie, ainsi nommée parce que Rouen est le centre de la fabrication de ces tissus, trouve aussi un débouché avantageux dans nos colonies et surtout en Algérie.

____

(1) *Cours du Conservatoire des arts et métiers.*

Les trois départements de la Seine-Inférieure, de l'Orne et de l'Eure, emploient à eux seuls presque la moitié du coton importé en France ; les étoffes qu'on y fabrique, étant plutôt remarquables par leur solidité que par leur finesse, consomment beaucoup de matière première.

Mayenne, Laval et Cholet fabriquent pour l'usage des paysans bretons et vendéens des étoffes assez grossières ; Lille fournit de beaux tissus et des fils très-fins ; Mulhouse, Wesserling, Senones, des indiennes et des toiles pour ameublements ; Saint-Quentin, des mousselines aussi bonnes que belles ; Tarare, des étoffes de fantaisie, des batistes d'Ecosse, des tarlatanes, des mousselines brodées et des stores pour rideaux.

La Suisse fabrique les mêmes articles que Tarare ; elle livre au commerce une grande quantité de stores brodés, d'un remarquable travail, mais qui, sous le rapport de l'élégance du dessin, ne sont pas à la hauteur des produits français.

Les articles de luxe sont presque partout tissés à la main, avec des fils tirés de l'Alsace, de la Flandre et quelquefois de l'Angleterre. On se demande quels sont les doigts qui peuvent fabriquer des étoffes si souples et si transparentes, et par quel art merveilleux ces vaporeuses mousselines peuvent offrir encore autant de solidité.

Le tulle et la dentelle de coton ou dentelle mécanique ont eu, en France, leurs premiers ateliers de fabrication à Calais. Dans cette branche encore, l'Angleterre nous avait devancés ; mais c'est la belle invention du métier Jacquard qui, en rendant possible la reproduction des dessins des dentelles à la main, a permis à cette industrie de faire de grands progrès.

Aujourd'hui, Paris, Lyon, Cambrai, fabriquent des dentelles à la mécanique ; et certaines imitations sont si parfaites, qu'il faut l'œil d'un connaisseur ou celui d'une femme pour les distinguer des dentelles à la main qui coûtent dix et même vingt fois plus cher.

Les dentelles, les tulles, les tarlatanes, les mousselines claires, consomment très-peu de matière ; leur prix de vente est calculé sur la main-d'œuvre qu'elles coûtent et non sur la quantité de coton qu'elles emploient ; aussi remarque-t-on que les étoffes grossières se fabriquent plutôt dans le voisinage des ports qui reçoivent le coton, que dans les villes où il ne parvient qu'avec des frais de transport assez considérables.

Dans la rouennerie et toutes les cotonnades à mille raies ou à carreaux, les fils sont teints avant d'être tissés, et disposés selon le dessin dans la chaîne et dans la trame. Pour avoir des couleurs bon teint, c'est-à-dire qui résistent à l'influence de l'air et à l'action du savonnage, il ne faut pas trop rechercher le bon marché ; car souvent ces étoffes sont fabriquées avec des cotons manqués à la teinture, et rehaussés ensuite par un bain de bois de Brésil, de bleu de Prusse, etc.; mais la nuance qu'ils ont prise dans ce bain ne résiste pas à l'eau, et l'étoffe devient promptement pâle et terne.

Dans les tissus connus sous le nom d'indiennes, parce que les premiers ont été fabriqués dans l'Inde, les dessins sont appliqués à la main ou à la mécanique. Ces dessins sont gravés en relief sur des planches de buis, si l'impression doit se faire à la main, et sur des cylindres quand elle doit se faire à la mécanique. Chaque couleur exige une planche ou un cylindre particulier ; aussi les indiennes coûtent d'autant plus cher, qu'elles réunissent un plus grand nombre de couleurs. La qualité du teint influe aussi sur le prix ; il y a des étoffes très-flatteuses à l'œil qui deviennent bientôt laides, parce que les couleurs n'ont pas été préparées et appliquées comme elles devaient l'être.

On fixe les couleurs sur les étoffes au moyen de certains mordants, dont la composition différente donne diverses nuances ; ainsi, en imprimant un dessin sur une pièce avec des mordants convenables, et en passant ensuite cette pièce dans un bain de garance, on obtient les dessins rouges, violets et bruns, de la plupart des indiennes bon teint et à bon marché.

Quand on pose en même temps la matière colorante et le mordant, on soumet l'étoffe à un courant de vapeur, sous l'influence duquel la teinture s'opère. C'est ce qu'on appelle le genre vapeur.

Dans le genre réserve on applique un certain mordant sur les parties qui doivent rester blanches, et l'on donne au reste une teinte uniforme. Quelquefois les étoffes à dessins blancs sont passées d'abord à la teinture, et l'on enlève la couleur par un mordant sur les parties qui forment le dessin.

Les couleurs minérales fixées à l'albumine sont très-solides. Ces couleurs sont délayées dans du blanc d'œuf, imprimées sur les étoffes et soumises à l'action de la vapeur, qui cuit l'albumine et fixe la couleur.

Les gris au charbon, les ocres, la terre de Sienne, le vert impérial, le violet lilas, découvert à la manufacture de porcelaine de Sèvres, sont d'excellentes couleurs, pourvu qu'on ne ménage pas trop l'albumine dans leur application et qu'on ne les lave ni dans la lessive ni dans la potasse, qui ont la propriété de dissoudre l'albumine.

Le coton prend la teinture beaucoup plus facilement que le chanvre ou le lin, et la laine la prend beaucoup mieux que le coton; aussi fabrique-t-on toutes sortes d'étoffes dans lesquelles la trame seule est colorée; cette trame est en laine bon teint et la chaîne en coton blanc, gris ou écru.

« On se persuade volontiers qu'il n'y a pas d'autres matières textiles que le lin, le chanvre, le coton, la laine et la soie, dit encore M. Alcan. C'est une erreur. Il y a une infinité de matières qui peuvent être transformées en tissus. La nature les offre tantôt sous forme de duvet analogue à celui du cotonnier, par exemple sur le fromager, le saule, le peuplier, l'asclépias, la massette ou roseau à feuilles larges, etc.; tantôt sous forme de tiges analogues à celles du chanvre et du lin, telles que l'ortie, le phormium, le jute ou chanvre de Manille, l'aloès, le musa, le corchorus, le bromelia, le houblon, la guimauve, etc. Les feuilles des plantes présentent encore des variétés plus riches, plus nombreuses, de fibres textiles; on les retire généralement des agaves, des ananas, des yucas, du sparte, du palmier, du caragnatua, du pin, etc. Dans le règne animal, le duvet du cachemire, les toisons de l'alpaca, du lama, de la vigogne, les poils du chameau, les soies du tussah, du paphia, etc., reçoivent chaque jour un emploi plus grand.

« Une partie de ces matières se trouve déjà absorbée par l'industrie anglaise, qui produit avec une espèce d'herbe de la Chine (china-grass) des étoffes dont la blancheur, la finesse et le brillant rivalisent avec la batiste et la soie. Les toisons des moutons du Pérou, connues sous le nom d'alpaca, y sont travaillées pures ou mélangées dans des tissus de toutes espèces, depuis les étoffes lisses et mates jusqu'aux tissus à poils imitant de belles fourrures.

« Nous-mêmes, avant l'invasion du coton, nous tirions parti de plusieurs substances filamenteuses que notre sol fournit en abondance. L'ortie, par exemple, a fourni longtemps d'excellentes toiles à nos provinces de Picardie et de Normandie.

« On pourrait utiliser encore beaucoup de plantes indigènes : le duvet du peuplier, du saule, de l'asclépias, de la massette, la tige du houblon, celle de la guimauve.

« Depuis quelques années, on a eu l'heureuse idée de cultiver le cotonnier dans notre colonie du nord de l'Afrique. Cette culture a parfaitement réussi, et l'on peut, dès à présent, compter le coton algérien parmi les ressources de nos manufactures; seulement notre colonie ne pourra que difficilement lutter contre l'Amérique pour la production des cotons ordinaires. Mais l'Algérie produit du coton à longues fibres, qu'on ne pouvait se procurer qu'en Egypte et dans la Géorgie, et encore en quantité insuffisante aux besoins de l'industrie. »

On espère que les cotons algériens pourront rivaliser avec le sea-islands ou coton des îles, dont la supériorité est si bien établie, qu'il est vendu cinq fois plus cher que le coton longue soie des autres contrées de l'Amérique.

VIII.

La fabrication des étoffes de laine est plus ancienne que celle des toiles de lin, de chanvre et de coton. La toison des moutons fournit à l'homme ses premiers vêtements, et ce fut sur cette toison qu'il commença d'exercer son industrie ; mais il y a loin sans doute des produits de cette industrie primitive à la grande variété d'étoffes de tous prix et de toutes qualités que la laine sert à fabriquer aujourd'hui.

Le lin, le chanvre et le coton sont d'origine végétale ; la laine est une matière animale, dont chaque filament, examiné à la loupe, offre une surface recouverte d'écailles, ou paraît se composer de cornets emboîtés les uns dans les autres.

Le mouton, la chèvre, le lama, la vigogne, l'alpaca, sont les principaux mammifères qui nous fournissent de la laine. Presque toute celle qu'on emploie en France est le produit de la tonte des moutons pendant leur vie et de leur dépouille après leur mort. Les premières, qui se nomment laines de toison, prennent mieux la teinture que les secondes, appelées laines mortes. On classe aussi les laines, d'après leur finesse, en laines communes, laines métis, laines mérinos, et, d'après la longueur des brins, en laines longues ou peignées, et laines courtes ou cardées.

Les laines communes renferment des poils durs dont il faut les débarrasser ; les laines mérinos sont fournies par une race de moutons dont on doit l'amélioration aux efforts du naturaliste Daubenton, et les laines métis tiennent le milieu entre ces deux produits si différents.

Les moutons de la Saxe et de la Silésie, beaucoup plus petits que les nôtres, et, par conséquent, moins avantageux pour la boucherie, donnent de très-belles laines et approvisionnent nos principales fabriques de draps. Les moutons d'Angleterre, dont la laine lisse se feutre difficilement, fournissent leur toison à nos étoffes solides et brillantes, les reps, les satins de laine, les popelines, les orléans, et la plupart des étoffes de fantaisie qui sortent des ateliers de Roubaix, de Tourcoing et de plusieurs autres villes du Nord. Les belles laines françaises sont employées à la fabrication des draps d'Elbeuf, de Louviers, de Vire ; et les laines communes, à la grosse draperie, aux couvertures, aux tricots, aux solides tissus de laine et de coton qu'affectionnent encore les paysans.

Avant d'employer la laine à la fabrication des étoffes, il faut lui faire subir plusieurs opérations, dont la première, le dégraissage, a pour but de la débarrasser du suint, c'est-à-dire de la graisse de l'animal qui l'a produite. Malgré la précaution que prennent les éleveurs de laver les moutons avant de les tondre, la laine retient encore du suint, qu'on enlève en la trempant dans une espèce de lessive qui transforme le suint en savon. On la rince ensuite à l'eau courante dans des paniers à claire-voie, et on la laisse sécher sans la serrer.

La laine courte, qui doit servir à la fabrication des draps et des autres étoffes à tissu invisible, est passée entre des cardes munies d'aiguilles fines et rapprochées, qui l'étendent et lui donnent de la souplesse. Les laines longues sont lavées comme les autres, mais un peu moins séchées ; on les enduit ensuite d'une petite quantité d'huile et on les soumet à l'action de peignes chauffés qui la ramollissent.

Ces laines, longues ou courtes, sont ensuite filées grossièrement et reçoivent en passant par divers appareils toute la finesse désirable.

Reims excelle dans la filature des laines et dans la fabrication des étoffes de laine pure, comme les mérinos, les flanelles, etc. C'est à Reims que le mérinos a été créé, et nulle part on n'en peut trouver de plus beau, quoique les machines à tisser commencent à se substituer aux métiers à bras. Les étoffes de fantaisie en laine pure sont aussi du domaine des fabricants de Reims. Ceux de Roubaix associent volontiers dans ces étoffes la laine à la soie et au coton, dans la fantaisie haute nouveauté ; ils fournissent aussi au commerce des damas et des tissus pour ameublements.

Tourcoing peigne et file la plupart des laines employées non-seulement à Roubaix, mais dans tout le cercle manufacturier dont cette ville est le centre. Tourcoing fabrique aussi des damas et des reps pour ameublements.

Les draps forment une des branches les plus importantes de l'industrie lainière. Autrefois on ne donnait le nom de drap qu'à des tissus lisses et unis ; aujourd'hui on l'étend à des tissus croisés, veloutés, ou ressemblant à la fourrure. Sedan a la spécialité des draps noirs les plus beaux et les plus fins ; Elbeuf a celle de la nouveauté ; ce qui n'empêche pas Sedan de fabriquer ce dernier article, ni Elbeuf de fournir au commerce des drap noirs très-remarquables. Louviers, après avoir été la rivale d'Elbeuf, n'occupe plus que le second rang dans la fabrication des draps ; Vire lutte avec Elbeuf pour la production de seconde qualité ; quant aux fabriques du Tarn, de l'Hérault, de la Haute-Vienne, de l'Aveyron, elles fournissent aux besoins des populations locales des tissus à bas prix, confectionnés par des machines qui n'ont pas acquis la perfection de celles des établissements de l'Ouest et du Nord.

La laine courte ou laine cardée convient seule à la fabrication des draps ; cependant on y joint quelquefois des déchets de laine peignée, et même des débris de vieilles étoffes qu'on réduit en charpie. Ces draps, bien entendu, perdent en solidité ce qu'ils gagnent en bon marché ; aussi est-il à désirer que cette méthode de fabriquer du neuf avec du vieux ne se répande pas.

Le drap se tisse comme la toile, et l'on pourrait compter les fils de la chaîne et de la trame, si l'on ne le soumettait au foulage, qui resserre ces fils, et au lainage, qui consiste à ramener à la surface du drap les fibres repliées par le foulage. On se sert pour cela de chardons naturels ou artificiels ; et quand ces petits peignes ont achevé leur tâche, une machine, appelée tondeuse, rase les fibres à la même hauteur. Le drap, qu'on a soin de mouiller pour le lainer et le tondre, est ensuite séché, passé à la vapeur et à la presse, avant de quitter l'atelier du fabricant.

Outre les mérinos, les flanelles, les étoffes de fantaisie, les draps unis et les draps nouveautés, la laine sert à fabriquer les velours pour meubles, les tapis, les feutres pour chaussures, et les beaux châles connus sous le nom de cachemire.

Le cachemire toutefois est moins une laine qu'une sorte de duvet soyeux qui couvre la poitrine des chèvres de l'Asie centrale et surtout du Thibet. Les premiers cachemires firent leur apparition en France après l'expédition de Bonaparte en Egypte. L'admiration qu'excita ce magnifique tissu, rehaussé par la beauté des dessins et l'éclat des couleurs, fit tout aussitôt du châle indien l'objet de l'ambition des femmes, et le haut prix auquel il était coté devait inspirer aux fabricants français le désir d'imiter ce produit de l'art oriental. Mais on était alors bien loin de posséder les ressources mécaniques dont on dispose aujourd'hui; et pour fabriquer en France le châle de l'Inde par les mêmes procédés qu'on l'obtient en Asie, on aurait été obligé de le vendre encore plus cher, le prix de la main-d'œuvre étant beaucoup plus élevé chez nous qu'en Asie, où les malheureuses qui filent le cachemire gagnent à peu près 2 fr. par mois.

Elles filent à l'aide de rouets qui ressemblent à ceux de nos grand'mères, et les métiers d'où sortent les beaux châles ont aussi beaucoup d'analogie avec ceux des tisserands français.

« Les trames se composent de mille à trois mille fils, suivant le châle, dit M. Alfred de Bréhat. On les mouille de temps en temps avec de la bouillie de farine de riz excessivement délayée, qui fortifie le fil et empêche sa surface de s'écorcher. Comme on le voit, c'est absolument le même procédé que celui employé pour les toiles par les tisserands français, sauf la farine de froment ou d'avoine substituée à celle de riz. Les ouvriers chargés de tisser les beaux châles ont devant eux une telle quantité de bobines, neuf cents, mille, deux mille peut-être, que je ne comprends pas comment ils peuvent s'y reconnaître, malgré toute leur habileté. C'est, du reste, un métier fort difficile, et plusieurs années de travail sont nécessaires pour former un ouvrier passable.....

« On appelle *zamine* le fond uni des châles, qui se fait à part, et se compose d'une étoffe nommée *alouanne*, dont le prix reste à peu de chose près le même, quelle que soit la finesse de son tissu. On rapporte sur ce fond les palmes et les bordures qui sont tissées séparément et divisées en plusieurs morceaux, par suite de la façon déplorable dont se perçoit l'impôt sur les châles. Tous les mois, en effet, le percepteur indigène fait une visite dans les ateliers, afin de toucher, sur ce qu'il y a de fabriqué, des droits qui sont basés sur la valeur du travail terminé, et doivent être fixés par des arbitres à la nomination desquels le fabricant n'a pas même le droit de participer. Pour soumettre la portion de châle à l'estimation, on fait couper tout ce qu'il y a d'achevé sur le métier, et le morceau estampillé, après paiement du droit, est rapporté au mâlik.

« Ce qui contribue encore à augmenter le nombre de ces morceaux, c'est qu'un châle d'une certaine valeur, fait d'une seule pièce, occuperait un métier pendant cinq ou six ans, et nécessiterait des avances considérables. Partagé, au contraire, entre plusieurs ouvriers, dont chacun a sa spécialité, il peut être achevé au bout de sept ou huit mois. Les divers morceaux sont recousus autour du zamine par des raffaguers, qui accomplissent ce difficile travail avec une habileté extraordinaire, et se font payer une roupie environ par chaque morceau. La plupart des beaux châles se composent ainsi de quinze à trente pièces ; mais cela ne nuit en rien à leur vente. »

Revenons au cachemire français. Malgré toutes les difficultés que présentait la fabrication des châles avant l'invention du métier Jacquard, plusieurs industriels se mirent à l'œuvre, et dès 1806 des produits remarquables figurèrent à l'exposition et rendirent célèbre le nom de Ternaux, qui, le premier, avait réussi à fabriquer des châles de cachemire.

Jacquard, en rendant beaucoup plus facile l'exécution des tissus ouvragés, fit faire un grand pas à la naissante industrie des châles. Des fabricants pleins de zèle et de talent réalisèrent des progrès inespérés ; aussi, quand, en 1855, s'ouvrit à Paris la première Exposition universelle, l'admiration fut partagée entre les cachemires français et les cachemires de l'Inde, mis enfin publiquement en présence.

Les cachemires français, dont les dessins rappellent le type de l'Inde, perfectionné par le bon goût de nos artistes, ne le cèdent d'ailleurs au châle oriental ni sous le rapport de la beauté du tissu ni sous celui de l'éclat des couleurs ; et si ce dernier obtient encore la préférence, il le doit moins à ses qualités réelles, que nous sommes loin de nier cependant, qu'au prix élevé qui en fait un objet de luxe, à la possession duquel tout le monde ne peut prétendre.

Les cachemires français sont fabriqués, comme ceux de l'Inde, avec le duvet des chèvres du Thibet. Ce duvet arrive par balles à la foire de Nijni-Nowogorod, d'où il passe sur les marchés de Moscou et de Saint-Pétersbourg, où il est acheté pour les fabricants français. La matière première ne coûte guère que 8 à 9 fr. le kilogramme, telle qu'elle leur parvient; mais quand elle est nettoyée et filée, elle coûte sept ou huit fois autant. Le prix du châle dépend du nombre des couleurs, de la richesse du dessin et de la réduction, c'est-à-dire de la finesse du tissu.

Le châle de cachemire ne se fabrique qu'en Orient et à Paris. Pour les châles de laine, Nîmes et Lyon en France, Vienne en Autriche, Paisley en Ecosse, se font une sérieuse concurrence. Toutefois la France l'emporte pour le goût qui préside au choix des dessins, et les châles étrangers ne sont souvent que la copie à peine modifiée des châles français.

Le châle de laine, si beau qu'il soit, coûte environ les deux tiers du prix du châle de cachemire de même qualité; mais si la production du cachemire indigène augmente dans les proportions désirables, une baisse de prix en sera sans doute la conséquence.

Le cachemire indigène est la toison d'une nouvelle race de moutons, nommée mauchamp, du lieu où elle a été créée par un agriculteur distingué, M. Graux. Cette laine, mélangée au duvet des chèvres du Thibet, donne les tissus les plus souples et les plus moelleux; elle est plus longue que le vrai cachemire et tout à fait exempte de ces poils nommés jars, qui rendent le fil irrégulier.

Les tapis sont encore un des grands produits de l'industrie lainière. Il est vrai qu'en France l'usage en est encore circonscrit; mais en Angleterre, par exemple, c'est un objet de première nécessité, qu'on trouve dans les plus humbles ménages, comme dans les splendides appartements.

Les fabriques impériales de la Savonnerie, des Gobelins et de Beauvais, font de leurs produits de véritables objets d'art, des tableaux magnifiques, dans lesquels la beauté du dessin ne le cède point à la richesse du coloris. Ces produits, destinés à l'ornement des palais, n'entrent jamais dans le commerce ; mais ils rendent un grand service à l'industrie privée en lui fournissant d'admirables modèles.

Après les fabriques impériales, vient en première ligne celle d'Aubusson, la plus ancienne de l'Europe et la plus importante, puisqu'elle livre annuellement au commerce pour plus de trois millions de tapis, et que, joignant l'art à l'industrie, elle se distingue par le bon goût de ses compositions, aussi bien que par la solidité de ses tissus. Après Aubusson, Nîmes et Tourcoing occupent un rang distingué dans ce genre de fabrication, qui a fait chez nous de grands progrès depuis quelques années. Paris, Amiens, Abbeville, Tours, Bordeaux, et quelques autres villes, fabriquent aussi des tapis plus communs, dont l'usage commence à se répandre ; mais l'Angleterre l'emporte sur nous par le bon marché, sinon par le bon goût. Sous ce dernier rapport, comme sous celui de la perfection du travail et de la solidité des couleurs, l'avantage reste aux tapis fabriqués en France.

Un des moyens employés par les Anglais pour arriver à réduire le prix de cet article, consiste à tisser les tapis à la mécanique, comme une toile ordinaire, et à les soumettre ensuite à l'impression sous d'énormes rouleaux chargés de matières colorantes et mus par la vapeur. Les autres procédés grâce auxquels ils peuvent défier toute concurrence tendent à simplifier le travail et à réduire l'emploi de la laine et de la teinture ; ce qui, joint à la multitude d'objets sur lesquels ils répètent le même dessin, produit de notables économies.

La laine, comme nous l'avons vu, sert à fabriquer de riches tissus ; cependant la soie est plus précieuse encore que la laine. Chez les

Romains, elle se vendait au poids de l'or, et, avant l'introduction des vers à soie en France, les étoffes de soie n'étaient guère portées qu'à la cour de nos rois.

Le ver à soie est originaire de la Chine ; et les Chinois, qui forment le peuple le plus industrieux du globe, ont, dès la plus haute antiquité, employé à la fabrication des étoffes le fil long, brillant et fin, que donne cet insecte.

En 555, deux moines grecs en apportèrent des œufs dans leur pays en même temps que des plants de mûrier. La culture de cet arbre, dont les feuilles sont la nourriture du ver à soie, se propagea rapidement, et la Grèce seule eut le monopole des étoffes de soie jusqu'au xii° siècle. Roger II, roi de Sicile, à la suite de la guerre qu'il fit aux Grecs, transporta dans cette île la culture du mûrier et chargea les prisonniers qu'il avait emmenés d'enseigner à ses sujets la manière d'élever les vers à soie et d'utiliser leur produit.

Le pape Grégoire X, siégeant à Avignon deux cents ans plus tard, fit venir de Palerme des plants de mûrier, des vers à soie, et des ouvriers qui fabriquèrent de fort belles soieries. En 1440, Louis XI appela à Tours des Italiens versés dans cette industrie ; les étoffes sorties de leurs mains prirent le nom de gros de Tours. En 1520, François Ier fonda la fabrique de Lyon, en décidant quelques Italiens à venir se fixer dans cette ville. Mais c'est du règne de Henri IV seulement que datent les progrès de l'industrie séricicole. « Sa Majesté, dit Olivier de Serres, le père de l'agriculture française, me fit l'honneur de m'écrire pour m'employer au recouvrement desdits plants (des mûriers), où j'apportai telle diligence, qu'au commencement de l'an 1601, il en fut conduit à Paris quinze à vingt mille, lesquels furent plantés en divers lieux dans le jardin des Tuileries, où ils se sont heureusement élevés.... Voilà le commencement de l'introduction de la soye au cœur de la France. »

Henri IV établit au jardin des Tuileries une magnanerie, des ateliers pour la confection de la soie, et il promit d'anoblir quiconque se livrerait à cette industrie pendant douze ans. Olivier de Serres, encouragé par le roi, détacha de son grand ouvrage sur l'agriculture un traité qu'il nomma *Cueillette de la soye*, dans lequel il enseignait la manière d'élever ces précieux insectes, et s'efforçait « d'initier les peuples à tirer des entrailles de la terre le trésor de soye qui y est caché, et par ce moyen mettre en évidence des millions d'or y croupissant. »

Olivier ne se trompait pas en parlant ainsi ; car on évalue à 375,000,000 fr. la valeur des soieries fabriquées annuellement en France. La matière première produite dans nos départements du Midi entre pour plus de moitié dans cette fabrication.

Colbert, ministre de Louis XIV, créa des pépinières de mûriers, en fit distribuer des plants à tous ceux qui en demandaient, et accorda aux cultivateurs une gratification pour chaque pied âgé de plus de trois ans. Grâce à ces encouragements, les vers à soie se multiplièrent, et Lyon acquit pour la fabrication des soieries une renommée dont elle est encore en possession.

Dans les pays chauds, les vers à soie vivent à l'air libre sur les mûriers ; mais en France, il faut les élever dans des chambres disposées à cet effet, et qu'on nomme magnaneries, parce qu'en Provence les vers à soie sont appelés *magnans*.

Les œufs ou la graine du ver à soie se conservent d'une année à l'autre ; on les fait éclore quand on veut, et c'est quand les feuilles qui doivent leur servir de nourriture commencent à pousser. Ces œufs, placés dans des boîtes exposées à une douce chaleur, donnent naissance, au bout de quelques jours, à des chenilles noires si petites, qu'il en faut mille sept cents à peu près pour peser un gramme.

Ces chenilles microscopiques grandissent très-vite ; il ne leur faut que vingt-huit à trente jours pour arriver à mesurer de huit à dix centimètres. Dans cet intervalle, elles changent quatre fois de peau, et chacune de ces mues est suivie d'un redoublement d'appétit, qu'on appelle petite ou grande frèze, selon l'âge du ver.

« Mille précautions hygiéniques sont nécessaires pour réussir seulement en partie dans les éducations des vers, dit M. Alcan. Une propreté complète, une ventilation douce et constante, un certain degré de fraîcheur doivent régner dans les magnaneries, afin d'éloigner du ver les accidents naturels auxquels sa constitution l'expose, ainsi que les maladies épidémiques qui atteignent souvent des chambrées et même des contrées entières....

« Lorsque, par des soins de jour et de nuit, les vers sont bien formés, on les voit bientôt, impatients, fiévreux, s'agiter avec énergie : c'est le moment où ils cherchent des points d'appui pour y attacher leur fil, sous forme de coque soyeuse. Alors, il faut procéder au boisement ou encabanage. On dresse des espèces de berceaux en branchages de bruyère, de colza, de bouleau, ou bien des coconnières en bois de sapin ; le ver grimpe, en général, à la partie supérieure des voûtes ou dans l'intervalle des réglettes. Il commence à former, avec le fil sécrété à travers la filière de sa bouche, un canevas ou toile grossière, qu'il tapisse peu à peu avec du fil de plus en plus fin, et par couches concentriques de plus en plus régulières.

« Cet habile ouvrier se repose quelquefois, mais sans rompre son fil, qui est tout d'un bout. La longueur d'un seul cocon peut varier de trois cents à cinq cents mètres, suivant le volume de l'enveloppe et la plus ou moins grande condensation des couches. La gomme qui recouvre la soie étant humide au moment de l'élaboration, les couches superposées concentriquement les unes aux autres, adhèrent parfaitement lorsqu'elles sont sèches.

« En quelques jours, le ver se métamorphose en nymphe ou chrysalide dans l'intérieur du cocon, d'où il cherche à se pratiquer une ouverture pour en sortir sous la forme d'un papillon gris bien connu. C'est à la petite quantité réservée pour la graine qu'on laisse la liberté de se transformer ; la plus grande part est étouffée dans la coque, soit par la chaleur du soleil, d'un four, d'un calorifère, ou par la vapeur. Cette précaution est nécessaire pour dévider les cocons sans solution de continuité ; car l'endroit par où le ver a frayé son passage étant, en quelque sorte, corrodé par la liqueur qui a servi à ramollir et à écarter les couches, manque de solidité et ne supporte pas le dévidage. »

Les papillons ne vivent pas plus de quinze à vingt jours : avant de mourir, chaque femelle pond au moins cinq cents œufs, qu'on enferme dans des boites jusqu'au moment où l'on veut les faire éclore.

Pour extraire la soie des cocons qui ne sont point endommagés par la sortie du papillon, il faut les ramollir et dissoudre par l'action de l'eau chaude la gomme qui entoure le fil. On procède au dévidage de trois ou quatre cocons à la fois, et la réunion de ces trois ou quatre brins forme ce qu'on appelle la soie grége. On en trouve le bout en battant les cocons dans l'eau chaude avec un petit balai de bruyère fine, auquel le fil flottant dans la chaudière vient s'attacher. La première enveloppe du cocon n'est que de la soie grossière, ou de la filoselle ; on la met de côté, et l'on continue de dévider les brins, en les serrant les uns contre les autres pour que la gomme dont ils sont imprégnés leur donne une certaine adhérence.

La soie grége est jaune ou blanche ; la blanche, qui a beaucoup plus d'éclat, est employée à la fabrication des étoffes qui ne doivent pas être soumises à la teinture. La force d'un fil de soie grége est égale à celle d'un fil de fer de même grosseur ; cependant cette soie n'est mise en œuvre, à l'exception des tissus très-légers, qu'après avoir été filée. On réunit en un seul fil deux, trois ou quatre brins de soie grége, et ce fil se nomme soie crue ou écrue, jusqu'à ce qu'on l'ait débarrassé de sa gomme, en la faisant bouillir dans une dissolution de savon. Cette opération se nomme décreusage.

La soie grége vaut de 60 à 75 fr. le kilogramme, et la soie ouvrée, c'est-à-dire prête à être employée au tissage, vaut 100 fr. Il faut dix kilogrammes de cocons frais pour un kilogramme de soie grége, et quarante mille vers donnent, lorsqu'ils réussissent bien, six kilogrammes de cette dernière matière.

La soie sert à fabriquer les blondes, les gazes, les taffetas, les gros de Naples, les satins, les velours, les rubans, etc.

L'usage des étoffes de soie, quoique très-répandu de nos jours, est loin cependant d'être à la portée de tous, tandis qu'en Chine on fabrique des toiles de soie d'une grande solidité, dont le prix est peu élevé. Cette soie, moins belle et moins recherchée que celle du ver à soie du mûrier, est le produit d'une espèce qui se nourrit de la feuille du chêne.

Dès l'an 1740, le P. d'Incarville, missionnaire en Chine, disait y avoir remarqué trois espèces de vers à soie, autres que celle du mûrier, et il ajoutait que l'une de ces trois espèces vivait sur le chêne. On ne crut point à ce rapport; mais M. de Montigny, consul à Chang-Haï, a récemment envoyé à la Société d'acclimatation des cocons renfermant des chrysalides de cette espèce rustique, et l'on espère, avec le temps, parvenir à en tirer un bon produit.

La soie ouvrée, c'est-à-dire filée, se travaille, comme le lin, le chanvre, le coton et la laine, sur un métier à tisser ordinaire, s'il s'agit d'une étoffe dans laquelle les fils de la chaîne, appelés organsins, sont régulièrement traversés par ceux de la trame; mais pour les étoffes brochées, on se sert du métier Jacquard, que nous avons déjà plusieurs fois nommé.

Avant l'utile invention dont cet homme célèbre dota le monde entier, les ouvriers en soie de Lyon formaient la population la plus misérable qu'on pût voir. Les riches étoffes se fabriquaient sur des métiers composés d'une foule de pièces mises en mouvement par un maître tisseur et par des *tireurs de lacs*, pauvres enfants, pâles et étiolés, qui passaient leur vie au milieu des cordes et des pédales qu'ils manœuvraient d'après l'ordre de la *liseuse de dessins*, en faisant prendre à leurs corps amaigris les plus pénibles positions.

Jacquard, employé à ce travail pendant plusieurs années, se rappela toujours ce qu'il en avait souffert ; et quand il se vit possesseur des quelques métiers qui composaient l'héritage de son père, il ne songea plus qu'à affranchir de tant de misères les pauvres tireurs de lacs.

Né avec de rares dispositions pour la mécanique, il fit de nombreux essais qui le ruinèrent, mais que cependant il ne renonça pas à poursuivre. En 1801, le jury de l'Industrie nationale lui décerna une médaille de bronze pour le modèle d'un métier simplifié. Trois ans après, il fut mandé à Paris par le premier consul, désireux de voir fonctionner un métier inventé par Jacquard pour la fabrication des filets de pêche. Logé au Conservatoire des arts et métiers, l'artisan lyonnais étudia les modèles des machines qu'il y rencontra, et remarqua surtout un métier à tisser imaginé par Vaucanson. Ce métier ne marchait plus depuis longtemps. Jacquard en retrouva le mécanisme, et se vit dès lors en état de supprimer les tireurs de lacs dans la fabrication des étoffes à petits dessins.

C'était beaucoup, mais ce n'était pas assez. Jacquard eut l'ingénieuse idée de remplacer par une série de cartons percés de trous le cylindre mobile, également percé de trous, qui était l'âme du progrès réalisé par Vaucanson, et il put, en multipliant le nombre des cartons, exécuter des dessins de la plus grande dimension.

Jacquard eut beaucoup de peine à faire adopter cette remarquable invention ; pendant plusieurs années il se vit en butte aux persécutions des ouvriers, dont il avait allégé la tâche. Ces malheureux ne songeaient pas que la fabrication des belles étoffes allait prendre un nouvel essor, et, voyant le travail se ralentir un moment, ils donnèrent à leur bienfaiteur le surnom de *faiseur de pauvres*. Mais le métier repoussé par l'industrie lyonnaise fut promptement adopté à l'étranger ; il fallut enfin se rendre à l'évidence ; et les premiers fabricants qui employèrent le métier Jacquard s'étant enrichis, les autres suivirent leur exemple.

Ce métier admirable se gouverne comme un métier ordinaire, parce que les fils de la chaîne sont réunis par des aiguilles de fer qui, entrant dans les trous du carton chaque fois que le dessin l'exige, soulèvent ces fils ou les laissent immobiles pendant que la navette passe. C'est le seul dont on se serve aujourd'hui pour tisser toutes les étoffes façonnées, depuis le linge damassé jusqu'aux châles les plus riches.

Pour teindre les toiles de coton, il faut d'abord les blanchir; ce qu'on fait avec une grande économie, au moyen du chlore étendu d'eau, depuis que le chimiste français Berthollet a trouvé ce moyen de rendre à l'agriculture les vastes prairies sur l'herbe desquelles les tissus de lin, de chanvre ou de coton, blanchissaient lentement, grâce à l'influence du soleil et de la rosée. Pour teindre la soie, il faut aussi la blanchir; mais ce précieux produit ne peut résister à l'action du chlore comme les fibres textiles du règne végétal; on blanchit la soie par le savonnage; on la plonge ensuite dans un bain d'alun et on la passe à l'eau pure.

Les couleurs sur soie sont généralement solides; mais elles se fixent assez difficilement, et l'on n'arrive qu'après plusieurs bains successifs à la teinte désirée. Les couleurs claires craignent généralement l'action de la lumière; cependant de grands progrès ont été réalisés depuis quelques années: le violet, le pourpre et le mauve ont acquis tant de solidité, qu'ils peuvent résister à l'action de l'eau et même d'un acide faible. Les foulards, qui doivent être soumis à de fréquents savonnages, sont généralement bon teint, à moins que le coton n'entre dans leur fabrication; ce qui a lieu dans les articles à bas prix. Toutes ou presque toutes les nuances peuvent être fixées très-solidement sur la soie, comme sur les autres étoffes, pourvu que le fabricant ne recule pas devant les frais nécessaires pour obtenir ce résultat.

Le ver à soie est le seul insecte qui file ce précieux produit ; cependant la pinne-marine, qui donne des perles roses, et qui habite la Méditerranée, sécrète une espèce de soie que les anciens appelaient *byssus*, et dont ils faisaient de riches tissus. Aujourd'hui encore on emploie le byssus à la fabrication d'une étoffe brillante ; mais l'espèce de moule connue sous le nom de pinne-marine est très-rare et si difficile à pêcher, que ce tissu est un objet de curiosité plutôt qu'un produit vraiment utile.

IX.

Le coton, le lin, la soie employés avec le caoutchouc servent à faire les vêtements imperméables, dont l'usage est devenu fréquent depuis quelques années.

Le caoutchouc est un suc laiteux produit par plusieurs espèces d'arbres de l'Asie et de l'Amérique méridionale. Ce suc s'écoule par de profondes incisions pratiquées jusque sous l'écorce des arbres, et forme un liquide dans lequel se tiennent en suspension des globules qui ressemblent assez aux globules de beurre répandus dans le lait. Le caoutchouc se conserve liquide, quand on le met en vase clos et qu'on le tient à l'abri de l'air ; mais on le récolte ordinairement dans des moules, où il se durcit d'autant plus vite que la température est plus basse. Quand on l'expose au froid, il prend la consistance du bois ; mais il se ramollit par la chaleur ; et si cette chaleur est portée à un degré très-élevé, il devient visqueux et ne se durcit plus comme avant d'avoir été chauffé.

C'est vers l'an 1750 seulement que le célèbre La Condamine fit connaître en France le caoutchouc et ses propriétés; mais il y a soixante ans à peine que les industriels essayèrent de s'emparer de cette matière. « Ils eurent si peu de succès, dit M. Alcan, qu'il y a trente ans encore, elle n'était employée qu'à effacer le crayon et comme objet de curiosité. Depuis lors, le travail du caoutchouc a pris un développement extraordinaire. Ses applications, loin d'être épuisées, sont cependant innombrables. C'est par millions que l'on compte la valeur des produits qui en dérivent.....

« Les qualités de cette matière, son état de pureté, et par conséquent sa valeur à l'état brut, varient considérablement. Le caoutchouc blanc de Para, fourni par les forêts du Brésil, est le plus estimé. Java, la Cochinchine, et la plupart des autres contrées d'où on le tire, n'en produisent qu'en nuances brunes plus ou moins foncées. Sa masse est non-seulement poreuse, mais elle présente de nombreux vides apparents. Il est plus difficile à travailler et laisse plus de déchet que le caoutchouc blanc et dense, qui est seul propre à être transformé directement en fils ronds. Avec la matière brune, on ne peut faire que des enduits ou des fils carrés, destinés à être recouverts. Mais quel que soit le produit auquel le caoutchouc est réservé, on lui fait subir certaines préparations préliminaires. »

On découvrit en 1820, à Glascow, le moyen de réduire le caoutchouc en pâte, de manière à pouvoir ensuite l'étendre en lames très-minces, à le découper en fils et à les faire entrer dans les tissus.

Pour obtenir cette pâte, on fait macérer le caoutchouc dans l'essence de térébenthine ou dans l'huile de houille, et on le broie entre des cylindres; ou bien, on le soumet dans une boîte métallique fortement chauffée à l'action d'un arbre tournant muni de dents qui le déchirent. Les morceaux se soudent entre eux, se ramollissent par la chaleur et forment une masse gluante qu'on fait ensuite passer au laminoir. Un autre moyen plus expéditif consiste à immerger pendant vingt-quatre heures le caoutchouc dans un mélange d'alcool et de sulfure de carbone, auquel on ajoute un peu d'éther. La pâte obtenue par ce dernier procédé se travaille mieux et se débarrasse plus facilement de la mauvaise odeur que lui laissent les liquides employés pour dissoudre le caoutchouc.

Pour rendre les étoffes imperméables, on étend cette pâte molle à la surface du tissu, en donnant à chaque couche une épaisseur uniforme, au moyen d'une règle horizontale qui en enlève le surplus. On laisse sécher la première couche avant de poser la seconde, et ainsi de suite jusqu'à la dernière, sur laquelle on applique une autre étoffe. Le caoutchouc se trouve ainsi enfermé entre deux tissus, qu'il rend imperméables. Quelquefois on se contente de placer entre ces deux tissus une lame de caoutchouc très-mince, et l'on soumet le tout à l'action d'un cylindre chauffé.

Le fil de caoutchouc qu'on emploie nu est rond et ne se fabrique qu'avec le caoutchouc blanc de Para. Pour obtenir ces fils, on fait passer la pâte convenablement préparée par les trous d'une caisse dans laquelle est exercée une forte pression. La substance ramollie s'écoule en fils plus ou moins fins, selon la dimension des trous ; ces fils sont reçus sur une toile sans fin, saupoudrée de talc, qui les empêche de se souder les uns aux autres, et ils s'enroulent ensuite sur des bobines préparées à cet effet. En les étendant fort, on en peut obtenir une longueur de quarante mille mètres avec un kilogramme de matière. Ainsi étendus, ils perdent leur élasticité primitive et peuvent être tissés comme des fils ordinaires. L'action d'un fer chaud suffit pour leur rendre cette élasticité.

Les fils carrés, moins solides que les fils ronds, sont découpés dans des lanières découpées elles-mêmes par des scies circulaires dans des feuilles de caoutchouc plus ou moins épaisses. On les recouvre ordinairement, selon l'usage auquel on les destine, d'un fil de coton, de laine ou de soie, qui préserve leurs angles des frottements auxquels ils ne pourraient résister.

Ronds ou carrés, les fils de caoutchouc sont soumis à la *vulcanisation*, qui en augmente l'élasticité et les rend insensibles aux changements de température. Ils servent ensuite à la fabrication des bretelles, des jarretières, des ceintures, ou sont employés par les modistes, les lingères, les fabricants de gants, de tricot, etc.

On vulcanise le caoutchouc en le plongeant dans un bain de soufre fondu, en le pétrissant avec du soufre en poudre, ou en se servant de chlorure ou de bromure de soufre. Après avoir subi deux fois cette opération, à une température de 140° à 150°, le caoutchouc ne se ramollit plus par la chaleur, ne se durcit plus par le froid, et a gagné tant d'élasticité, qu'on peut, en l'étendant, lui faire occuper un espace dix fois plus grand que lorsqu'il est au repos.

En 1842, l'Américain Goodyear découvrit les effets de l'addition du soufre au caoutchouc ; il tint secrets ses procédés de vulcanisation ; mais l'Anglais Hancok fit la même découverte peu de temps après, et prit un brevet pour s'en assurer la propriété.

Le caoutchouc vulcanisé ne doit contenir de soufre que deux pour cent au plus de son poids. Si l'on élève cette dose à vingt-cinq pour cent, et qu'on chauffe le mélange à 150°, on donne naissance à un nouveau produit, qu'on nomme caoutchouc durci. Il n'a plus aucune élasticité et ne se ramollit nullement ; il présente une surface polie et se découpe en planches, qui servent à faire des meubles, à doubler les navires, ou qui se transforment en une multitude d'objets de tabletterie : coffrets, porte-monnaie, étuis, tabatières, peignes imitant le buffle et l'écaille ; crosses d'armes à feu, manches de couteaux sculptés, instruments de musique, etc.

Le caoutchouc vulcanisé sert à faire des rouleaux pour l'imprimerie et la lithographie, des courroies, des appareils de chirurgie, des ressorts de voitures, des tampons de machines, des coussins de lit et de fauteuil, des soupapes de pompes, des jouets d'enfants, des tuyaux, des chaussures, etc.

Le caoutchouc ordinaire sert à préparer des tissus imperméables, des fils ronds ou carrés, des colles et des mastics. C'est, on le voit, des trois espèces de caoutchouc, celle dont les applications sont le plus restreintes ; aussi l'usage de cette matière n'a-t-il pris qu'après la découverte du caoutchouc vulcanisé le rang qu'elle occupe dans l'industrie.

La gutta-percha, qui a beaucoup d'analogie avec le caoutchouc, est le suc laiteux d'un grand arbre qui croît spontanément dans les forêts de l'Asie méridionale, surtout dans la presqu'île de Malacca et dans l'île de Singapour. Quand l'arbre qui donne ce suc paraît en être suffisamment pourvu, on l'abat, on en soulève le tronc, et l'on y pratique des incisions, par lesquelles la gutta-percha s'écoule dans les vases préparés pour la recevoir, ou seulement dans les larges feuilles empruntées aux bananiers du voisinage.

Un arbre peut donner jusqu'à trente litres de ce suc ; mais il est le plus souvent mêlé de terre, de feuilles, de débris de bois, dont on laisse aux Européens le soin de le débarrasser.

La gutta-percha s'épaissit à l'air, comme le caoutchouc. Lorsqu'elle est pure, elle est blanche et à demi transparente ; mais on la trouve plus souvent un peu brune. Plus dure et moins élastique que le caoutchouc, elle se ramollit à la température de l'eau bouillante et devient une excellente matière plastique. Mélangée par tiers au caoutchouc, et vulcanisée comme ce produit, elle forme une substance d'une grande solidité. Mais, avant de l'employer à quelque usage que ce soit, on la divise en copeaux à l'aide d'un rabot mécanique, et l'on plonge ces copeaux dans l'eau bouillante : la gutta-percha surnage, et les matières étrangères tombent au fond de la chaudière. Elle est ensuite hachée par des cylindres armés de lames, puis broyée et pressée sous des cylindres unis.

On peut alors s'en servir pour mouler des vases de toutes sortes, des statuettes, des bénitiers, des cadres, des objets de fantaisie, des chaussures, des chapeaux, des poignées de cannes, etc. Ce sont là ses moindres usages. Nous dirons bientôt quels services elle rend à la galvanoplastie, à la gravure sur bois et sur cuivre, à la typographie; mais ce n'est pas tout encore. Sans la découverte de cette précieuse substance, il eût été bien difficile, pour ne pas dire impossible, d'établir les lignes des télégraphes sous-marins. Il fallait une matière comme celle-là pour préserver le câble électrique du contact des flots, dans lesquels le fluide se serait perdu, et c'est fort à propos que les docteurs Montgommery et d'Almeida ont attiré, en 1842, l'attention des savants et des industriels sur la gutta-percha, jusqu'alors inconnue.

Pour recouvrir les fils métalliques des télégraphes sous-marins, on fait glisser chaque fil par un trou ménagé au fond d'une espèce de vermicellière, et l'on fait sortir par ce trou, en la pressant fortement, la pâte de gutta-percha placée dans la boîte. On a soin de maintenir le fil au centre de la pâte, qui se durcit à sa sortie sous l'influence d'un courant d'eau froide. Les tuyaux de gutta-percha et de caoutchouc se fabriquent aussi en faisant passer la pâte dans une boîte percée absolument comme celles qui servent à faire le macaroni.

Les fils métalliques recouverts de gutta-percha et enterrés dans le sol remplaceraient avantageusement les fils galvanisés soutenus par des poteaux. Les lignes télégraphiques ne sont pas autrement établies en Prusse; les premiers frais sont plus considérables; mais les fils sont exposés à moins d'accidents.

Deux autres substances, quoique d'un usage différent de ceux de la gutta-percha et du caoutchouc, partagent avec ces matières la propriété de se ramollir dans l'eau bouillante et de se souder à elles-mêmes. Nous voulons parler de l'écaille et de la corne.

L'écaille, dont on fabrique des coffrets, des bonbonnières et d'autres jolis ouvrages, mais surtout des peignes d'un prix élevé, est en effet l'écaille d'une grosse tortue appelée caret, qu'on trouve sur les côtes d'Afrique et surtout au bord de la mer Rouge. La partie supérieure de la carapace de la tortue est seule employée. On commence par la redresser, en la comprimant entre des plaques de fer, lorsqu'elle s'est ramollie dans l'eau bouillante ; puis on superpose deux ou plusieurs couches d'écaille ainsi ramollie. Pour les coffrets, on se sert de bandes très-minces ; mais les peignes doivent avoir une certaine épaisseur. On les coule dans des moules plus ou moins ornés, selon les caprices de la mode ; mais quoiqu'ils coûtent cher, il y a économie à les préférer aux mêmes objets fabriqués en fausse écaille. La fausse écaille n'est autre chose qu'une composition dans laquelle il entre beaucoup de gélatine ; elle est très-fragile et ne peut se raccommoder, tandis que deux morceaux de véritable écaille se soudent parfaitement, pourvu qu'on ait la précaution de les ramollir dans l'eau bouillante.

Les tortues dont la carapace est utilisée par l'industrie atteignent d'énormes proportions ; on en trouve qui, toutes vivantes, pèsent plus de cent cinquante et même deux cents kilogrammes.

La gélatine est un liquide épais qui résulte de l'ébullition prolongée de certaines matières animale, la peau, les muscles, les tendons, et même les intestins des bœufs, des chevaux, etc. Ce liquide forme une gelée en se refroidissant ; elle se durcit ensuite et devient cassante. Les diverses espèces de colles utilisées dans l'industrie ne sont que des variétés de ce produit, à l'exception de la colle de poisson, qui se fabrique en faisant bouillir la membrane interne de la vessie natatoire de l'esturgeon. Cette colle, plus pure que les autres, sert à remplacer les blancs d'œufs pour la clarification du vin, à donner du lustre aux étoffes de soie, à fabriquer les fausses perles, etc.

La corne se vend moins cher que l'écaille, parce qu'elle est moins belle et beaucoup moins rare. Le bœuf, le bélier, la chèvre nous donnent leurs cornes, après nous avoir donné leur chair ; mais celles du buffle ou bœuf sauvage sont plus recherchées, à cause de leur grande solidité. L'extrémité de la corne est pleine ; on la réserve pour en faire des tuyaux de pipes et d'autres ouvrages au tour ; on fend la partie creuse, on la redresse dans l'eau bouillante, absolument comme l'écaille, puis on la divise en plaques plus ou moins épaisses. Quand ces plaques sont très-minces, elles ont presque la transparence du verre, sans en avoir la fragilité. On voit encore dans les écuries des lanternes entourées de corne ; mais la plus grande partie de cette substance est employée à fabriquer des peignes de toutes sortes, des tabatières, des manches de couteaux, des poignées de cannes et de parapluies, auxquelles on donne diverses formes par le moulage.

Le cuir bouilli, c'est-à-dire le cuir tenu longtemps dans l'eau bouillante, devient, comme la corne, assez flexible pour qu'on puisse le mouler. On en fait des chapeaux, des visières de casquettes, des tabatières, et souvent on le remplace dans ce dernier emploi par du carton-pâte, recouvert d'un vernis.

Le cuir a d'autres usages plus importants ; il nous fournit des chaussures, des guêtres, des gants, des sacs de chasse et de voyage, des articles de sellerie et d'ameublement.

C'est encore à la dépouille des animaux domestiques que nous devons le cuir ; mais pour l'empêcher de se corrompre et de s'user promptement, il faut l'imprégner d'une substance qu'on trouve dans l'écorce du saule, de l'aune, du bouleau et surtout du chêne. Cette substance, appelée tan, a fait donner le nom de tannage aux opérations que les peaux subissent avant de se transformer en cuir.

Pour les débarrasser facilement de leur poil, on les laisse tremper dans de l'eau de chaux ou dans de l'acide sulfurique étendu de beaucoup d'eau, puis on arrache ce poil à l'aide d'un couteau émoussé. Les peaux épilées ou débourrées sont foulées dans un ruisseau ou une rivière, pour que l'eau emporte la chaux et les chairs qui y adhèrent encore. On les entasse ensuite dans des fosses, où l'on a soin de les séparer les unes des autres par des lits d'écorce de chêne moulue. Le haut des fosses est à fleur de terre ; on y fait arriver un filet d'eau qui imbibe toute la masse, dissout le tan renfermé dans l'écorce et le fait pénétrer dans la peau, qu'il transforme en un nouveau produit, que les savants nomment tannate de gélatine, et que généralement on appelle cuir.

Pour que le cuir soit bon, il faut le laisser longtemps dans les fosses et en renouveler l'écorce trois, quatre et même cinq fois, dans l'espace de quinze à dix-huit mois. Sans ce délai, le tannage n'étant pas complet, le cuir n'a que peu de durée, et tous les procédés jusqu'à présent employés pour le livrer plus promptement au commerce n'ont donné aucun résultat satisfaisant.

Les peaux de mouton et de chèvre, plus minces que celles de bœuf, de cheval et de veau, exigent moins de travail et moins de temps pour être transformées en cuir.

Le maroquin, qui nous venait autrefois du Maroc, n'est que de la peau de chèvre ou de mouton tannée au sumac et passée sous un cylindre rayé. Dans le cuir de Russie, l'écorce de chêne est remplacée par l'écorce de bouleau, et dans les cuirs de Hongrie par du chlorure d'aluminium. On se sert aussi de ce chlorure pour tanner les peaux de daim, d'agneau, de chevreau, destinées à la ganterie.

Le chagrin est préparé avec la peau du cheval, de l'âne ou du mulet. Quand cette peau est nouvellement tannée, on la saupoudre de graine de moutarde ou d'autre graine très-fine, qu'on recouvre d'une étoffe de laine, et l'on passe le tout sous un cylindre. On imite ce produit avec des peaux de chèvre ou de mouton sur lesquelles on applique des planches de cuivre gravé ; mais le chagrin obtenu par ce procédé s'écorche facilement, tandis que l'autre se conserve intact pendant des années.

Le corroyeur achève le travail du tanneur ; il égalise l'épaisseur des cuirs, les assouplit, les noircit au besoin, avec du noir de fumée délayé dans du suif ou de l'huile de poisson.

Le mégissier prépare les peaux destinées à la fabrication des gants et celles qu'on ne veut pas dépouiller de leur poil : ainsi les peaux de loup, de chevreuil, de renard, que les chasseurs aiment à voir en tapis. Pour les empêcher de se corrompre, il les imbibe d'une infusion de sumac, ou les frotte d'alun et de sel marin, puis il les imprègne de suif et les passe au pelletier chargé de les lustrer.

Le poil qu'on détache des peaux est connu sous le nom de bourre et est employé par les plafonneurs.

Les os se travaillent au tour et à la scie : on en fait des boutons, des tuyaux de pipes, des manches d'outils, des jouets d'enfants, etc.

L'ivoire, plus blanc, plus dur et plus brillant que l'os, le remplace dans les ouvrages les plus délicats. Il est fourni au commerce par les chasseurs de l'éléphant et de l'hippopotame. Les défenses de ces deux espèces d'animaux sont très-recherchées, surtout celles de l'éléphant, qui, n'étant pas creuses, peuvent servir à des ouvrages de plus grandes dimensions.

Les dents d'éléphant varient de poids et de longueur en même temps que de prix. Pour être de premier choix, il faut que chaque défense pèse au moins trente-cinq kilogrammes ; il y en a qui vont jusqu'à deux et trois cents kilogrammes ; mais il y en a peu ; ce poids est cependant encore quelquefois dépassé.

L'Asie et l'Afrique fournissent au commerce une grande quantité d'ivoire, souvent payé du sang des chasseurs ; les peuples du nord de l'Europe en vendent encore davantage, sans courir les mêmes périls. Ils n'ont qu'à creuser la terre à une certaine profondeur pour retrouver les squelettes des grands animaux antédiluviens, et parmi ces squelettes celui d'une race d'éléphant qui n'existe plus, et qui possède encore intactes les plus formidables défenses qu'on puisse imaginer.

Toutefois cet ivoire, dit de Sibérie, se vend moins cher que celui de l'éléphant et de l'hippopotame nouvellement tués. Le plus estimé est celui qu'on emploie à la fabrication des billes de billard.

L'ivoire jaunit avec le temps; le seul qui ne perde pas sa blancheur primitive vient du narval, redoutable cétacé auquel il forme une arme terrible, une espèce de pique longue et tranchante attachée à la partie antérieure de sa mâchoire.

L'ivoire se teint en rouge, en vert, en jaune, en noir, dans un bain de bois de Brésil, de vert-de-gris, de safran, de sulfate de fer, après avoir trempé pendant quelques heures dans une dissolution d'alun ou dans du vinaigre. Quand l'ivoire blanc est devenu jaune, on le blanchit en le frottant avec de la pierre ponce réduite en poudre très-fine et délayée dans l'eau ; on le fait sécher au soleil en le couvrant d'un globe de verre.

La nacre, qui sert, comme l'ivoire, à l'ornement d'un grand nombre de jolis ouvrages, est une matière brillante sécrétée par plusieurs espèces de mollusques, qui l'appliquent à l'intérieur de leur coquille. Quand cette matière est trop abondante, elle se façonne en une boule plus ou moins régulière dont le noyau est souvent un corps étranger introduit entre les valves du mollusque. Cette boule s'augmente chaque année d'une nouvelle couche nacrée, et devient, sous le nom de perle fine, une des pierres les plus précieuses que nous connaissions.

Plusieurs espèces d'huîtres donnent des perles ; les plus belles sont fournies par la variété connue sous le nom de pintadine mère perle, qu'on pêche dans les mers des Indes Occidentales. La pinne-marine, espèce de moule qui habite la Méditerranée et la mer Rouge, et la turbinelle de l'océan Indien, produisent des perles roses. On en trouve encore de différentes teintes, jaunes, grises, bleuâtres et même noires; mais les blanches sont les plus estimées. Quand elles atteignent une certaine grosseur et sont d'un bel orient, c'est-à-dire d'un blanc pur et transparent, elles atteignent un prix exorbitant. On pêche des perles dans la mer de Ceylan, dans celles de l'Amérique méridionale, et dans quelques rivières de l'Irlande, de l'Ecosse, de l'Angleterre, de la Saxe et de la Bohême ; mais les moules perlières d'eau douce ne donnent que des produits de qualité inférieure.

Quelquefois on se sert de la cloche à plongeur pour la pêche des perles ; mais le plus souvent les huîtres perlières sont attachées entre des bancs de coraux qui obligent les pêcheurs à plonger sans l'aide d'aucun appareil. Dans l'océan Indien, ils s'attachent une pierre au pied, un filet au cou ; ils se bouchent les narines d'une main, saisissent de l'autre une corde qui doit servir à les remonter, et se laissent aller au fond de la mer. Un couteau à deux tranchants est fixé à leur bras par une courroie ; ils s'en servent pour détacher à la hâte les pintadines qu'ils aperçoivent ; et quand ils sentent que la respiration leur manque, ils se suspendent à la corde, qui est aussitôt hissée à bord à force de bras.

Après quelques minutes de repos, ils plongent de nouveau, jusqu'à ce que la force leur manque tout à fait. Ces pêcheurs travaillent pour le compte de riches négociants, qui ne les paient pas assez ; car ce métier si pénible use promptement leur santé, et l'on compte d'ailleurs que sur cent pêcheurs, trois sont dévorés et quinze sont estropiés chaque année par les requins, très-nombreux dans ces parages.

Quand la pêche est terminée, on dispose les huîtres sur des nattes ; elles meurent presque aussitôt et ne tardent pas à se putréfier sous ces climats brûlants. Les perles sont enlevées du corps des mollusques, qu'on fait ensuite bouillir pour retirer la matière nacrée qu'ils contiennent encore, et l'on polit les perles avec de la nacre en poudre.

La pêche des perles produit des millions ; ce qui n'empêche pas de fabriquer une grande quantité de perles fausses, par un procédé peu dispendieux. On chauffe au moyen d'une lampe l'extrémité d'un petit tube de verre, on souffle à l'autre extrémité pour arrondir la partie du tube ramolli par la chaleur ; on en sépare cette boule, on la perce et l'on y introduit de l'*essence d'Orient*.

L'essence d'Orient est une matière blanche et brillante qui s'extrait des écailles de l'ablette, petit poisson très-commun dans nos rivières.

Le corail est, comme la perle, une des productions de la mer. Il appartient à la grande famille des polypes, qui sert de transition aux trois règnes de la nature. Les anciens disaient que le corail était une pierre végétale ; en effet, il semble prendre racine dans les rochers et présente la forme d'un arbre dont les ramifications sont chargées de petites étoiles qu'on prendrait pour des fleurs. Les modernes ont reconnu que le corail est sécrété par de petits animaux, dont chaque génération augmente la grosseur et la grandeur de l'arbrisseau.

Il prend, avec le temps, de telles proportions, que la plupart des îles et des îlots de l'océan Indien sont formés de bancs de corail. Quand les branches arrivent à fleur d'eau, elles se chargent de débris de végétaux et d'animaux, de sables, de varechs, d'algues, de planches flottantes, de branches d'arbres ; des semences y sont apportées par les vents, charriées par les flots, ou déposées par les oiseaux ; l'île se forme, et quelque navigateur finit par la découvrir.

Le sol des archipels océaniens repose sur des bancs de coraux et de madrépores, et leurs côtes sont d'un abordage difficile, parce qu'elles en sont encore hérissées.

Les coraux des mers de l'Europe n'atteignent pas d'aussi grandes dimensions, peut-être parce qu'on ne leur en laisse pas le temps. Il faut neuf ou dix ans pour que l'arbre de corail prenne assez d'accroissement pour donner un bon produit. On se sert, pour le détacher des rochers, de deux bâtons liés en croix au bout d'une longue corde. Ces bâtons sont entourés d'étoupes qui s'attachent aux branches de corail ; une forte secousse les brise et les fait tomber dans un filet placé à chaque extrémité de la croix.

Le corail sert à faire des colliers, des boucles d'oreilles, des broches, des boutons, des chapelets, etc. Il se prête à la ciselure, à la gravure, et n'a pu jusqu'à présent être imité assez parfaitement pour qu'on ne distingue pas le vrai du faux dès le premier coup d'œil.

X.

Aiguilles. — Epingles. — Agrafes. — Dé. — Machines à coudre. — Plumes métalliques.
— Encre. — Crayons. — Manière de mesurer les heures chez les Anciens. — La
clepsydre et le sablier. — L'horloge du Palais. — Huyghens. — Pendules. — Montres.
— Chronomètres.

La grande industrie des tissus nous fournit des toiles, des batistes,
des mousselines, des dentelles, des indiennes, des étoffes de laine et
de soie, avec lesquelles sont confectionnés notre linge et nos vêtements. Les tailleurs, les couturières, les lingères, les modistes, sont
chargés de mettre en œuvre ces divers produits ; et quoique les femmes
ne soient pas toutes aussi habiles que les véritables ouvrières, la
plupart d'entre elles aiment à coudre et s'en acquittent avec goût.

C'est un talent aussi utile qu'agréable. Dans les petits ménages, il
devient la source de nombreuses économies ; il chasse l'ennui des de-
meures opulentes ; il soustrait celles qui les habitent au danger des
mauvaises lectures, aux frivoles soucis de la vanité ; il leur fait con-
naitre le plaisir si doux de donner au pauvre son temps et son argent,
et de remplir à la fois le double précepte du travail et de la charité.

Le fil ou la soie dont on se sert pour coudre sont formés de filaments plus nombreux et mieux tordus que les fils destinés à la fabrication des tissus. Ils sont vendus en pelotes ou en écheveaux, et l'on ne peut trop s'étonner de ce qu'ils puissent être livrés à si bas prix, quand on songe à toutes les opérations que subissent le lin et la soie avant d'arriver dans l'atelier d'un tailleur ou d'une couturière.

On comprend encore moins comment une aiguille ne coûte pas même un centime, lorsqu'on sait qu'elle passe par les mains de plus de cent ouvriers différents, avant d'être livrée au commerce par le fabricant. Ce bon marché vraiment merveilleux est le résultat de l'emploi des machines et de la division du travail. Si un seul ouvrier devait être employé à la fabrication des aiguilles, s'il devait exécuter les unes après les autres toutes les opérations nécessaires à la production de ce petit instrument si simple et d'un usage si général, il n'en terminerait peut-être pas deux dans un jour, tandis qu'il acquiert dans celles dont il est spécialement chargé une adresse et une promptitude qui semblent tenir du prodige.

Le grand principe de la division du travail est appliqué non-seulement à la fabrication des aiguilles, des épingles, des allumettes, etc., mais à tous les genres d'industrie ; il augmente considérablement la production, et diminue, par conséquent, le prix de revient des objets produits. Le fabricant gagne très-peu sur chacun de ces objets ; mais comme il en vend beaucoup, la quantité fait le bénéfice, comme les petits ruisseaux font les grandes rivières.

Les aiguilles sont fabriquées avec de l'acier de première qualité ; elles doivent être à la fois dures et souples ; trop dures, elles deviendraient cassantes ; trop souples, elles se courberaient et seraient bientôt hors de service. Il y a des fabriques où l'on emploie le fil d'acier, et d'autres où les aiguilles sont travaillées avec du fil de fer qu'on transforme en acier, quand elles sont façonnées.

Pour changer le fer en acier, il suffit de le chauffer fortement avec du charbon réduit en poudre.

Le fabricant reçoit en bottes les fils de fer ou d'acier destinés à la confection des aiguilles. Ces fils doivent être d'une grosseur uniforme dans toute leur longueur. Il faut s'en assurer avant de les employer, puis les débarrasser de la couche noirâtre dont on les recouvre à la tréfilerie pour les préserver de la rouille. On les passe ensuite à la filière pour voir s'ils sont bien ronds et tous de la même grosseur. La filière est une plaque d'acier percée de trous dont le diamètre varie.

A mesure qu'ils sortent de la filière, les fils de fer ou d'acier sont dévidés sur un cylindre où ils forment un rouleau d'une centaine de tours, qu'on sépare en deux avec de fortes cisailles. Chaque moitié de rouleau peut avoir deux mètres et demi ; on la découpe en morceaux ayant un peu plus du double de la longueur d'une aiguille.

On chauffe au rouge les paquets de fils, qui sont toujours un peu courbés, et on les redresse en les roulant sur une plaque de fonte au moyen d'une petite presse mobile. Les fils ainsi redressés sont empointés, c'est-à-dire aiguisés aux deux bouts, par un ouvrier qui les tourne entre ses doigts, en les appuyant sur une meule de grès douée d'un mouvement très-rapide.

Le travail de l'empointeur n'est pas très-pénible ; mais il est dangereux. On ne peut mouiller les aiguilles pour les passer sur la meule, parce qu'elles se rouilleraient ; il faut les aiguiser à sec ; et comme on en présente à la meule cinquante ou soixante à la fois, il se détache, dans ce rapide mouvement, des parcelles de grès et d'acier qui, à la longue, attaquent les poumons et y occasionnent des affections souvent mortelles.

Les fils de fer ou d'acier empointés aux deux bouts sont coupés par le milieu et ont juste la longueur d'une aiguille. L'ouvrier palmeur en prend une pincée, réunit les pointes entre le pouce et l'index, étend l'autre extrémité en éventail, et, la posant sur une petite enclume, il frappe les aiguilles d'un coup de marteau, qui en aplatit les têtes.

En sortant des mains du palmeur, les aiguilles sont reportées au four. On les chauffe au rouge et on les laisse refroidir lentement, pour qu'elles soient moins cassantes.

Des ouvriers, qui sont ordinairement des enfants, reçoivent ces aiguilles quand elles sortent du four. Le marqueur ou perceur en perce la tête avec un poinçon d'acier, et les passe au troqueur, qui enlève le morceau resté dans le trou. Ces deux opérations sont faites avec une merveilleuse dextérité ; et quand les personnes qui visitent les ateliers en témoignent leur étonnement, il n'est pas rare de voir le marqueur arracher un de ses cheveux, le percer de son poinçon, et passer un autre cheveu dans le trou qu'il vient de faire.

L'évideur arrondit la tête de l'aiguille par un coup de lime et creuse avec une autre lime la petite cannelure qu'on y remarque.

Dans les grandes fabriques, le palmeur, le marqueur, le troqueur et l'évideur sont remplacés par un ouvrier qu'on nomme estampeur, et qui, à l'aide d'un *mouton* d'acier mis en jeu par une machine, peut façonner en un jour vingt mille têtes d'aiguilles, dont une ouvrière achève à mesure le percement.

Autrefois on arrangeait à la main les aiguilles aussitôt qu'elles étaient façonnées ; aujourd'hui on les jette dans de grandes boîtes plates, auxquelles on imprime des secousses dont l'effet est d'arranger parfaitement les aiguilles sans qu'il soit nécessaire d'y toucher.

Si les aiguilles ont été façonnées avec du fil de fer, comme cela se fait dans la plupart des fabriques françaises, le moment est venu de les soumettre à la cémentation, c'est-à-dire de les transformer en acier. On les place au nombre de deux ou trois cent mille, avec de la poudre de charbon, dans une marmite qu'on chauffe fortement ; puis on leur donne la trempe, c'est-à-dire la dureté qu'elles doivent avoir, en les jetant toutes rouges dans l'eau froide ; et pour les rendre moins cassantes, on les recuit encore une fois et on les laisse refroidir lentement. On redresse ensuite au marteau celles que la trempe a déformées, et on les livre au polisseur.

On réunit environ cinq cent mille aiguilles qu'on enferme dans une toile avec une quantité suffisante de très-petits cailloux ; on les arrose d'huile, et l'on ficelle soigneusement chaque paquet. On en dispose vingt-cinq ou trente sous des madriers très-lourds, auxquels une machine à vapeur communique un mouvement de va-et-vient qui broie les cailloux et polit les aiguilles. Cette opération dure plusieurs jours, et doit être renouvelée jusqu'à ce que les aiguilles présentent une surface très-brillante.

Quand on les retire des paquets, elles sont remplies d'une huile noirâtre, dont on les débarrasse en les agitant dans des tonneaux pleins de sciure de bois ; on les vanne ensuite pour les séparer de la sciure, on les essuie et on les porte dans les ateliers où des femmes et des enfants procèdent au triage.

Les uns détournent les aiguilles, c'est-à-dire mettent toutes les têtes du même côté et rejettent toutes celles qui se sont cassées pendant le polissage ; d'autres mettent à part celles qui ne sont pas suffisamment polies ; d'autres encore redressent celles qui sont courbées, et l'on reporte à l'empointeur celles qui sont émoussées. Enfin l'on sépare toutes les aiguilles en trois catégories, selon leur longueur.

Quand elles doivent être bronzées, on dispose les têtes sur une même ligne et l'on en approche une petite barre de fer chauffée au rouge vif. Les aiguilles ainsi préparées auraient encore le défaut de couper le fil ; pour achever d'en polir le trou, on les passe à la drille, espèce de poinçon d'acier très-fin, mis en mouvement par un tour. Ce travail est confié à un ouvrier si habile, qu'il en présente au poinçon près d'un cent par minute.

Il ne reste plus qu'à affiner les aiguilles et à les mettre en paquets. On les affine en les faisant rouler entre les doigts sur une bobine recouverte de tripoli. Cette opération leur donne un dernier poli, qu'on appelle brunissage.

Le système de la division du travail est suivi pour la mise en paquets comme pour la fabrication. Un premier ouvrier compte cent aiguilles et les pèse. Il les met à part pour former un paquet; et comme elles sont toutes semblables, il se dispense de compter les autres et les passe seulement sur la balance. Un second ouvrier coupe les carrés de papier brun qui doivent contenir les aiguilles; un troisième les plie, un quatrième y place le cent tout préparé, un cinquième ferme le paquet, un sixième y colle une étiquette, un septième y marque le numéro des aiguilles; un dernier enfin compte dix paquets et les réunit par un fil blanc ou rouge, selon la qualité de la marchandise. Souvent aussi les aiguilles sont mises en petits paquets qui n'en contiennent que vingt-cinq. Les meilleures sont ficelées de rouge; on les désigne sous le nom d'aiguilles anglaises, parce que l'Angleterre a eu longtemps la supériorité pour ce genre de fabrication. Mais aujourd'hui les aiguilles françaises ne le cèdent en rien à celles qui nous viennent de l'étranger.

On a de très-bonnes aiguilles à 75 centimes ou 1 fr. le cent. Les aiguilles ordinaires valent de 30 à 50 centimes; elles se courbent, piquent mal, sont très-cassantes ou mal drillées. Quand elles coupent le fil, on peut y remédier en faisant passer la tête à travers la flamme d'une bougie.

Les aiguilles à tapisserie ont la pointe ronde et la tête ouverte en longueur, ainsi que toutes les aiguilles destinées à l'emploi de la laine. On ignore si les tapisseries dont parlent les anciens auteurs étaient faites avec des aiguilles d'acier, d'or ou d'argent; celles qui figurent dans les collections d'antiquités ne servaient ni à coudre ni à broder; mais elles remplissaient dans la coiffure des femmes le rôle des épingles noires à deux branches qu'on vend maintenant en si grande quantité.

L'Aigle (Orne) possède une très-importante fabrique d'aiguilles. La plupart des épingles vendues en France sortent aussi de cette ville et de celle de Rugles (Eure).

La fabrication des épingles a de l'analogie avec celle des aiguilles ; mais elle est moins compliquée. Cependant chaque épingle passe dans les mains de quatorze ouvriers, qui peuvent en faire cent mille par jour, et l'introduction des machines dans les ateliers tend à augmenter encore cette quantité.

Les épingles sont en fil de laiton ; elles doivent être assez dures pour ne pas se courber, assez pointues pour bien piquer, et avoir en outre une tête soigneusement ajustée et polie. Les fils de laiton sont coupés, redressés, aiguisés, polis, avant qu'on y fasse une tête, soit en enroulant autour de l'extrémité supérieure de l'épingle un autre fil plus fin, qu'on y fixe par un coup de marteau, soit en comprimant et en aplatissant cette extrémité à l'aide d'une machine. On les blanchit ensuite, en les faisant bouillir dans de la lie de vin, à laquelle on ajoute de l'eau, de la crème de tartre et de la grenaille d'étain.

Les épingles assorties sont vendues au poids ; les autres sont montées sur papier, et se vendent par paquets ou sixains contenant chacun six mille épingles.

Les agrafes se fabriquaient autrefois à la main ; aujourd'hui, une mécanique, inventée par M. Gingembre, saisit le fil de laiton ou de fer qu'on lui présente, le recourbe en anneaux pour les portes, le double pour les crochets, et le coupe avec tant de promptitude, qu'elle peut donner plus de cent agrafes par minute. Les agrafes blanches sont en laiton ; les agrafes noires, en fer recouvert d'un vernis.

Le dé à coudre est une espèce de petite calotte de métal, d'ivoire ou d'os, dont on recouvre le bout du doigt qui sert à pousser l'aiguille.

Pour faire un dé d'or, d'argent, de cuivre ou de tôle, on coupe dans la feuille de métal un rond de trente à trente-cinq centimètres de tour ; on le soumet à l'action du feu, on le place sur un morceau d'acier de la grosseur du doigt, qu'on force à entrer à l'aide du marteau dans un petit moule d'acier. On le retire, on le polit, et l'on y pratique avec une roulette d'acier, garnie de pointes, des trous qui servent à loger la tête de l'aiguille.

Dans les ateliers des tailleurs, des lingères, des piqueuses de bottines et de corsets, dans les ménages où la femme tient à ajouter son salaire quotidien à celui de son mari, on se sert depuis quelques années de métiers à coudre qui abrégent considérablement le travail. A l'Exposition universelle de 1855, ces métiers, encore presque inconnus, attirèrent au plus haut point la curiosité publique. Trois de ces appareils avaient été fabriqués en Amérique, un en Angleterre, quatre en France, et chacun avait son mécanisme particulier. Depuis cette époque, les machines à coudre ont été perfectionnées ; elles ont pris des formes élégantes, fonctionnent sans bruit, obéissent au mouvement du pied ou de la main, et peuvent faire par minute un mètre de bonne couture, soit au point de chaînette, soit à la navette.

Dans le point de chaînette, on se sert d'un seul fil qui traverse l'étoffe et forme à l'envers, au moyen d'un crochet, une succession de boucles qui s'enchaînent les unes dans les autres, comme les mailles d'un tricot. Cette couture est belle ; mais si elle vient à être coupée ou brisée, si un seul point vient à manquer, les boucles se défont jusqu'à la dernière. Dans le système à la navette, on emploie deux fils ; celui de dessous, porté par une navette, entre dans chaque boucle formée à l'envers par le fil supérieur, l'arrête et lui donne autant de solidité qu'en aurait une couture faite à la main.

Un métier bien dirigé peut en un jour faire autant d'ouvrage que dix personnes ; il ne se prête pas à tous les genres de couture, mais seulement à ceux dans lesquels le point doit traverser l'étoffe de part en part. Il pique la fine lingerie, les draps et même le cuir avec une perfection inimitable.

Comme cet ouvrage s'adresse à la jeunesse, et que nos lectrices mêmes emploient plus de temps à écrire qu'à coudre, il nous paraît juste de dire quelques mots de la fabrication des plumes, aussi bien que de celle des aiguilles.

Pendant plusieurs siècles, on ne s'est servi pour écrire que de plumes d'oie; encore ne savait-on pas en France les débarrasser du corps gras dont elles sont enduites, qui leur donne un aspect laiteux et qui empêche l'encre de glisser. Les Hollandais faisaient un très-grand commerce de plumes dégraissées, et ils surent longtemps garder le secret de leur procédé, qui consistait simplement à plonger pendant quelques instants les plumes dans un bain de cendres chaudes.

Les plumes métalliques ont presque partout remplacé les plumes d'oie; elles coûtent moins cher, durent plus longtemps, et n'ont pas besoin d'être taillées, opération qu'il fallait répéter cinq ou six fois en une heure, et qui favorisait singulièrement la paresse de certains écoliers.

La fabrication des plumes métalliques a pris en peu d'années un développement considérable, surtout en Angleterre, où elles doivent à la qualité de l'acier une grande réputation. On divise d'abord par bandes des plaques de ce métal, passées au laminoir et réduites à l'épaisseur que doivent avoir les plumes; les bandes sont portées sous des découpoirs mécaniques qui, avec l'aide d'un seul ouvrier, donnent environ par minute trois cents fragments de la longueur et de la largeur d'une plume.

Ces fragments tombent dans une boîte, où on les prend pour les percer à l'emporte-pièce, les estamper et tailler le métal suivant la forme qu'on veut leur donner. On fend la plume, on la roule en demi-cylindre; on la polit à la lime ou à l'émeri, et l'on en arrondit la pointe sur une meule. On jette ensuite les plumes dans une marmite de fonte pour les chauffer au rouge; et quand on les retire, on les plonge dans un bain composé qui doit leur donner une couleur plus ou moins foncée. On les y laisse pendant vingt-quatre heures; et pour les débarrasser de la gomme-laque qui, mise en dissolution dans le bain, s'attache aux plumes en se refroidissant, on les fait tourner dans un cylindre à peu près semblable à ceux qui servent à brûler le café.

Les plumes d'acier fabriquées avec soin auraient une très-longue durée, si l'encre n'attaquait pas ce métal. Pour n'avoir pas à les remplacer si souvent, beaucoup d'Américains font usage de plumes d'or, à pointes de rhodium. Le rhodium est inaltérable comme l'or et dur comme l'acier ; mais ce métal, qu'on ne trouve que dans les minerais de platine, coûte fort cher, et la substance qui entre sous ce nom dans la fabrication des plumes d'or en augmenterait trop le prix pour que ce soit le véritable rhodium découvert par les chimistes. Le point important, c'est que les plumes ainsi fabriquées soient d'une conservation presque indéfinie.

L'encre ordinaire est une décoction de noix de galle, à laquelle on ajoute du sulfate de fer ou couperose verte et de la gomme arabique. On nomme encre double celle dont la quantité d'eau n'excède pas quinze litres pour un kilogramme de noix de galle et un demi-kilogramme de chacune des deux autres substances. Dans l'encre simple, l'eau, qui ne coûte rien, se trouve en plus grande abondance.

L'encre rouge s'obtient en faisant bouillir du bois de Brésil dans du vinaigre et en y ajoutant un peu de gomme. L'encre bleue est une dissolution d'indigo dans de l'eau gommée.

Les crayons ordinaires se font avec de la plombagine, matière improprement appelée mine de plomb, puisqu'elle ne contient pas la moindre parcelle de ce métal. La plombagine, qu'on appelle aussi graphite, est une variété de charbon, comme la houille, le lignite et l'anthracite. On la trouve à de grandes profondeurs, en masses d'un gris noirâtre, douées d'un éclat qui la fait ressembler au plomb.

Les meilleurs crayons *mine de plomb* sont faits avec du graphite ou plombagine du Cumberland. On scie la plombagine en filets carrés et on l'enchâsse dans de petits cylindres de bois coupés en deux parties égales. Dans une de ces parties, on ménage une rainure qui reçoit la plombagine, et l'on colle l'autre moitié par-dessus.

Un savant français, Conté, eut l'idée de donner à ces crayons plus ou moins de dureté, en ajoutant à la plombagine de l'argile en proportions variées. Il fabriqua aussi des crayons à dessiner, avec un mélange d'argile et de noir de fumée très-fin.

Les crayons dont on se sert pour le pastel sont faits avec de la terre de pipe et diverses matières colorantes.

Les crayons de fusain ne sont autre chose que du charbon de fusain, qu'on trempe dans du suif ou de la cire fondue pour qu'ils aient plus de consistance.

Les crayons rouges sont composés d'un oxyde de fer nommé sanguine, de savon et d'eau gommée.

Pour mesurer les heures de l'étude, du travail et du plaisir, les anciens n'avaient pas, comme nous, les montres, les pendules ou les horloges. Les premiers hommes, qui tous étaient laboureurs ou pasteurs, et par conséquent vivaient en plein air, appréciaient les heures pendant le jour d'après la hauteur du soleil, et pendant la nuit d'après le lever ou le coucher des étoiles les plus remarquables. Ces observations demandaient une grande habitude ; elles étaient d'ailleurs souvent rendues impossibles par les nuages qui voilaient l'éclat des corps célestes.

Quand les villes se formèrent, que les hommes devinrent plus sédentaires et commencèrent à s'occuper d'autres travaux, ils durent chercher quelque moyen plus facile et plus sûr de mesurer le temps. La première machine inventée dans ce but fut la clepsydre, qui consistait en un vase plein d'eau percé d'un petit trou à sa partie inférieure. L'eau s'écoulait doucement, et sa hauteur dans le vase indiquait l'heure par les divisions qu'on y avait tracées, en tenant compte de la différence de vitesse avec laquelle le liquide sort d'un vase plus ou moins plein.

Le sablier, composé de deux fioles de verre superposées et réunies par un goulot très-étroit, à travers lequel le sable contenu dans l'une passe lentement dans l'autre, paraît remonter à peu près à la même époque que la clepsydre ; mais ce dernier instrument fut perfectionné peu à peu, tandis que le sablier est encore ce qu'il était lors de son invention.

A l'échelle graduée de la clepsydre simple on substitua bientôt un cadran, muni d'une aiguille qui obéissait au mouvement d'un morceau de liége attaché à un fil enroulé autour de son axe. Le liége, flottant à la surface de l'eau, s'abaissait avec elle, et, entraînant le fil, faisait avancer l'aiguille sur le cadran. Une seconde aiguille, marquant les minutes, fut ajoutée à la première, et toutes deux suivirent le mouvement du flotteur, au moyen de roues dentées d'un diamètre différent. Bientôt on supprima le flotteur, et les aiguilles marchèrent à l'aide de roues sur les palettes desquelles l'eau contenue dans un réservoir tombait goutte à goutte.

La clepsydre avait atteint alors une grande perfection ; cependant elle était sujette à se déranger ; et pour la régler, il fallait recourir à l'inspection des astres. Mais il y avait alors d'habiles géomètres, et la fameuse Ecole d'Alexandrie inventa le cadran solaire, dont nous nous servons encore aujourd'hui.

Mais il vint un temps où de profondes ténèbres parurent envelopper l'intelligence humaine, et où, loin de songer à perfectionner les inventions léguées par un autre âge, on les laissa tomber dans l'oubli. Cette époque de décadence et de barbarie commença vers la moitié du IV⁰ siècle et dura jusqu'au X⁰, malgré les efforts tentés par Charlemagne.

La science s'était réfugiée dans les cloîtres de l'Occident ; cependant il y avait encore un peuple qui, séparé des autres par ses mœurs et ses croyances, n'avait pas laissé périr le fruit des travaux des anciens. C'étaient les Arabes. L'histoire dit qu'un calife d'Orient, Haroun-al-

Raschid, envoya en présent au grand empereur une magnifique clep-sydre; mais elle ne dit pas que les Francs se soient servis de ce modèle pour construire des horloges semblables.

Dans les couvents, un religieux, chargé d'étudier la position des astres, veillait pour appeler les frères à l'heure des matines; et pendant le jour, on réglait les exercices de la communauté d'après la hauteur du soleil. Les chevaliers, courant après la gloire et les aventures, interrogeaient aussi le soleil; seulement ils s'éclairaient dans leurs festins de nuit par des torches de cire traversées de petites bandelettes, au bout de chacune desquelles pendait une boule de métal. La torche mettait une heure environ à consumer l'espace compris entre chaque bandelette, et le nombre de boules tombées dans un vase placé sous le flambeau correspondait aux heures écoulées.

On ignore à quelle époque les premières horloges furent construites en France, et ce que furent ces horloges. La plus ancienne dont il soit fait mention est celle de la tour du Palais, dont Charles V confia l'exécution à un Allemand, nommé Henri de Vic.

Cette horloge, terminée en 1370, réunissait les éléments de l'horlogerie moderne : un balancier horizontal, un échappement et un poids moteur. Il est vrai que ce poids pesait cinq cents livres, et qu'on ne pouvait construire qu'à grands frais des horloges dont toutes les pièces devaient répondre à celle-là.

On n'eut que des horloges à poids jusqu'au règne de Louis XIV. Colbert, le grand ministre qui contribua si puissamment à illustrer ce règne, attira en France un savant hollandais, Christian Huyghens, qui fut le véritable créateur de l'horlogerie actuelle, en remplaçant le poids moteur par un ressort en spirale, et qui eut l'ingénieuse idée d'appliquer aux horloges la découverte du *pendule*, faite par Galilée plus de soixante-dix ans auparavant.

Galilée, encore tout jeune en 1582, avait remarqué, en allant prier dans la cathédrale de Pise, que la lampe suspendue dans le chœur conservait un balancement régulier, quand elle était mise en mouve-ment par une circonstance quelconque. Longtemps après, il forma le projet d'adapter le pendule à une horloge ; mais on suppose que, le temps lui manquant, il se borna à indiquer le parti qu'on pouvait tirer de l'oscillation d'une tige suspendue en l'air et terminée par un corps pesant.

Les horloges oscillatoires construites par Huyghens furent fort ad-mirées, et l'invention du ressort spiral, pour remplacer le poids mo-teur, permit de placer dans les appartements ces horloges, qui prirent le nom de pendules. Le ressort d'une pendule ou d'une montre est une lame d'acier mince et longue, enroulée sur elle-même et dont on rapproche les spirales en faisant tourner l'axe du ressort au moyen d'une clef. Ce ressort étant élastique, n'est pas plus tôt livré à sa propre impulsion, qu'il commence à se détendre, en imprimant à l'axe le même mouvement de rotation que le poids moteur entraînant une corde enroulée.

Le ressort spiral des pendules fut appliqué aux montres ; mais il fallut remplacer le régulateur ou balancier par un autre organe qui tînt moins de place et pût s'accommoder de la mobilité de ces petites horloges portatives. Huyghens y réussit par l'invention du balancier spiral, qui se compose d'un petit volant mis en mouvement par un ressort beaucoup moins grand que le ressort moteur.

Ces organes principaux ont été complétés par l'addition de la fusée, dont on ne connaît pas l'inventeur, et qui assure la régularité du mou-vement dans les pendules et les montres, lorsque le ressort perd de sa force en se détendant. Le grand ressort et le balancier agissent sur un système de roues dentées, dont les dimensions sont calculées pour que les aiguilles qu'elles font mouvoir indiquent les heures et les mi-nutes.

La sonnerie des horloges et des pendules est produite par un petit marteau qui, obéissant à un ressort particulier, vient frapper sur un timbre métallique. Le cadran des pendules à sonnerie est muni de deux trous par lesquels la même clef sert à tendre ce ressort particulier et le ressort moteur.

Les montres à répétition furent inventées en Angleterre, du vivant du célèbre Huyghens; les premières qu'on ait vues en France furent offertes à Louis XIV par le roi Charles II.

L'art de l'horlogerie est arrivé de nos jours au plus haut degré de perfection. Il y a des horloges qui indiquent non-seulement les heures, les minutes, les secondes, mais les mois, les grandes fêtes de l'année, les phases de la lune, les éclipses, et le mouvement des principales planètes. Sans parler de ces machines très-compliquées, nous dirons que l'art de l'horlogerie a fait de grands progrès, parce que l'horlogerie commune se rapproche de l'horlogerie fine, et que celle-ci tend à ressembler à l'horlogerie de précision.

On appelle chronomètres ou montres marines le produit le plus utile de l'horlogerie de précision. Ce sont des montres qui indiquent les heures avec une exactitude mathématique. Elles servent aux marins à reconnaître à quelle longitude ils se trouvent, par la comparaison de l'heure qu'indique le soleil avec celle que marque le chronomètre.

Nos jeunes lecteurs savent que tous les pays situés sous la même latitude ne voient pas lever le soleil en même temps; qu'il y a une différence d'une heure entre deux villes dont l'une est située à quinze degrés à l'orient de l'autre. Les marins ne l'ignorent pas non plus; et si le chronomètre qui marque l'heure du méridien de Paris, indique trois heures quand il n'est encore que midi au soleil, ils peuvent en conclure qu'ils se trouvent à quarante-cinq degrés à l'ouest de Paris.

XI.

On ignore par qui et à quelle époque fut trouvé le secret de la fabrication du verre; mais les ornements retrouvés dans les tombeaux égyptiens prouvent que cet ancien peuple sut fabriquer et tailler, soit des verres blancs, soit des verres colorés et dorés.

Pline raconte que des marchands phéniciens qui voyageaient en caravane, s'étant servis de natron, ou carbonate de soude, pour construire sur le sable un fourneau propre à la cuisson de leurs aliments, furent très-étonnés de voir, sous l'action de la chaleur, le natron et le sable se vitrifier sur les points où ces deux substances étaient en contact. Le hasard les ayant ainsi mis sur la voie d'une importante découverte, ils l'exploitèrent sans retard, en créant les premières verreries. Toutefois, Pline ne donne pas ce fait comme certain, et l'on peut douter qu'il le soit ; car le mélange de sable et de carbonate de soude ne se vitrifie qu'à une température beaucoup plus élevée que celle qui suffit à la cuisson des aliments.

Quoi qu'il en soit, les Phéniciens fabriquaient du verre dès la plus haute antiquité. Ce fut sous le règne de Néron que les premiers ateliers de verrerie s'ouvrirent à Rome. Les progrès de cette industrie furent si rapides, qu'avant la fin du IIIe siècle de notre ère, les verriers occupaient tout un quartier de la ville. Le verre était employé à faire, comme chez nous, des vases, des fioles, des coupes. On a même trouvé dans les ruines d'Herculanum des vitres tout à fait semblables aux nôtres. Cependant les vitres furent bien longtemps, en France, un objet de luxe réservé aux palais des grands ; les fenêtres n'étaient le plus souvent garnies que de papier huilé.

La fabrication du verre devint florissante à Venise avant de se répandre dans le reste de l'Europe. C'est de Venise que sortirent les premiers miroirs de verre, dont la réputation fut bientôt universelle. Ces glaces avaient une teinte rosée, que les fabricants d'aujourd'hui regarderaient comme un défaut, qui plaisait infiniment aux personnes dont elles renvoyaient les traits embellis par cette teinte agréable. De Venise, la fabrication du verre passa en Bohême, puis en France ; mais elle n'y prit un grand essor que grâce à la protection de Colbert.

Le verre le plus commun est celui qui sert à faire les bouteilles : tout ce qu'on recherche dans sa préparation, c'est qu'il ne puisse être attaqué par les acides, et qu'il résiste à la pression des gaz que dégagent les boissons mousseuses. On le fabrique en chauffant très-fortement un mélange de sable, d'argile, de chaux ou de craie, de cendres ou de potasse. On peut remplacer les cendres ou la potasse par du sulfate de soude et du charbon ; quelquefois aussi on y ajoute des débris de bouteilles cassées, qu'on soumet à la refonte ; mais le verre obtenu par ces débris est plus fragile que l'autre. La coloration du verre à bouteilles est plus ou moins foncée, selon la nature des matières ferrugineuses qu'il contient.

Pour obtenir le verre à vitres, on se sert de sable blanc, de chaux ou de craie, et de carbonate de soude. Un mélange de sulfate de soude et de charbon peut remplacer avec économie le carbonate de soude. Le verre à vitres s'emploie pour la gobeletterie, les globes de pendule, les tuiles, les tubes, les cylindres, etc.

Le verre à glaces se compose à peu près des mêmes matières ; mais on les choisit plus pures, et l'on y met plus de soude, afin d'en augmenter la fusibilité. Les plus beaux verres français sont fabriqués à Paris, avec du sable fin d'Etampes ou de Fontainebleau, de la craie bien blanche et du carbonate de soude. Le verre de Bohême, qui l'emporte encore sur le verre français, est un mélange de chaux et de potasse très-pures, joint à des cailloux de quartz qu'on réduit en poudre, après les avoir chauffés au rouge et plongés dans l'eau.

Pour obtenir ces diverses variétés de verre, les procédés sont les mêmes. Les matières, réduites en poudre et soigneusement mêlées, sont d'abord chauffées modérément, puis soumises à l'action d'un feu très-violent, qui, au bout d'un certain temps, les fait entrer en fusion. C'est par le *soufflage* de cette pâte liquide que sont confectionnés la plupart des objets en verre. Le principal outil de l'ouvrier souffleur est la *canne*, sorte de tube en fer creux, pareil aux soufflets qu'on voit encore accrochés à l'intérieur des grandes cheminées de nos campagnes, et qu'on appelle aussi le canon du feu, parce qu'ils ont de la ressemblance avec le canon des fusils. L'ouvrier *cueille* du bout de sa canne une certaine quantité de verre, auquel il donne la forme d'un ballon en soufflant dans ce tube et en le tournant toujours. S'il veut faire une bouteille de ce ballon, il l'allonge en faisant aller à droite et à gauche sa canne à laquelle le verre est attaché ; puis, pour donner une forme à la bouteille, il la roule sur une plaque de fer, et, après l'avoir ramollie au feu, il l'introduit dans un moule en fonte ou en bois mouillé. En la retirant, il en comprime le fond avec une palette et le fait rentrer en dedans ; il jette quelques gouttes d'eau froide sur le goulot, qui se fend aussitôt et se sépare de la canne. Il ne reste plus qu'à renforcer ce goulot, en l'entourant d'un petit cordon de verre.

Dans le soufflage du verre à vitres, l'ouvrier imprime à la canne divers mouvements qui donnent d'abord à la pâte liquide la forme d'une poire, puis celle d'un manchon allongé. Il le coupe aux deux bouts, le fend dans sa longueur, en y passant une tige de fer rouge, et le remet au four. Quand le verre est ramolli par la chaleur, l'ouvrier étendeur le porte sur une plaque unie, l'étend à l'aide d'une règle, puis d'un rabot de bois qui achève d'en égaliser l'épaisseur.

Quand on veut faire un tube de verre, un ouvrier prend un peu de pâte liquide au bout de sa canne, la souffle et l'étend en forme de cylindre ; un second ouvrier cueille aussi du bout de sa canne un autre morceau de pâte et l'applique à l'extrémité du cylindre, où elle s'attache à l'instant. Ils s'éloignent alors vivement l'un de l'autre ; le tube grandit des deux côtés, et peut être divisé en autant de fragments qu'on le désire.

Les objets en verre, quels qu'ils soient, doivent, après avoir été façonnés, passer au four à recuire, où ils sont chauffés de nouveau et où il faut les laisser se refroidir aussi lentement que possible. Sans cette précaution, il suffirait, pour les briser, du moindre choc, du plus léger courant d'air, ou d'un simple changement de température. C'est parce qu'ils n'ont pas ou qu'ils ont été mal recuits que des verres ou des bouteilles se cassent même sans qu'on y touche.

On nomme verre filé du verre dont on allonge la pâte en fils déliés, au moyen d'une roue animée d'un mouvement très-rapide. Le verre filé sert à faire des fleurs artificielles, des aigrettes, et même des tissus employés dans les ornements d'église.

Les dessins en relief des objets en verre sont la reproduction des dessins gravés en creux à l'intérieur des moules. Quelquefois cependant ils sont coulés à part, puis ramollis à la chaleur du four et appliqués sur les vases qu'ils doivent embellir.

Les verres colorés se fabriquent comme les autres ; mais on joint aux matières qui les composent divers oxydes métalliques : l'oxyde de cobalt donne le bleu ; le peroxyde de manganèse produit le violet ; par le chlorure d'argent on obtient une belle teinte jaune, et par certains oxydes de cuivre, les rouges dont on avait perdu le secret.

Les vitraux de nos églises sont un assemblage de morceaux de verre colorés et réunis par des lames de plomb, ou des feuilles de verre blanc sur lesquelles les figures sont peintes avec des couleurs miné-rales qui, soumises à l'action du feu, pénètrent dans la pâte du verre.

La peinture sur verre, qui produisit, au xve et au xvie siècles, des chefs-d'œuvre dont on admire encore les restes dans nos vieilles cathédrales, tomba ensuite dans l'oubli. Les procédés employés par les anciens peintres verriers étaient perdus, disait-on ; mais de nos jours ils ont été retrouvés et perfectionnés par les ressources de la chimie, et nos églises gothiques n'offrent rien de plus beau que les verrières modernes qui ont paru dans les diverses expositions univer-selles. L'Angleterre, la Belgique, la Prusse, la Bavière, avaient envoyé de magnifiques sujets, traités avec une grande perfection ; cependant il est juste de dire que ces œuvres très-remarquables étaient encore effacées par celles de notre grand peintre verrier, M. Maréchal, de Metz.

Les glaces se fabriquent avec du verre à vitres, qu'on souffle comme les vitres ordinaires pour les glaces de médiocre dimension ; les autres sont coulées sur des tables de bronze, munies de rebords et parfaite-ment planes. La pâte liquide s'y étend, et elle y est égalisée par un rouleau très-lourd. Quand la feuille de verre est un peu solidifiée, on la porte dans le four à recuire, où on la laisse refroidir très-lentement.

Par ce procédé, l'on peut obtenir des glaces de très-grandes dimen-sions ; mais l'outillage destiné à les produire coûte fort cher, et l'on ne dit pas combien de ces glaces ont été manquées avant qu'on ait pu faire figurer dans nos expositions des glaces d'une surface de vingt mètres et au delà.

Pour polir les glaces, on les dégrossit d'abord, en les frottant l'une contre l'autre et en glissant entre les deux un peu de sable fin ; on les achève à l'aide de polissoirs de feutre enduits de peroxyde de fer. On procède ensuite à l'étamage, c'est-à-dire à l'opération qui donne à la glace la propriété de renvoyer l'image des objets. On étend sur une table de marbre une mince feuille d'étain, que l'on recouvre d'une couche de mercure encore plus mince ; on place le bord de la feuille de verre sur un bout de la table, et on la fait glisser avec précaution sur le mercure, afin qu'il ne reste point d'air entre le verre et le métal. Cela fait, on charge la glace de blocs de plâtre dont le poids chasse au dehors presque tout le mercure. Ce qu'il en reste se combine avec l'étain ; et au bout de quinze à vingt jours de pression, la glace adhère parfaitement à cet alliage, qu'on nomme tain.

Les glaces sans tain sont de grandes feuilles de verre obtenues par le coulage et non étamées. Elles servent à garnir les fenêtres et les devantures des magasins.

L'origine des miroirs doit remonter à la plus haute antiquité. On se servit d'abord de plaques de métal poli ; le plus souvent employé à cet usage était l'argent, soit massif, soit appliqué en lame mince sur une plaque de cuivre. Tels étaient les miroirs des Romains.

Au XIVe siècle, les miroirs en verre étaient encore très-rares, puisque celui de la reine Anne de Bretagne, femme de Louis XII, était en métal poli.

Venise eut dans les siècles suivants le monopole de la fabrication des glaces ; mais ce fut en France qu'on trouva le moyen de couler le verre. Cette découverte, attribuée à Abraham Thévard, fut, dit-on, réellement faite par Lucas de Nehon, gentilhomme verrier à Tourlaville, en Normandie, vers l'an 1635.

En 1670, Abraham Thévard obtint un privilége de trente ans pour la fabrication des grandes glaces ; mais il lui fut interdit d'en faire de petites, parce qu'on ne voulait point ruiner la fabrique établie près de Cherbourg, dans laquelle on travaillait les miroirs à la manière vénitienne. Abraham ouvrit ses ateliers à Saint-Gobain, en Picardie, en 1691, et la manufacture de glaces de Saint-Gobain est encore aujourd'hui la première du monde. Toutefois Cirey et Montluçon fournissent aussi des produits très-remarquables.

Le cristal diffère du verre en ce qu'il contient une certaine quantité d'oxyde de plomb, connu sous le nom de minium. La présence du minium rend le cristal plus lourd et plus sonore que le verre ; elle lui donne plus de limpidité et le rend propre à être taillé aussi bien que coulé ; mais quand la proportion de cet oxyde est trop forte, le cristal prend une teinte jaunâtre.

La Lorraine possède les deux principales cristalleries de France : celle de Baccarat, dans la Meurthe, et celle de Saint-Louis, dans la Moselle.

Le *flint-glass* et le *crown-glass*, qu'on emploie dans la fabrication des instruments d'optique, sont des variétés de verre et de cristal, préparées avec des soins particuliers. Il n'entre pas de minium dans le crown-glass, dont la composition est celle du verre de Bohême.

Les instruments d'optique servent à rapprocher et à agrandir les objets. Les principaux sont la lunette d'approche, le télescope et le microscope, dont nous allons dire quelques mots, de peur que l'occasion ne s'en représente pas.

On s'est servi très-anciennement de longs tuyaux pour examiner les astres ; mais ces tuyaux n'avaient pas de verres. Jean-Baptiste Porta, célèbre physicien du xvi⁰ siècle, remarqua qu'en réunissant une lentille convexe et une lentille concave, on pouvait étudier les astres avec beaucoup plus de fruit, parce qu'on les voyait plus grands et plus rapprochés qu'avec le seul secours de ses yeux.

Jean Lippershey, opticien de Middelbourg, construisit la première lunette d'approche en appliquant ces principes, que peut-être il ne connaissait pas. Si l'on en croit la tradition, il fit par hasard la découverte des effets d'optique que produit la réunion des lentilles convexes et concaves.

Les enfants touchent à tout : ceux de l'opticien, se trouvant un jour dans son atelier, mirent la main sur plusieurs lentilles de verre, dont ils se firent aussitôt des jouets. Ils les firent rouler, les placèrent dans tous les sens, les rapprochèrent et les éloignèrent de leurs yeux. Lippershey travaillait près d'eux. « Papa! papa! s'écrièrent-ils tout à coup ; viens donc voir le coq du clocher. Il est si près de nous, que tu n'auras qu'à étendre le bras pour le prendre. »

Jean courut à eux, et, regardant à travers deux lentilles qu'ils tenaient éloignées l'une de l'autre, il vit avec joie combien ce coq placé si haut semblait s'être rapproché. Il comprit ce que pourrait valoir un instrument dont il n'avait jamais entendu parler, et tout aussitôt il fixa les deux verres à la distance où les enfants les avaient si heureusement placés. Il fabriqua ensuite un tube, aux deux extrémités duquel il les assujettit, et il soumit, en 1606, aux états généraux de la Hollande la première lunette d'approche.

Deux ans après, un autre savant de la même nation, Jacques Métius, fabriqua un instrument aussi remarquable que celui de Lippershey, et le présenta à Guillaume de Nassau.

Le bruit de cette découverte pénétra bientôt en Italie, et Galilée, après quelques jours de réflexion, offrit au sénat de Venise un tube dans lequel étaient enchâssées une lentille biconvexe et une lentille biconcave.

La lentille biconvexe est un disque de verre bombé sur ses deux faces ; on la nomme biconcave, quand, au lieu d'être bombée, elle est creuse des deux côtés.

La lunette de Galilée fut accueillie par le sénat avec une faveur marquée ; l'illustre savant s'en servit pour ses observations astronomiques et découvrit dans le ciel ce que nul avant lui n'avait vu. Cet instrument d'optique, réduit à de petites dimensions, est devenu la lorgnette de spectacle, qui prend le nom de jumelle lorsqu'elle se compose de deux tubes, à travers lesquels on regarde avec les deux yeux. Les deux extrémités de chaque tube n'ont pas le même diamètre : la plus petite lentille est appelée oculaire, et la plus grande, objectif.

La lunette astronomique a donné naissance au télescope, instrument dans lequel le grossissement des objets a lieu par leur réflexion sur des miroirs métalliques courbes. Ces miroirs métalliques sont maintenant remplacés par des lentilles de verre doré, dont le grossissement permet de distinguer à deux kilomètres les nervures d'une feuille.

Un savant religieux, le P. Zeucchi, l'Écossais Grégory et le célèbre Newton passent pour être les inventeurs du télescope à miroir. Cependant, il est probable que Newton ne fît que perfectionner cet instrument, et l'on croit que le P. Zeucchi en donna la description une année avant que Grégory l'exécutât.

L'Anglais William Herschell, après s'être longtemps occupé de musique, se passionna tellement pour les observations astronomiques, qu'il entreprit de construire lui-même un télescope plus puissant que ceux qu'il avait vus jusque-là. Il y réussit, et il en fabriqua plusieurs, dont un entre autres était de dimensions colossales. Il consistait en un tube de douze mètres de longueur, au bout duquel était placé un miroir métallique qui avait près de quatre mètres et demi de tour et sur lequel les objets paraissaient six mille fois plus gros qu'ils ne l'étaient réellement.

Un gentilhomme anglais, lord Ross, possède un télescope encore plus puissant que celui d'Herschell ; mais les astronomes français ont abandonné l'usage de ces immenses appareils et ne se servent guère que de lunettes à lentilles de verre.

Galilée, non content d'étudier les merveilles des cieux, utilisa le pouvoir grossissant des lentilles convexes pour se rendre compte de la structure des êtres infiniment petits, dont le vulgaire ne soupçonnait pas même l'existence ; et ce qu'il découvrit à l'aide de cette lentille lui inspira le désir de fabriquer un instrument plus compliqué.

Le microscope simple, dont on se sert encore aujourd'hui, sous le nom de loupe, est formé d'une seule lentille biconvexe. On se servait anciennement, pour graver les pierres précieuses, de boules de verre ou de globes pleins d'eau, à travers lesquels le jeu de la lumière amplifiait les objets. Une lentille convenablement taillée remplaça ces instruments dès le XIVe siècle, et l'on parvint, en la perfectionnant, à s'en servir avec avantage pour les travaux de l'horlogerie, de la gravure, et pour les premières études anatomiques.

En 1590, le Hollandais Jansen fit hommage à Charles-Albert, archiduc d'Autriche, d'un microscope formé de deux lentilles, dont les effets causèrent autant d'admiration que d'étonnement. Galilée ne vit point ce microscope et n'en entendit sans doute pas parler ; mais, suivant l'impulsion de son seul génie, il construisit, par l'emploi de deux fortes lentilles, un appareil plus puissant que celui de Jansen et d'un usage plus commode.

Après lui, les savants essayèrent d'ajouter encore à l'amplification des images soumises au microscope ; mais ils furent arrêtés par un obstacle que Newton lui-même regardait comme insurmontable, après avoir étudié la décomposition de la lumière en sept rayons, présentant les sept couleurs de l'arc-en-ciel : le violet, l'indigo, le bleu, le vert, le jaune, l'orangé et le rouge.

La lumière produisait absolument le même effet en traversant les lentilles grossissantes du microscope qu'en tombant sur le prisme de verre dont Newton se servit pour faire ses expériences ; et plus les lentilles étaient fortes, plus l'image se présentait colorée et indécise.

Ce fut seulement en 1757 qu'un opticien anglais imagina d'employer, pour la construction de ses instruments, une lentille de crown-glass, c'est-à-dire de verre composé de sable blanc, de carbonate de soude et de potasse, d'arsenic, de craie, et une lentille de flint-glass, c'est-à-dire d'un mélange de sable blanc, de carbonate de potasse et de minium. Ces lentilles ne furent employées d'abord que pour les lunettes astronomiques et pour les longues-vues ; mais on les adapta plus tard au microscope, et l'on obtint des images nettes, blanches et considérablement amplifiées.

Les bons microscopes augmentent de mille à douze cents fois la grosseur des objets qu'ils servent à examiner ; aussi nous découvrent-ils tout un monde d'êtres merveilleusement organisés s'agitant sur un brin d'herbe ou dans une goutte d'eau, pour peu qu'elle contienne de matière végétale ou animale en décomposition. Le microscope vient en aide à la science dans une foule de cas ; il confond l'intelligence de l'homme et le force à s'incliner avec un humble sentiment de sa misère devant la toute-puissance de celui qui a créé les insectes aussi bien que les astres.

Le strass, qui porte le nom de son inventeur, est un cristal très-brillant et très-lourd, auquel la taille donne l'apparence du diamant. Le strass, coloré par l'addition de certains oxydes métalliques, imite les pierres précieuses mises en œuvre par les bijoutiers et les joailliers.

Les véritables pierres précieuses coûtent fort cher ; les pierres fausses, si parfaitement imitées qu'elles soient, n'ont pas de valeur, puisque ce n'est qu'un peu de cristal plus ou moins bien taillé.

Le cristal de roche est de la silice pure, qu'on trouve en cristaux assez volumineux dans les terrains primitifs, c'est-à-dire à une très-grande profondeur. On en faisait autrefois des coupes, des vases, des objets d'art, auxquels la beauté et la difficulté du travail donnaient un grand prix. Depuis qu'on imite à s'y méprendre le cristal de roche par l'addition du minium aux matières qui forment le verre de belle qualité, cette industrie artistique a été abandonnée.

Quand le cristal de roche est naturellement coloré, on le nomme rubis de Bohême, s'il est rose ; topaze, s'il est jaune ; émeraude, s'il est vert ; améthyste, s'il est violet. Mais, quoique ces pierres soient plus estimées que le strass, elles sont loin d'avoir la valeur des véritables pierres précieuses, parce qu'elles sont beaucoup moins rares.

Le diamant, qui tient le premier rang parmi les pierres précieuses, n'est autre chose que du charbon très-pur et cristallisé. Newton le supposait, et plusieurs savants s'en sont assurés en brûlant du diamant au contact de l'air, soit sous les rayons d'un miroir ardent, soit sous l'influence d'un courant électrique très-puissant.

Le diamant est le plus dur de tous les corps transparents ; il raye tous les autres et ne peut être rayé par aucun. Pour l'entamer, il faut se servir de sa propre poussière. On obtient cette poussière en broyant des diamants de rebut dans un mortier d'acier. Quelque dur qu'il soit, comme il est cassant, on parvient à le réduire en une poudre qu'on imbibe d'un peu d'huile ; on en recouvre une plate-forme d'acier, qu'on fait tourner rapidement, et sur laquelle on appuie le diamant qu'on veut tailler et qu'on a scellé d'avance au bout d'un manche de bois.

On ne trouve des diamants que dans l'Inde, au Brésil et en Sibérie. Il faut laver minutieusement des masses énormes de sable d'alluvion pour rencontrer un diamant, presque toujours fort petit ; aussi le prix de cette pierre brute est-il bien supérieur à celui de l'or. Un gramme d'or ne vaut pas 4 fr. ; le diamant qui pèse un gramme, et qui peut être taillé, se vend 250 fr. Celui qui n'est bon qu'à être pulvérisé vaut 160 fr. Il est d'ailleurs si rare de trouver des diamants pesant un gramme, qu'on a dû, pour cette précieuse matière, choisir une autre unité de poids, le karat, qui égale deux cent cinq milligrammes et demi. Si les diamants bruts pèsent plusieurs karats, leur prix augmente tellement, qu'on les estime par le carré de leur poids multiplié par quarante-huit. Le prix des diamants taillés est encore beaucoup plus considérable; il varie suivant l'éclat de la pierre et la perfection de la taille.

C'est surtout à Sept-Moncel, dans les montagnes du Jura, qu'on se livre à la taille des diamants. On voit dans les plus humbles chaumières le métier à tailler, qui se transmet de père en fils; et telle est la probité de ces pauvres artisans, que jamais aucun d'eux ne dérobe la moindre parcelle de la pierre qu'il est chargé de tailler et de polir.

Le corindon, qui renferme toutes les pierres précieuses orientales, est de l'alumine pure cristallisée. Presque aussi dur et aussi éclatant que le diamant, il offre diverses nuances, qui lui font donner différents noms. Le corindon rouge se nomme rubis; le bleu, saphir; le jaune, topaze; le violet, améthyste. On y ajoute le mot oriental pour distinguer ces pierres du strass et du cristal de roche. Un beau rubis ou un beau saphir pesant plusieurs karats a plus de valeur qu'un diamant de même poids.

Autrefois le diamant s'employait brut, ou n'était taillé que d'une manière fort imparfaite. Louis de Berquem, né à Bruges, remarqua que deux diamants frottés l'un contre l'autre s'usaient également et formaient des facettes très-favorables au jeu de la lumière. De ce moment le moyen de tailler le diamant fut trouvé et en doubla la beauté. Certains diamants résistent à la taille et ne peuvent être employés qu'à préparer la poudre propre à entamer les autres. On les appelle diamants de nature, et la poudre qui sert à la taille se nomme égrisée.

On taille les diamants de deux manières, en rose et en brillant. Dans la taille en rose, qui s'applique aux diamants peu épais, le sommet de la pierre est une pyramide à facettes triangulaires, et le côté opposé présente une base plate qui se cache dans la monture. Dans la taille en brillant, la face supérieure du diamant est une table d'une certaine largeur, entourée de facettes en triangle et en losange. La partie inférieure est taillée en pyramide et terminée par une autre petite table, qu'on nomme culasse. Les brillants se montent à jour, et les roses toujours à plat.

Les diamants perdent beaucoup de leur poids par la taille. Ainsi, le *Régent*, qui appartient à la couronne de France, et qui passe pour le plus beau diamant du monde, pesait brut quatre cent dix karats, et n'en pèse plus que cent trente-sept. Il a fallu, pour le tailler, deux ans d'un travail qu'on a payé 125,000 fr. Son nom lui vient de ce que le duc d'Orléans, régent de France pendant la minorité de Louis XV, en fit l'acquisition. Il est estimé de 8 à 10 millions de francs.

Plusieurs souverains possèdent de magnifiques diamants. Le plus gros est, dit-on, celui du radjah de Matan, à Bornéo. Il est brut et pèse trois cent dix-huit karats. Le *Nizam* appartient au roi de Golconde, et vaut, quoique brut, 5 millions de francs. Le *Kohi-Noor* ou Mont de Lumière, à la reine d'Angleterre, est une pierre très-large, mais peu épaisse. L'*Orloff*, qui orne le sceptre de l'empereur de Russie, servait d'œil à une idole du temple de Brahma, dans l'Inde, et fut enlevé par un soldat français, qui ne le vendit que 50,000 fr. L'impératrice Catherine II le paya près de 3 millions, et il vaut aujourd'hui plus du double. Le *Grand-Duc de Toscane* appartenait au dernier duc de Bourgogne, tué à la bataille de Morat; il est fort beau, malgré sa teinte jaunâtre, et donne un grand éclat à la couronne d'Autriche. L'*Etoile du Sud*, qui est la propriété d'un joaillier de Paris, pesait brut deux cent quarante-sept karats, et fut trouvé au Brésil par une négresse. Il pèse, depuis qu'il est taillé, cent vingt-cinq karats.

« On a fait de nombreux essais, dit un savant auteur, M. Guignet, dans le but d'obtenir du diamant par des moyens chimiques. Toutes ces tentatives ont échoué jusqu'à présent d'une manière à peu près complète; mais il est probable qu'on parviendra tôt ou tard à cette découverte, qui fera la fortune de son auteur, sans contribuer beaucoup à l'avancement de la science. En effet, la question se réduit à faire cristalliser le charbon, et il peut arriver que l'on découvre un liquide capable de dissoudre ce corps insoluble dans tous les liquides connus ; cette dissolution soumise à l'évaporation abandonnerait du charbon cristallisé ou du diamant.

« On fait souvent cristalliser les corps par voie de fusion ; mais cette méthode ne peut s'appliquer au charbon. M. Despretz a réussi récemment à ramollir et même à fondre et à vaporiser du charbon, en le soumettant à la haute température produite par une pile énergique ; mais le charbon est resté noir et opaque après sa fusion. Il y a plus : le diamant placé dans les mêmes circonstances s'est transformé en coke, d'après les expériences de M. Jacquelain....

« En soumettant le charbon à l'action d'étincelles électriques longtemps prolongées, M. Despretz a obtenu, en 1853, des parcelles de charbon visibles au microscope, transparentes, incolores et cristallisées comme le diamant. On a réussi à tailler un rubis avec cette espèce de charbon, et le rubis ne se laisse entamer que par la poudre de diamant. M. Despretz a donc réussi à produire des diamants microscopiques. »

Les petits diamants rebelles à la taille sont employés à garnir l'instrument dont les vitriers se servent pour couper le verre ; il ne faut pas que ces diamants soient trop aigus ; car ils rayeraient le verre sans le partager.

Les petits rubis entrent dans la construction des montres, parce qu'ils sont si durs, qu'ils résistent sans s'altérer à un frottement continuel.

XII.

Le strass nous a amenés à parler des pierres précieuses. Maintenant il nous faut revenir aux poteries et à la porcelaine, qui font naturellement suite au verre et au cristal. Il n'y a toutefois pas aussi loin des pierres précieuses à la poterie que nos jeunes lecteurs pourraient le croire : le rubis, le saphir, la topaze, l'améthyste, les corindons, en un mot, ne sont que de l'alumine pure cristallisée, et les argiles employées pour la fabrication de la faïence et de la porcelaine sont un mélange de silice et d'alumine.

Les argiles sont onctueuses au toucher; elles se délaient facilement dans l'eau et forment une pâte molle et liante qu'on peut façonner à son gré. Exposées à un feu violent, elles se durcissent, et deviennent impénétrables à l'eau.

Ces propriétés, que les argiles doivent à l'alumine qu'elles renferment, les ont fait choisir pour la confection des poteries de toutes
sortes, depuis l'écuelle la plus commune jusqu'à la coupe de porcelaine la plus élégante. Les procédés de fabrication varient moins que
la qualité de la matière première : il faut toujours que l'argile soit
délayée et réduite en pâte, pour prendre la forme qu'on veut lui
donner, puis qu'elle soit soumise à l'action du feu, qui la rend solide
et imperméable.

L'argile la plus commune ou terre glaise sert à faire des tuiles et des
briques. Il est probable que c'est par la fabrication des briques qu'on
a commencé à utiliser l'argile, puisqu'elles entrèrent dans la construction de la tour de Babel. Les Egyptiens ajoutaient à la terre
glaise une certaine quantité de paille ou de roseaux hachés, pour empêcher les briques de se fendre en séchant. Ils employaient à ce travail
les Juifs réduits en esclavage, et Pharaon leur refusa, disent les livres
saints, la paille qu'ils devaient y employer.

Chez les anciens, les briques étaient séchées à un soleil ardent, ou
cuites dans des fours ; chez les Romains, elles devaient à la qualité
de la terre et à la cuisson une merveilleuse solidité. L'usage des
briques ne se répandit pas vite en Europe ; la pierre était employée de
préférence ; mais il en entre d'énormes quantités dans les nouvelles
constructions, depuis qu'on a remplacé les briques pleines, qui sont
très-lourdes et presque toujours imparfaitement cuites, par des briques
creuses ou tubulaires. Le poids de ces briques diminue de moitié la
quantité d'argile nécessaire à leur fabrication, les frais de cuisson et
de transport. Elles sont en outre plus régulières et plus solides, parce
qu'elles sont cuites à fond ; elles sont si légères, qu'elles conviennent
parfaitement pour les cloisons des étages supérieurs ; et comme elles
contiennent plus d'air, elles sont plus sourdes, c'est-à-dire qu'elles
laissent moins pénétrer le bruit.

On les fabrique à l'aide d'une machine dont la principale disposition consiste dans un coffre percé de trous carrés, dans lequel on met la pâte : un piston qui la presse fortement la force à passer dans ces trous. C'est toujours la vermicellière modifiée. Les briques sont cuites dans des fours ordinaires ou dans des fours à feu continu, qui présentent la forme d'une galerie inclinée. Elles sont portées par des wagons de fer sur lesquels on les laisse dans le four ; quand le premier est assez cuit, on le défourne et on le remplace par un autre, chargé de briques crues, qu'on fait entrer par l'extrémité opposée.

Les poteries communes se fabriquent avec des argiles impures, qu'on laisse pourrir dans des fosses, pour les débarrasser des matières organiques qu'elles contiennent. On les lave ensuite pour en séparer les petits cailloux ou les autres impuretés qui y seraient renfermées, puis on en forme une pâte, à laquelle on donne la forme voulue, à l'aide du tour à potier.

Le tour à potier est une des machines le plus anciennement découvertes. Il se compose de deux disques horizontaux, qui tournent autour d'un axe vertical. Le disque inférieur est placé sous le pied de l'ouvrier qui le fait mouvoir, l'autre porte la pâte que ses mains doivent façonner. Le potier est assis devant cette table tournante et transforme sans effort en un vase quelconque la boule d'argile dont il s'empare.

La plupart de ces vases doivent être recouverts d'un enduit ou d'une couche vitreuse qui les rende tout à fait imperméables. Cet enduit se nomme couverte, glaçure ou vernis. Dans les poteries communes, ce vernis est une espèce de cristal, c'est-à-dire de verre à base d'oxyde de plomb. Les acides et les corps gras attaquent le plomb et peuvent donner lieu à des produits dangereux pour la santé de ceux qui font usage de ces vases ; aussi cherche-t-on à les remplacer par quelque autre glaçure qui ne présente pas les mêmes inconvénients.

La faïence commune se fabrique, comme la grosse poterie, avec de l'argile, dans laquelle il entre de la marne argileuse et du sable. Elle se colore en rouge par la cuisson ; mais on la recouvre d'un émail ou glaçure qui contient de l'étain au lieu de plomb.

La faïence émaillée a été connue en Asie avant de l'être en Europe, où elle fut apportée par les Arabes au commencement du xve siècle. La première fabrique fut créée par eux dans l'île Majorque, et ses produits prirent le nom de majorica, dont on fit bientôt majolica. Plusieurs manufactures s'établirent en Italie, et la majolica sortie des ateliers de Faënza fut appelée faïence. Toutefois, quelques auteurs pensent que ce nom donné à la poterie de terre vernissée est tiré du petit bourg de Fayence, en Provence.

Les premières faïences italiennes, destinées à la table des princes, furent des pièces aussi remarquables par l'élégance de la forme que par la beauté des sculptures et des peintures dont elles étaient ornées ; mais cet art tomba bientôt en décadence, et l'on perdit même le secret de fabriquer la faïence en France, où le roi François Ier l'avait introduit.

Une coupe de faïence parfaitement émaillée tomba, vers l'an 1555, entre les mains de Bernard Palissy, et cette circonstance le rendit à jamais célèbre.

« Palissy était un simple ouvrier sans fortune, qui, après avoir parcouru une partie de la France, s'était fixé à Saintes, où, chargé d'une femme et de plusieurs enfants, il gagnait sa vie à peindre des images sur vélin et des figures sur verre. Tout s'opposait au succès de sa tentative ; car, indépendamment des dépenses considérables qu'elle exigeait et que lui interdisait sa misère, jamais il n'avait vu cuire ni travailler l'argile ; il ne connaissait ni la matière des fourneaux ni celle des émaux et des terres dont il allait être obligé de se servir. Aussi, selon ses propres expressions, commença-t-il ses opérations « comme « un homme qui tâte en ténèbres, » essayant chaque jour une matière nouvelle sur un procédé différent, employant tantôt les fourneaux des potiers, tantôt ceux des verriers, puis finissant par en construire un de ses mains.

« C'est dans ses écrits qu'il faut chercher les détails vraiment pittoresques et attendrissants où il nous peint tout ce qu'il eut à souffrir de peines et de travaux. Tourmenté dans l'intérieur de son ménage, harcelé au dehors, réduit à une telle détresse, qu'un jour il fut obligé de donner en payement ses habits à un ouvrier, et un autre, de brûler les planchers et les tables de sa maison, pour achever la cuite de son fourneau, on le vit, pendant seize années entières, lutter opiniâtrément contre tous les obstacles, et, dès qu'il eut gagné quelque argent, reprendre ses travaux avec un courage invincible (1). »

Il réussit enfin; mais à quel prix! « J'ai cuidé, dit-il, entrer jusques à la porte du sépulchre.... Je me suis trouvé, l'espace de plus de dix ans, si fort escoulé en ma personne, qu'il n'y avoit aucune forme ni apparence de bosse aux bras ni aux jambes; ains estoient mes dites jambes toutes d'une venue; de sorte que les liens de quoy j'attachois mes bas de chausses estoient, soudain que je cheminois, sur mes talons. »

On peut voir au musée de Cluny de magnifiques échantillons du travail de Bernard Palissy : entre autres un plat qu'il fit pour Henri II, et qui est un véritable chef-d'œuvre. Catherine de Médicis et les plus grands seigneurs de la cour voulurent avoir de ses ouvrages, et le connétable de Montmorency lui fit décorer son château d'Ecouen d'un pavé de carreaux émaillés, qu'on admire encore aujourd'hui. Mais ce que Bernard aimait surtout à faire, c'étaient des reptiles, dont il ornait les roches, les cascades et les ruisseaux des jardins qu'il créait. Il mettait même sur ses plats des poissons, des lézards, des grenouilles, émaillés de couleurs naturelles et si bien imités, qu'on pouvait les croire vivants.

---

(1) Chéruel, *Dictionnaire des Institutions.*

La faïence fine ou faïence anglaise est un mélange d'argile bien lavée et de silex pulvérisé, auquel on ajoute un peu de chaux. Cette faïence ne rougit pas en cuisant ; et quoiqu'elle offre un peu moins de résistance au feu que la faïence commune, elle doit une grande vogue à sa beauté et à la modicité de son prix. Les faïences connues sous le nom de demi-porcelaine ou porcelaine opaque, sont des variétés de la faïence anglaise. On les recouvre d'un vernis transparent, formé d'un mélange de sable et d'oxyde de plomb, tandis que le vernis de la faïence commune, dont la cuisson rougit la pâte, est un émail, c'est-à-dire un verre rendu opaque par l'addition de l'étain.

Les poteries de grès sont faites d'argile, de sable et de silex ; elles n'ont pas besoin de glaçure ; mais elles ne peuvent aller au feu ni recevoir de liquide bouillant.

La porcelaine est la plus belle des poteries, parce qu'elle est fabriquée avec une argile très-pure, qu'on appelle *kaolin*.

Un membre de l'Institut, M. Stanislas Julien, place l'origine de la fabrication de la porcelaine en Chine dans l'espace compris entre l'an 185 avant et l'an 88 après l'ère chrétienne ; mais cette fabrication fit peu de progrès jusqu'en 583, époque à laquelle l'empereur ordonna que la manufacture de King-Te-Chin travaillât pour lui. Une louable émulation s'établit alors entre les ouvriers qui alimentaient les fours à porcelaine de cette ville, et de très-belles pièces furent apportées au *Fils du Ciel*.

Les progrès continuèrent dans les siècles suivants, et ces anciennes porcelaines sont encore très-recherchées par les amateurs chinois. Le nom de Tcheou est aussi célèbre en Chine que celui de Bernard Palissy en France, à cause de la rare perfection avec laquelle cet artiste imitait, au xvie siècle, les vases antiques.

L'art de fabriquer la porcelaine passa de la Chine en Corée, puis au Japon ; mais ce ne fut qu'au xiie siècle que les produits japonais purent rivaliser avec ceux de la Chine. Quant aux porcelaines de Corée, les Chinois les trouvent indignes de figurer dans les maisons des lettrés ou des magistrats, et bonnes tout au plus à servir dans l'appartement des femmes.

Les premières porcelaines chinoises qui parurent en France furent sans doute celles que le soudan d'Egypte envoya en présent au roi Charles VII par Jean de Village, avec une lettre qui se terminait ainsi : « Je te mande par ledit ambassadeur un présent : c'est à savoir du baume fin de notre sainte vigne ; trois escuelles de pourcelaine de Sinant (de Chine); ung plat de pourcelaine de Sinant; deux grands plats ouvrés de pourcelaine ; deux bouquets (bouteilles); deux longues verdes (bouts de table) de pourcelaine; ung lavoir ès mains et ung garde-manger de pourcelaine ouvré.... »

Vers l'an 1518, d'autres porcelaines furent apportées de la Chine par les Portugais; et cent ans après, il y en avait déjà de belles collections à Paris. Mais ces pièces coûtaient fort cher, et elles étaient tant admirées, qu'on désirait ardemment parvenir à les imiter. Les missionnaires furent priés d'envoyer des échantillons des matières premières employées dans ces superbes poteries, et de donner autant de détails qu'ils le pourraient sur les procédés de fabrication. Le P. d'Entrecolles satisfit à ce désir, en faisant parvenir en France de l'argile blanche et du feldspath réduit en poudre.

L'argile blanche ou le kaolin manquait chez nous, on le croyait du moins, et l'on essaya de fabriquer des vases avec du feldspath seul ; mais ce minéral très-fusible ne put résister à la cuisson. Les Chinois l'apprirent et se moquèrent des Européens, qui, disaient-ils, avaient voulu faire un corps avec de la chair sans os.

On cherchait non-seulement en France, mais dans toute l'Europe, le moyen de fabriquer de la porcelaine. On y réussit pour la première fois en Saxe, grâce aux longs travaux de l'alchimiste Botticher.

Botticher, comme la plupart des alchimistes, cherchait la pierre philosophale, pour le compte du roi de Prusse, Frédéric-Guillaume Ier.

Désespérant de trouver le secret de faire de l'or, et craignant la colère de son maître, il se réfugia près de l'électeur de Saxe, Frédéric-Auguste Ier, qui l'accueillit avec distinction, mais qui, voulant se réserver le profit des découvertes d'un si savant homme, le plaça sous la surveillance du comte de Tchirnhans, auquel il donna l'ordre de l'accompagner partout.

Le comte était savant aussi; il ne cherchait point la pierre philosophale, mais le secret de fabriquer la porcelaine, et il décida Botticher à le seconder dans ses travaux, plus sérieux que ceux des alchimistes.

En 1704, ils découvrirent les moyens d'obtenir une porcelaine rouge, à laquelle il ne manquait guère que la transparence de la porcelaine chinoise. Deux ans après, Charles XII ayant envahi la Saxe, l'électeur fit conduire Botticher et Tchirnhans dans la forteresse de Kœnigstein, avec leurs ouvriers, leur matériel, et les y tint enfermés pendant un an, tant il craignait qu'il ne leur prît la fantaisie d'aller enrichir de leurs découvertes quelque autre souverain. Les ouvriers faisaient le serment de ne révéler à qui que ce fût le genre des travaux auxquels ils se livraient, et une détention perpétuelle devait être le châtiment du parjure.

Tchirnhans mourut en 1708, et Botticher parvint en 1710 à fabriquer la véritable porcelaine, grâce à la découverte d'un gisement de kaolin faite par un maître de forges, nommé Jean Schnorr. La première idée de Schnorr, en trouvant cette belle argile si blanche, fut qu'elle pourrait remplacer la poudre dont on se servait alors pour la coiffure. Un jour que Botticher faisait poudrer sa perruque, il remarqua que cette poudre était fort lourde; il demanda d'où elle venait; il apprit que c'était de l'argile, et ne douta point que ce ne fût la vraie terre à porcelaine dont se servaient les Chinois. L'expérience prouva qu'il ne s'était pas trompé, et Botticher, heureux d'avoir enfin réussi, osa avouer à l'électeur qu'il avait renoncé depuis longtemps à la recherche de la pierre philosophale. La porcelaine valait de l'or. L'électeur pardonna à Botticher et le chargea d'installer au château d'Albert, à Meissen, la première fabrique de porcelaine blanche. Il fit garder exactement le banc de kaolin; et pour que personne ne sût à quoi l'on employait cette argile, on ne l'expédiait qu'en tonnes scellées, sous la garde de gens armés. Le château d'Albert était entouré de fossés et fermé de ponts-levis, pour que personne ne pût y entrer ni en sortir.

Malgré toutes ces précautions, le secret de Botticher ne fut pas longtemps gardé ; quelques ouvriers, jaloux de leur liberté, parvinrent à fuir; d'autres furent enlevés de vive force ou corrompus à force de promesses, et des fabriques de porcelaine s'établirent dans plusieurs Etats de l'Allemagne.

Dès l'an 1695, on avait réussi en France à faire une espèce de porcelaine de belle qualité, sans employer le kaolin des Chinois. Ce succès était l'œuvre d'un habile potier, nommé Morin, qui ouvrit sa première fabrique à Saint-Cloud.

Deux de ses ouvriers, les frères Dubois, en établirent une autre à Vincennes, par l'ordre du ministre des finances. Celui-ci, n'étant pas satisfait des deux directeurs, donna leur place à l'ouvrier Gravant, qui fit prospérer la fabrique. Les bâtiments affectés à cette industrie n'y pouvant plus suffire, elle fut transférée à Sèvres en 1754.

Six ans après, le roi acheta cette manufacture, où l'on ne fabriquait encore que le genre de porcelaine découvert par Morin, et connu sous le nom de pâte tendre. Ce genre, appelé aussi *vieux Sèvres*, est aujourd'hui très-recherché par beaucoup de personnes qui se figurent que le secret de cette fabrication est perdu. C'est une erreur, et l'on a vu figurer aux Expositions universelles de magnifiques pièces de porcelaine pâte tendre, récemment sorties des ateliers de la manufacture impériale de Sèvres. Si l'on a renoncé aux anciens procédés, depuis la découverte de plusieurs gisements de kaolin, c'est qu'ils exigeaient des préparations compliquées, longues, coûteuses, et compromettaient en outre la santé des ouvriers.

Le premier banc de kaolin fut trouvé en France, près d'Alençon, en 1765 ; mais cette argile un peu grise ne pouvait fournir des porcelaines éclatantes de blancheur, comme on en fabriquait en Saxe. C'était une déception ; mais on n'eut pas le temps de s'en affliger. Presque à la même époque, la femme d'un médecin de Saint-Yrieix, Mme Darnet, remarqua, en se promenant le long d'un ravin, une argile fine et blanche, douce au toucher, qu'elle prit pour une espèce de terre à foulon, et elle en rapporta chez elle pour l'employer à détacher des étoffes. Elle la fit voir à son mari. M. Darnet pensa aussitôt que ce pouvait être du kaolin, et il l'envoya à la manufacture de Sèvres, où l'on reconnut qu'en effet c'était la précieuse argile si longtemps cherchée.

Le kaolin de Saint-Yrieix est d'une pureté parfaite ; il forme un banc si épais et si étendu, que, s'il n'est pas inépuisable, il pourra du moins suffire pendant des siècles aux besoins de la fabrication.

En 1769, la porcelaine dure prit place à côté de la porcelaine tendre dans les ateliers de Sèvres, et ce dernier genre fut tout à fait mis de côté en 1804, pour les raisons que nous avons dites. L'Angleterre fabriquait aussi de la porcelaine tendre ; mais en 1768 la découverte du kaolin de Cornouailles lui permit de modifier ses procédés, et les porcelaines anglaises sont remarquables par leur finesse et leur beauté.

L'argile employée en France pour la fabrication de la porcelaine vient de Saint-Yrieix ; on y ajoute un peu de sable et de craie ; puis, après avoir chauffé ces matières au rouge, on les jette dans l'eau froide, on les écrase sous des meules, et on les convertit en une pâte qu'on foule ensuite avec les pieds. On laisse pourrir cette pâte dans des caves pendant plusieurs années ; et quand elle est bonne à employer, on la pétrit de nouveau, avant de la placer sur le tour où elle doit être ébauchée, puis polie à l'aide d'un ciseau.

Beaucoup de pièces cependant ne sont pas façonnées sur le tour à potier ; elles sont moulées ou coulées ; mais quel que soit le mode de fabrication qu'on emploie, il faut les laisser se dessécher lentement, avant de les soumettre à la première cuisson, qu'on appelle le *dégourdi*. La chaleur à laquelle on les expose est modérée, et laisse la porcelaine très-poreuse ; elle prend alors le nom de *biscuit*.

Le biscuit se recouvre d'une glaçure de feldspath réduit en poudre très-fine et délayé dans l'eau. On trempe le vase dans cette bouillie ; la pâte poreuse absorbe l'eau, et le feldspath se dépose au dehors en une couche qui fond à une température moins élevée que celle qu'il faudrait pour déformer la pièce.

Les Chinois ne donnent pas à leur porcelaine la première cuisson qui forme le biscuit ; ils appliquent la glaçure au pinceau. ·

Pour remettre les pièces au four, on les enferme dans des vases appelés cazettes, qui sont faits d'argile moins fusible que le kaolin, afin qu'ils puissent résister à l'ardeur du feu.

Les peintures sur porcelaine se font, après la cuisson des pièces, à l'aide de substances minérales mêlées de borax. Quand ces peintures sont terminées, on remet les pièces au four ; le borax fond, et les couleurs s'attachent très-solidement à la porcelaine.

Aucun produit ne l'emporte en élégance et en beauté sur ceux de la manufacture impériale de Sèvres ; cependant les fabriques anglaises en fournissent aussi de très-remarquables. On leur doit un nouveau genre, le *parian* ou *paros*, espèce de biscuit demi-transparent, qui présente l'aspect du marbre blanc statuaire. C'est aussi en Angleterre qu'ont été fabriquées les premières mosaïques modernes en terre cuite. Ces mosaïques sont formées de petits carreaux colorés, dont l'assemblage sert à faire un dessin, comme chaque point de tapisserie marqué sur un modèle s'ajoute au point précédent pour reproduire des arabesques ou des bouquets.

Outre la manufacture de Sèvres, il y a des fabriques de porcelaine à

Limoges, à Bordeaux, à Creil, et de faïence fine à Choisy, Montereau, Creil et Sarreguemines. Cette dernière ville est connue par sa belle poterie artistique. Quant à la faïence commune, on en fabrique dans la plupart de nos départements.

Les Chinois estiment peu la porcelaine européenne ; mais ils font grand cas des émaux de France, qu'on applique à la décoration de certaines poteries et des ouvrages de cuivre, d'or ou d'argent. Les émaux sont des verres colorés par des matières métalliques et rendus opaques par l'addition d'une certaine quantité d'étain. Les émaux de Limoges étaient autrefois très-célèbres. L'art de l'émailleur, après avoir décliné beaucoup, semble se réveiller, et il profite des nombreuses ressources mises à sa disposition par les découvertes de nos savants chimistes.

. Disons encore, avant de terminer ce chapitre, que la Bavière fabrique des statues en terre cuite, que ce genre de fabrication commence à se répandre, et que ces statues remplacent avec avantage dans la plupart de nos églises les images en pierre ou en bois dues trop souvent au ciseau de sculpteurs inhabiles.

XIII.

Les appareils de chauffage les plus répandus sont les cheminées, les poêles, les calorifères. Le brasero ou foyer portatif n'est en usage que dans les pays chauds.

La cheminée constitue le moyen de chauffage le plus agréable, mais non pas le plus économique. La vue du feu distrait et égaie ; on aime la flamme qui pétille joyeusement, on suit de l'œil les étincelles qui jaillissent sous le choc des pincettes, et l'on se sent moins seul auprès d'un bon feu qu'à côté d'un poêle, quand même il donnerait une plus grande chaleur. Par malheur, les cheminées ne donnent aux chambres dans lesquelles on les place que le dixième environ du calorique produit par le bois qu'elles consomment, et, quoiqu'il y ait un progrès réel sur les grandes cheminées du bon vieux temps, qui donnaient à peine deux pour cent de cette chaleur, il serait à désirer qu'on inventât quelque nouvel appareil un peu moins dispendieux.

Le chauffage au moyen des cheminées est favorable à la santé, parce qu'il s'établit entre le foyer, dont le tuyau débouche sur le toit, et les joints des portes et des fenêtres, un appel d'air continuel; mais l'air échauffé par le passage à travers le combustible s'échappe au dehors, et celui qui le remplace étant froid, la température de la pièce qu'on veut chauffer ne s'élève que lentement et à grands frais.

Deux physiciens du siècle dernier, Rumfort et Franklin, ont étudié avec soin la question des cheminées, et n'ont trouvé à cette énorme perte de chaleur qu'un remède incomplet. Dans la cheminée Rumfort, l'ouverture du foyer est très-réduite ; le feu se place en avant, de manière à rayonner sur les parois évasées de la cheminée, qu'on garnit de plaques de faïence ou de cuivre poli, mais non de bois ou de plâtre, parce que ces corps absorberaient la chaleur sans la renvoyer. Ces cheminées sont presque toutes munies d'un rideau mobile, qu'on abaisse quand il est nécessaire d'augmenter le tirage.

On appelle tirage la vitesse avec laquelle la fumée monte dans le tuyau. Si le tuyau est trop étroit pour qu'elle puisse s'échapper, elle reflue dans la pièce ; s'il est trop large, l'air extérieur descend par ce conduit et ramène une partie de la fumée qu'il rencontre. Le tirage dépend très-souvent de la hauteur du tuyau, et presque toujours on peut empêcher les cheminées de fumer en augmentant cette hauteur.

La fumée peut aussi refluer dans les appartements par un vent violent qui l'empêche de sortir du tuyau. La même chose arrive quand deux cheminées n'ont qu'un seul tuyau ; l'un des deux courants de fumée commande l'autre, et il est absolument nécessaire de les séparer. Souvent aussi les cheminées fument parce que les joints des portes et des fenêtres sont fermés par des bourrelets ; le remède alors est facile à trouver.

Une cheminée peut encore fumer parce que la pièce voisine, le corridor, l'escalier avec lesquels communique la pièce où cette cheminée est placée, sont fortement chauffés, parce que l'air est attiré vers ce corridor ou cet escalier et n'active plus assez le tirage de la cheminée.

Une observation ancienne et fort juste, c'est que le soleil fait fumer les cheminées quand il darde sur le tuyau. Il échauffe l'air, qui s'élève alors et qui est aussitôt remplacé par de l'air froid, et ces courants font refluer la fumée aussi bien que le vent; mais il suffit ordinairement d'ouvrir un instant la porte ou la fenêtre pour que le tirage se rétablisse.

Le chauffage par les poêles est beaucoup plus économique que le chauffage par les cheminées; mais il est moins salubre, parce que l'air ne se renouvelle pas, qu'il s'échauffe, se dessèche, et prend une odeur désagréable au contact de la fonte et de la tôle. « En réalité, dit M. Guignet, l'air ne se dessèche pas, en ce sens qu'il contient toujours la même quantité de vapeur d'eau; mais comme sa température s'élève beaucoup, il devient capable de se charger d'humidité aux dépens des poumons et de la transpiration cutanée qui devient plus active. On obvie à cet inconvénient en plaçant sur le poêle un vase plein d'eau, qui fournit constamment à l'air la quantité d'humidité nécessaire pour le saturer. »

Les poêles de faïence sont préférables aux poêles de fonte, parce qu'ils chauffent sans donner d'odeur, et parce que la chaleur qu'ils donnent est plus douce, plus égale, et se conserve plus longtemps; mais les poêles en fonte coûtent moins cher et se prêtent en outre aux usages de la cuisine; ce qui les rend précieux pour un grand nombre de ménages.

Les poêles munis de bouches de chaleur reçoivent l'air froid par des ouvertures ménagées à leur partie inférieure; cet air s'échauffe en traversant l'appareil et sort par des orifices placés à la partie supérieure. Longtemps après que le feu est éteint, ces bouches de chaleur entretiennent encore dans la pièce une température modérée, surtout quand les poêles sont construits en briques.

D'énormes poêles en briques, souvent revêtus de faïence, sont employés pour chauffer les appartements dans les pays froids; la chaleur qu'ils donnent est telle, qu'une dame russe, venue en France au printemps dernier, assurait qu'elle y souffrait du froid beaucoup plus qu'elle n'en avait souffert au milieu de l'hiver à Moscou.

Certains édifices publics, des églises, des musées, des théâtres, même des magasins et des maisons particulières, sont chauffés par d'autres appareils, qu'on nomme calorifères.

Les calorifères sont placés dans les caves ou du moins à l'étage inférieur des édifices qu'ils doivent chauffer, en y envoyant, soit de l'air chaud, soit de la vapeur d'eau bouillante, soit de l'eau fortement chauffée. Ces deux derniers systèmes, après avoir été fort applaudis, sont presque abandonnés, et l'on se sert de préférence des calorifères à air chaud, qui ne sont que des poêles de grandes dimensions, munis de larges bouches de chaleur. Ce chauffage est économique et ne présente pas les mêmes dangers que le calorifère à eau, puis-qu'il ne faut que la rupture d'un tuyau plein d'eau bouillante pour occasionner de graves accidents.

On alimente les calorifères, et souvent aussi les poêles, avec du charbon de terre.

Le charbon de terre ou la houille est un combustible très-précieux, non-seulement pour le chauffage des habitations, mais pour celui des machines à vapeur employées dans l'industrie et la navigation, des locomotives, des fourneaux de forges, des fonderies, etc. La houille se trouve dans les entrailles de la terre par couches paral-lèles, qui se succèdent souvent en grand nombre, à des intervalles réguliers, et qui affectent presque toujours une position inclinée. On nomme bassin houiller l'ensemble des couches qui occupent un vaste espace relevé sur ses bords.

La houille se montre quelquefois, mais rarement, à fleur de terre ; plus souvent elle gît à de grandes profondeurs, et l'on va même la chercher au-dessous du lit de la mer. On ouvre alors, pour exploiter ces mines, un large puits, dont on a soin de boiser les parois à mesure qu'on avance, de peur des éboulements ; et quand on arrive aux couches houillères, on creuse des galeries, qu'on soutient de distance en distance en y ménageant des espaces pleins qui servent de piliers.

Les plus riches mines de houille que l'on connaisse se trouvent en Angleterre. C'est à l'épuisement de l'eau dans ces mines que furent appliquées les premières machines à vapeur ; et quoique ces machines perfectionnées diminuent de beaucoup la main-d'œuvre, les seules houillères de Newcastle occupent soixante-cinq mille ouvriers. La Belgique est, après l'Angleterre, le pays où la houille abonde le plus ; la France ne vient qu'en troisième ligne. Cependant elle possède près de trois cent mille hectares de terrain houiller, et l'on en découvre encore chaque jour.

Ces immenses dépôts de combustible, qui, malgré l'énorme consommation qu'on en fait, paraissent devoir durer autant que le monde, sont le produit de la première végétation de notre globe, ensevelie dans les profondeurs de la terre par quelque cataclysme épouvantable. Cette végétation, favorisée par l'humidité de l'air et par la chaleur de la croûte terrestre à peine solidifiée, atteignait des dimensions colossales et ne se composait que d'un petit nombre de plantes qui, aujourd'hui, ne s'élèvent qu'à la taille d'herbes et de roseaux. Sans cette ressource, mise en réserve par la Providence, l'industrie moderne n'eût jamais acquis le développement que nous admirons ; car tout le bois de nos forêts n'eût alimenté que pendant un certain temps les machines qu'elle emploie ; et pour remplacer les arbres si promptement dévorés, il eût fallu le soleil de bien des étés.

La houille grasse est celle qui donne le plus de chaleur : elle renferme une grande quantité de bitume, qui donne à la flamme une blancheur éclatante. Cette houille, qui convient aux forges, se distingue par un noir brillant et semble se fondre au feu, où elle finit par former une masse compacte.

La houille maigre, d'un noir moins foncé, donne moins de flamme, parce qu'elle contient moins de bitume; elle convient mieux aux usages domestiques; cependant on préfère encore le coke, sorte de charbon d'un noir bleuâtre, dur, brillant et poreux, que la houille laisse après avoir donné sa flamme. Le coke produit beaucoup de chaleur; il brûle sans flamme, sans fumée et presque sans odeur; ce qui le fait employer aussi dans plusieurs genres d'industrie.

L'anthracite est dû, comme la houille, à la transformation d'anciens végétaux. Il s'allume difficilement; mais il donne une chaleur très-intense lorsqu'on le brûle avec de la houille et du bois, moyen qu'on prend pour l'utiliser dans les pays où il est abondant, comme en Angleterre, dans les Alpes, le Maine et l'Anjou.

Les bûches économiques sont ordinairement une composition d'anthracite, de houille et d'argile.

Le lignite est encore une variété de la houille; il paraît être la transformation plus récente de végétaux dont l'espèce n'a pas dégénéré : l'aune, le sapin, le hêtre. Il répand une fumée noire, une odeur bitumineuse, et donne plus de flamme que de chaleur.

Une espèce de lignite dur, compact et brillant, prend le nom de jais ou de jayet. On ne le brûle pas; on en fabrique des colliers, des broches, des boucles d'oreille; en un mot, des bijoux de deuil. Le centre de cette industrie est Sainte-Colombe, dans le département de l'Aude.

La tourbe est encore un produit de la décomposition des végétaux. On la trouve dans des terrains marécageux, occupés jadis par des étangs et recouverts d'une mince couche de terre végétale, ou dans le fond des vallées, où les eaux ont peu d'écoulement. La tourbe est utilisée seulement dans les pauvres ménages, parce qu'elle donne beaucoup de fumée et qu'elle exhale une odeur repoussante ; mais on en fait d'excellent charbon en la calcinant à l'abri de l'air.

Le meilleur de tous les combustibles, celui dont l'usage est le plus agréable, c'est le bois ; mais tous les bois de chauffage ne sont pas également bons, et il y a du choix jusque dans ceux de la même espèce. Les arbres qui ont crû sur les hauteurs, au beau soleil et dans une terre sèche, valent mieux que ceux qui ont poussé à l'ombre et dans un sol marécageux. Les bois blancs, tels que l'aune, le saule, le peuplier, ne sont pas avantageux à brûler ; le sapin et le bouleau donnent une vive chaleur et sont ordinairement employés par les boulangers. Le chêne est un bon bois ; mais il faut qu'il soit bien sec et qu'il ait grandi dans un terrain convenable. Le hêtre brûle bien ; il brûle même trop vite ; le charme vaut mieux : il donne une belle flamme et un excellent charbon ; mais le meilleur de tous les bois de chauffage, c'est l'orme abattu depuis deux ans. Il s'allume facilement, produit beaucoup de chaleur et laisse un charbon qui peut durer vingt-quatre heures, si l'on a la précaution de le couvrir de cendre.

Si tous les arbres que nous voyons croître étaient employés au chauffage, le bois ne serait pas cher ; mais les plus beaux entrent dans la construction des maisons et des navires, ou dans celle des meubles dont nous nous servons tous les jours. Le chêne donne des pièces de charpente, des planches très-solides, des feuilles de parquet, des lames de persiennes, des panneaux de buffets, d'armoires, etc. Le noyer est découpé pour l'ébénisterie ; le cerisier, le merisier servent à faire des chaises ; les sapins fournissent des mâts aux vaisseaux ; les bois légers les plus solides sont employés à l'intérieur des construc-tions ; et dans les moins bons, on tire des planches minces dont on fabrique des caisses et des emballages.

On ne brûle que le bois qu'on ne peut utiliser ailleurs ; cependant les bois de construction sont si rares et coûtent si cher, qu'on s'est avisé, depuis quelques années, de les remplacer par des pièces de fer. On a aussi cherché le moyen de prolonger la durée des bois, et de nombreux procédés ont été essayés. Celui qu'on a généralement adopté consiste à introduire dans les pores du bois une dissolution de sulfate de cuivre ou vitriol bleu, et l'on assure que, grâce à cette simple précaution, le gouvernement a déjà économisé plusieurs millions sur les poteaux des télégraphes électriques.

Les troncs des arbres servent donc généralement aux constructions, les branches au chauffage, et les rameaux sont souvent transformés en charbon. On appelle charbon le bois brûlé à l'abri de l'air, au milieu des forêts. Ce bois est disposé régulièrement sur trois étages, en forme de meule ou de cône un peu écrasé ; à l'intérieur est réservé un foyer formé de grosses bûches, dans lequel on place des charbons enflammés, après qu'on a couvert la meule d'un mélange de terre et de poussier de charbon. Des ouvertures sont ménagées à la base pour donner accès à l'air sans lequel la combustion ne saurait avoir lieu, et au sommet du cône pour que la fumée puisse s'échapper. Quand cette fumée, d'abord épaisse et blanche, devient bleue et transparente, de nouvelles ouvertures sont pratiquées sur d'autres points de la meule, toujours en descendant ; puis on finit par recouvrir le tout de terre humide, pour que la combustion s'achève lentement.

Quand le bois est carbonisé en vases clos, c'est-à-dire dans des chaudières ou dans des caisses de tôle, il produit, outre du charbon, un acide appelé pyroligneux, dont on se sert dans les arts et dans l'industrie. C'est un acide acétique très-fort, que certains fabricants peu scrupuleux ajoutent à une quantité d'eau déterminée pour en faire du vinaigre, qu'ils vendent pur ou qu'ils mêlent au vinaigre ordinaire.

Le charbon de bois est d'un usage général. Tout le monde sait que quand il brûle à l'air, il s'unit au gaz oxygène et forme un gaz particulier, connu sous le nom d'acide carbonique.

L'acide carbonique n'est pas un poison ; c'est de l'acide carbonique dissous en petite quantité dans l'eau dite de Seltz, qui lui donne une saveur piquante et agréable ; mais cet acide est impropre à la respiration ; et quand il se produit abondamment, il occasionne l'asphyxie, c'est-à-dire la mort par privation d'air. L'acide carbonique se rencontre fréquemment dans les caves et les mines, dans les lieux où fermentent le vin, la bière, le cidre, dans les réunions nombreuses ; car l'homme, par la respiration, prend l'oxygène à l'air et lui rend de l'acide carbonique. Les différents combustibles et les matières employées à l'éclairage augmentent encore la quantité d'acide carbonique dégagée par l'acte respiratoire ; aussi l'air des salons, brillants de lumière, où se pressent de nombreux invités, peut devenir dangereux, s'il n'est pas renouvelé.

Ce dégagement continuel d'acide carbonique par la respiration et la combustion pourrait, avec le temps, vicier toute l'atmosphère, si, par un phénomène dans lequel on ne peut trop admirer la sagesse et la bonté du Dieu créateur, le gaz acide carbonique n'était absorbé par les plantes, qui s'approprient le charbon et rejettent dans l'air l'oxygène nécessaire à l'homme.

L'oxyde de carbone, encore plus nuisible que l'acide carbonique, est un gaz qu'on voit brûler avec une flamme bleue sur les fourneaux remplis de charbon, dans les cuisines où l'air ne se renouvelle qu'imparfaitement. L'oxyde de carbone produit en brûlant beaucoup d'acide carbonique.

Ce qu'il y a de mieux à faire pour rappeler à la vie les asphyxiés, c'est de les exposer au grand air, et de les frictionner pour rétablir la circulation. L'eau de chaux et l'ammoniaque jouissent de la propriété d'absorber promptement l'acide carbonique ; il faut en jeter dans les caves ou les lieux souterrains où se trouvent des asphyxiés, et n'y jamais pénétrer sans cette précaution ; car ce serait se perdre sans les sauver.

Le charbon de Paris est composé de tourbe, de poussier de houille et de charbon, dont on fait une pâte qu'on moule dans des cylindres.

La houille sert à fabriquer le gaz qui, depuis près de cinquante ans, sert à l'éclairage public. On savait depuis longtemps que la houille brûlée en vase clos produit un gaz inflammable, quand un ingénieur anglais, nommé Murdoch, eut l'idée de se servir de ce gaz, en 1798, pour éclairer la fabrique de machines de James Watt. Deux ans auparavant, un savant français, Philippe Lebon, avait employé à un semblable usage le gaz retiré de la distillation du bois, puis de celle de la houille; mais ces gaz n'étant pas épurés, répandaient une odeur infecte, et Lebon se ruina sans arriver au succès.

« Les premiers becs de gaz s'inventèrent eux-mêmes, dit Newcomb. Le plus remarquable des jets naturels fut celui de la houillère de Withehaven en Cumberland. Les mineurs étaient au travail quand une bouffée d'air, d'une odeur inconnue, passant au-dessus de leur flambeau, éclata en un magnifique jet de flamme et se mit à flamber de telle sorte, que les ouvriers effrayés prirent la fuite. Mais, quoique la flamme eût six pieds de haut sur trois de large, elle brûlait si paisiblement, qu'ils se rassurèrent et vinrent agiter leurs chapeaux tout autour pour la souffler. Alors elle disparut.

« Ce qui était curieux, c'est que, tout éteinte qu'elle fût, elle reparaissait toutes les fois qu'on rapportait de la lumière, si bien que le seul moyen de s'en débarrasser était de la conduire hors de la mine. On fit, en conséquence, un long tube pour amener ce gaz à la surface de la terre. Sa légèreté facilitant l'opération, il se laissa persuader de monter. A peine se trouva-t-il au grand air, qu'il commença de flamber avec le même éclat qu'auparavant, et tout le monde accourut à ce spectacle. Le premier compte rendu de cet événement dit que ce jet brûla pendant deux ans et neuf mois sans décroître un moment. C'est ainsi que le gaz s'est inventé lui-même. »

Toutefois, il y avait bien des études et des expériences à faire avant de pouvoir appliquer ce gaz à l'éclairage. En 1804, un Allemand, nommé Winsor, ayant obtenu la protection du roi d'Angleterre Georges III, fonda la première Compagnie industrielle du gaz, et cette Compagnie créa seule, en vingt ans, deux cents kilomètres de tuyaux conducteurs dans la ville de Londres. Winsor se ruina, comme s'était ruiné Philippe Lebon, en s'efforçant d'introduire en France l'usage du gaz ; mais, quelques années plus tard, Louis XVIII ayant accordé son approbation au nouveau mode d'éclairage, il fut adopté à Paris, d'où il se répandit bientôt dans les principales villes du royaume.

Un grand nombre de corps, tels que la résine, la tourbe, la lie de vin, le goudron, les graisses de toutes sortes, pourraient fournir des gaz inflammables ; mais on préfère employer la houille, parce qu'elle laisse, après avoir donné cette matière éclairante, une quantité de coke dont la valeur égale presque celle que la houille avait avant cette opération.

Pour extraire le gaz de la houille, on la soumet à une température très-élevée dans des cylindres de fonte, nommés cornues, qui sont placés horizontalement dans des fourneaux de briques. La chaleur portée à un degré suffisant transforme la houille en coke, en la séparant du goudron, des huiles, de l'ammoniaque et des gaz qu'elle contient. Les plus lourdes de ces matières se condensent et s'écoulent par un tuyau particulier, les sels ammoniacaux se dissolvent, et le gaz monte dans un tuyau supérieur qui le fait passer à travers des tamis chargés de chaux en poudre, auxquels il abandonne le soufre et le bitume qu'il contient. Il continue ensuite de monter et s'accumule sous une immense cloche ou réservoir, qu'on appelle gazomètre.

Un large tuyau sortant du gazomètre dirige le gaz vers les conduits de distribution, qui aboutissent à de petits tuyaux de plomb placés dans l'intérieur des édifices ou des maisons que le gaz doit éclairer. Ces petits tuyaux, qui suivent les murs et les plafonds, sont ordinairement terminés par un anneau creux percé de quinze à vingt trous. Plus le gaz y arrive abondamment, plus la lumière est vive, mais aussi plus la dépense est grande. Il suffit, pour allumer le gaz, d'approcher de cet orifice une allumette ou tout autre corps enflammé ; et pour l'éteindre, de fermer le robinet qui lui livre passage. Un appareil appelé compteur sert à déterminer la quantité consommée. Elle peut être évaluée de cent à cent cinquante litres par heure pour chaque bec ; cependant le gaz est de tous les modes d'éclairage le plus économique qu'on ait employé jusqu'à présent.

Toutefois un nouveau procédé, qui vient d'être expérimenté avec succès, menace de détrôner le gaz. « C'est une lumière pure et blanche, qui permet la lecture d'un journal à vingt-cinq pas, dit le *Moniteur*, et qui laisse distinguer les nuances les plus tendres de la couleur des étoffes. »

Ce procédé, dont MM. Tessié du Mothay et Maréchal sont les inventeurs, consiste dans la combustion complète du gaz ordinaire, et dans l'addition d'un petit cylindre de magnésium placé au milieu du jet de flamme. Ce cylindre, en s'échauffant, donne une lumière soixante fois plus grande que celle du petit dépôt de charbon que le gaz laisse en brûlant et auquel il doit son pouvoir éclairant. Il est prouvé qu'un gaz n'est pas éclairant par lui-même, mais par le dépôt d'un corps solide à l'intérieur de sa flamme.

« En tenant compte de l'imperfection des premiers appareils, ajoute le *Moniteur*, il n'est pas exagéré d'espérer qu'en dépensant moitié moins, il sera possible de s'éclairer trois ou quatre fois davantage. »

Le gaz d'éclairage peut être utilisé pour la cuisine et pour le chauffage des appartements. Il l'est depuis plusieurs années à Londres et à Berlin, où on le brûle dans des calorifères et des fourneaux de forme spéciale, dont la principale disposition consiste à faire passer le gaz à travers une toile métallique ou une plaque percée de trous.

« On serait débarrassé, avec le gaz, dit M. Louis Figuier dans le *Savant du Foyer*, des ennuis de l'emmagasinage du bois et du charbon, de leur transport journalier par les domestiques, des vols, etc. On serait dispensé de l'ennui d'allumer le feu et de l'ennui de l'éteindre. Pour procéder à ces deux opérations, il suffirait d'ouvrir ou de fermer un robinet. On pourrait, sans autre dépense ni embarras que le jeu de ce robinet, transporter son chauffage de la salle à manger au salon, du cabinet de travail à la chambre à coucher, etc.

« Avec le gaz, plus de fumée qui salit les rideaux, qui fane les meubles, qui noircit les papiers et les livres, qui altère et salit nos poumons, chose plus difficile à nettoyer.

« Avec le chauffage par le gaz, la construction des maisons serait singulièrement améliorée. Des appareils plus élégants remplaceraient nos lourdes cheminées ; plus de ces énormes conduites placées le long des murs et qui occupent un espace si précieux. Le désir, le besoin de voir le feu, ce bon et joyeux compagnon, pourrait d'ailleurs être facilement satisfait. On placerait dans le foyer où brûle le gaz une de ces bûches incombustibles faites avec des brins d'amiante entrelacés et qui répandent le plus vif éclat sous les flammes du gaz. »

L'amiante est une substance minérale, d'une texture fibreuse, dont les anciens tissaient les fils et dont ils faisaient des voiles, des serviettes, des nappes, qu'on jetait dans le feu pour les blanchir ; car l'amiante est incombustible.

Les fers à repasser, à souder, à friser, et tous les outils qui doivent être maintenus à une température élevée, peuvent être chauffés avec autant de facilité que d'économie sur des appareils à gaz, dont on règle la flamme à volonté et dont toute la chaleur est utilisée, tandis qu'avec les fourneaux ordinaires, il y a toujours une partie du combustible qui brûle en pure perte.

Cette perte n'est pas moins réelle si l'on n'a besoin de feu que pour chauffer de l'eau, bouillir du lait, cuire une côtelette, etc.; on a de plus l'ennui d'allumer et d'éteindre le bois ou le charbon, sans compter la gêne que cause en été toute cette chaleur sans emploi.

XIV.

Revenons à l'éclairage, dont la question du chauffage par le gaz nous a un instant éloignés.

Autrefois, les pauvres s'éclairaient avec une mèche de fil trempant dans de la graisse fondue, et les riches avec des morceaux de bois résineux. L'huile remplaça la graisse et alimenta les lampes, qui ne ressemblaient guère à celles d'aujourd'hui.

Il y a aussi loin, dit-on, du nouveau mode d'éclairage que nous promettent MM. Tessié du Mothay et Maréchal, qu'il y a loin de nos becs de gaz aux quinquets fumeux des anciennes fêtes publiques. Ces quinquets eux-mêmes étaient cependant la réalisation d'un grand progrès. Il ne faut, pour s'en convaincre, qu'entrer dans la cuisine de quelque pauvre habitation campagnarde, et regarder la lampe ordinairement suspendue par un crochet au manteau de la cheminée.

14

Un récipient de fer, dont la partie antérieure forme une espèce de bec, est rempli d'huile dans laquelle est placée une mèche de coton à brins rassemblés. Le bout de cette mèche s'avance sur le bec de la lampe et brûle en donnant une lumière rougeâtre, qui permet à peine de distinguer les objets placés à une très-courte distance; mais si elle éclaire peu, elle répand, en revanche, une fumée épaisse et âcre qui vous saisit à la gorge, et que le courant d'air de la cheminée peut seul rendre supportable. Il faut en outre que cette mèche soit à chaque instant soulevée hors de la lampe et débarrassée du résidu charbonneux qui lui ôte tout son pouvoir éclairant.

On ne connaissait d'autre lampe que celle-là, ou du moins, s'il y avait quelques modifications dans la forme, il n'y avait guère d'améliorations dans le résultat, quand un physicien de Genève, nommé Argand, inventa la lampe à cheminée de verre et à mèche circulaire, qu'on nomma d'abord lampe d'Argand. Dans les lampes à mèche compacte, l'huile ne montait que difficilement à travers les fils parallèles, et l'air n'arrivait pas sur la flamme avec assez d'abondance pour que la combustion fût complète. Argand enferma entre deux tubes une mèche tissée en forme de cylindre, et l'air, affluant en même temps au dedans et au dehors de la mèche, établit, par le tirage de la cheminée de verre, un courant assez fort pour activer la combustion et donner une belle lumière.

Cependant la lampe d'Argand, quoique bien supérieure aux autres moyens d'éclairage par l'huile, présentait un grave inconvénient, lorsqu'elle devait brûler longtemps. Le porte-mèche s'échauffait beaucoup, la mèche charbonnait, et l'huile exhalait une fumée nauséabonde. On y remédia en plaçant le réservoir au-dessus du bec de la lampe, de manière à ce que la mèche fût toujours baignée d'huile; mais ce réservoir projetait une ombre fort gênante, et les essais faits pour le supprimer ne réussirent qu'à demi jusqu'en 1800, époque à laquelle parut la lampe Carcel.

Carcel était un habile horloger de Paris ; il eut l'heureuse idée de placer le réservoir à la partie inférieure de la lampe et de faire monter l'huile au moyen d'un mouvement d'horlogerie agissant sur une petite pompe foulante. Le mécanisme était mis en jeu par une clef. C'était une ingénieuse invention, et rien de mieux n'a été fait depuis. Cependant Carcel n'en fut pas récompensé comme il le méritait.

La lampe à modérateur, inventée en 1837 par M. Franchot, a remplacé presque partout la lampe Carcel, parce que le bas prix auquel on la fabrique la rend accessible à toutes les bourses, et qu'elle constitue le système d'éclairage à l'huile le plus économique.

Dans cette lampe, un ressort à boudin, qui se tend au moyen d'une clef, est substitué au mouvement d'horlogerie de la lampe Carcel. A ce ressort est attaché un piston de cuir, qui monte jusqu'en haut du réservoir quand la clef est suffisamment tournée, et qui descend à mesure que le ressort se détend. Le piston comprime l'huile et la force à monter par un petit tube qui va jusqu'au porte-mèche. Mais cette pression diminue à mesure que le ressort se détend, et il faudrait, au contraire, qu'elle augmentât pour que l'huile, qui doit s'élever de plus en plus, arrivât toujours à la mèche avec la même régularité. Cette double difficulté a été résolue par l'emploi du modérateur, qui a donné son nom à la lampe, et qui consiste en une tige métallique placée dans le tube par lequel monte l'huile. Cette tige suit les mouvements du piston ; et comme elle remplit d'abord presque tout le passage réservé à l'huile, elle l'empêche d'arriver à la mèche avec trop d'abondance quand le piston la comprime fortement ; à mesure que cette pression diminue par la détente du ressort, la tige qui descend avec le piston laisse passer l'huile plus facilement, puisqu'elle cesse d'obstruer le tube d'ascension. Elle remplit donc en effet les fonctions de modérateur, en diminuant l'afflux trop considérable de l'huile pendant la forte pression du piston, et en le favorisant quand cette pression n'est plus assez énergique.

La lampe à modérateur a reçu plusieurs perfectionnements, dont les principaux ont pour effet de donner une lumière toujours égale, pendant dix à douze heures, sans qu'il soit nécessaire de remonter le ressort; puis d'empêcher les impuretés contenues dans l'huile ou tombées dans la lampe par la négligence des personnes qui les préparent, de nuire à l'éclat de cette lumière ou de déranger le mécanisme de l'appareil.

Les huiles qui alimentent les lampes sont extraites de diverses graines, surtout du colza et de la navette; elles sont soumises à l'épuration avant d'être livrées au commerce, sous le nom d'huiles à quinquet. Plus l'huile est épurée, plus elle éclaire, moins elle fume et moins elle encrasse les lampes; il n'y a pas d'économie à se servir d'huile de qualité inférieure. Quant aux mèches, les plus fines sont les meilleures; elles doivent être conservées dans un lieu sec; sans cette précaution, elles prennent l'humidité, ne laissent que difficilement monter l'huile et charbonnent beaucoup. On dit alors qu'elles sont éventées.

Depuis quelques années, on a tenté de nombreux essais pour remplacer l'huile par de nouvelles matières éclairantes, qu'on désigne sous le nom général de carbures d'hydrogène. Ce sont des huiles ou plutôt des essences obtenues par la distillation du goudron, de la houille et des schistes bitumineux. On mêle à ces essences de l'éther ou de l'essence de térébenthine, de l'esprit de bois, sorte d'alcool produit par la distillation du bois. Ces liquides ne sont pas gras comme l'huile; ils offrent donc un certain avantage sous le rapport de la propreté; ils donnent une lumière plus blanche, plus vive, et qui coûte moins cher; mais ils répandent une odeur désagréable, moins forte, il est vrai, quand ils brûlent que quand on prépare les lampes; enfin, ils sont très-inflammables et demandent à être employés avec beaucoup de prudence. L'usage de ces hydrocarbures se répandant de plus en plus, on a inventé des lampes de formes

particulières, soit pour l'éclairage domestique, soit pour les réver-
bères des petites villes où il n'existe pas d'usine à gaz.

Toutefois, les huiles de schiste, de goudron, de térébenthine, sont
avantageusement remplacées par les huiles minérales d'Amérique.
En 1858, plusieurs lacs de pétrole ont été découverts presque à la
surface du sol; et leur étendue est telle, que ce liquide éclairant paraît
devoir suffire pendant un grand nombre d'années à la consommation
des deux mondes. Cinq ans après cette découverte, les premiers char-
gements de pétrole sont arrivés en Europe, avec la lampe américaine
inventée pour brûler cette huile minérale. Le pétrole a ses dangers
et ses inconvénients, comme les hydrocarbures; mais il coûte peu et
il donne beaucoup de lumière; aussi commence-t-il à être généralement employé.

Puisque nous parlons des appareils d'éclairage, il nous faut dire un
mot de la lampe de sûreté, qui sert à guider les mineurs dans les entrailles de la terre, et des phares, dont la lumière protectrice aide les
marins à gagner la côte.

On désigne sous le nom de *grisou* un gaz inflammable qui se
trouve, en quantité plus ou moins grande, dans les houillères, et qui
abonde surtout dans les galeries où l'air ne peut se renouveler. Ce
gaz prend feu au contact d'une flamme quelconque; il produit de
violentes explosions, qui tuent les mineurs et qui occasionnent des
éboulements sous lesquels ces malheureux demeurent ensevelis.

Autrefois les explosions du feu grisou étaient très-fréquentes et
faisaient de nombreuses victimes. Elles sont devenues rares, et n'arrivent presque jamais que par l'imprudence des ouvriers, depuis que
le célèbre chimiste anglais Humphry Davy, le même qui trouva le
moyen de supprimer la douleur dans les opérations chirurgicales,
inventa la lampe de sûreté. Cette lampe est une lanterne ordinaire
entourée d'un double rempart de toile métallique. Davy avait remarqué, dans ses essais sur les gaz, qu'ils ne s'enflamment pas au contact

d'une lumière refroidie par un tissu métallique, et l'heureuse application qu'il fit de cette remarque suffirait seule pour illustrer son nom.

Les phares remontent à la plus haute antiquité. Le phare d'Alexandrie, élevé par les Ptolémée, fut mis au nombre des sept merveilles du monde. Le phare de Messine donna son nom au détroit ou passage dangereux situé entre la Sicile et l'Italie. Sur d'autres points non moins redoutés des navigateurs, de bons religieux, inspirés par la charité, entretenaient des feux qui empêchaient les bâtiments de se briser sur les écueils.

Le cardinal de Richelieu organisa ce service sur tous les caps dominant les havres français. Ces phares n'étaient alors que des feux de bruyères ou de sarment, qu'on remplaça ensuite par des lanternes et des fusées, et enfin par des tours monumentales au sommet desquelles brille le feu sauveur.

Richelieu fit bâtir le phare de Cordouan, à l'entrée de la Gironde. Cet exemple fut suivi, et d'habiles architectes élevèrent, sur les points les plus périlleux des côtes, des monuments dont l'élégante hardiesse égale la solidité.

Les feux des phares se divisent en feux fixes, feux à éclipses et feux variés. Les feux fixes diffèrent entre eux par leur intensité ; les feux à éclipses ou feux tournants accomplissent leur révolution avec divers degrés de vitesse ; enfin les feux variés acquièrent en un temps plus ou moins long leur maximum d'intensité. Il y a aussi des feux rouges et des feux blancs. Chaque navigateur connaît les phares des parages dans lesquels il se hasarde, et cette connaissance sauve chaque année du naufrage une multitude de braves marins.

La lumière électrique, qui rayonne au loin sur la mer, est employée dans plusieurs phares. On s'en sert aussi pour continuer, de nuit comme de jour, des travaux qui ne souffrent point de retard, tels que la construction d'un pont ou la réparation d'un édifice public, ou pour produire de magiques effets dans les théâtres et dans les fêtes nationales. C'est le seul emploi qu'on ait fait jusqu'à présent de cette puissance éclairante, découverte aussi par Davy, puisqu'on n'a pas encore trouvé le moyen de la réduire ou de la diviser de manière à pouvoir l'appliquer aux usages domestiques.

L'éclairage par les huiles a été très-anciennement connu. Il y avait des lampes chez les Hébreux, chez les Egyptiens, et les ennemis de Démosthènes disaient que ses harangues sentaient l'huile, parce qu'il employait à les écrire une partie des nuits. Ces lampes, quelle que fût leur forme, éclairaient par la combustion d'une mèche le long de laquelle l'huile montait, comme l'eau monte à travers un morceau de sucre. Elles donnaient moins de lumière que de fumée ; aussi les riches les remplacèrent par des cierges, dès qu'on sut fondre la cire.

Les premières bougies furent aussi fabriquées avec de la cire blanchie ou colorée, et constituèrent l'éclairage de luxe. On y ajoutait, lorsqu'on voulait les rendre diaphanes, du blanc de baleine, sorte de graisse solide qui se trouve dans le crâne du cachalot. Le cachalot, on le sait, est un cétacé qui ressemble à la baleine. On faisait les bougies en versant la cire fondue dans des cylindres de verre, ou en la répandant par petites quantités sur des mèches de fil et de coton tressées. On les faisait sécher entre des matelas, et l'on y ajoutait de nouvelles couches de cire jusqu'à ce qu'elles eussent atteint la grosseur voulue.

La bougie étant d'un prix très-élevé, les bourgeois se contentaient de brûler de la chandelle, c'est-à-dire un mélange de suif de bœuf et de mouton, additionné d'un peu d'alun et servant d'enveloppe à une mèche de coton.

La chandelle est un mode d'éclairage à peu près abandonné, depuis qu'il ne réalise plus les conditions d'économie qui aidaient à en supporter les désagrements. La chandelle coule, éclaire mal ; il faut la moucher à chaque instant, et elle exhale une fumée nauséabonde. Ce que Madame Louise de France trouva de plus pénible dans la vie austère des Carmélites, ce fut l'usage de la chandelle.

Nous disons que la chandelle n'est plus un éclairage économique : non-seulement parce que la lampe à modérateur donne plus de lumière que deux chandelles et coûte beaucoup moins, mais parce qu'on a trouvé le moyen de faire de la bougie avec le suif qui servait à la fabrication des chandelles.

Un chimiste distingué, M. Chevreul, ayant étudié la composition des corps gras, reconnut qu'ils sont formés du mélange de trois acides joints à un liquide appelé glycérine. L'acide stéarique est un corps blanc et solide, qui fond à la température de 70°, et qui, insoluble dans l'eau, se dissout dans l'alcool et dans l'éther.

L'acide margarique ressemble beaucoup à l'acide stéarique; seulement il fond à une température moins élevée.

L'acide oléique ne devient solide qu'à une température de quatre degrés au-dessous de zéro. Il tient de la nature de l'huile, ainsi que son nom l'indique, et il forme la plus grande partie des huiles végétales; ce qui empêche d'en retirer avec profit l'acide stéarique, pour l'employer à la fabrication des bougies. Cependant la palmine extraite de l'huile de ricin a la propriété de donner plus de dureté au suif; et depuis quelques années, on utilise plusieurs autres matières grasses végétales, importées d'Afrique et d'Amérique, ainsi que beaucoup de corps gras qu'on achète à vil prix, tels que les huiles troubles, les résidus provenant du dégraissage des laines, les graisses de cuisine, etc.

Toutes ces substances, soumises à la distillation et traitées par l'acide sulfurique, fournissent des quantités d'acide stéarique qui sont livrées au commerce sous la forme de bougies, auxquelles on donne différents noms.

Cependant c'est encore le suif de bœuf et de mouton qui produit la plus large part de la substance employée à la fabrication des bougies stéariques. Le suif est placé dans une cuve en bois par le fond de laquelle pénètre un tuyau en spirale percé de trous, qui, par de petits jets de vapeur, échauffe le suif et le met en fusion. On verse alors dans cette graisse fondue de la chaux bien pure délayée avec de l'eau, et l'on agite fortement le mélange pendant sept heures. L'eau et la glycérine se séparent des matières grasses, et celles-ci se transformant en savon de chaux, forment une masse compacte, qui devient très-dure par le refroidissement.

Une certaine quantité d'acide sulfurique étendu d'eau décompose le savon de chaux, et ramène les acides gras à la surface de la cuve, d'où on les retire au moyen d'un robinet. On sépare ensuite, par la pression, l'acide oléique de l'acide stéarique, en enveloppant la masse d'une étoffe de laine à travers laquelle s'échappe l'acide oléique. On le recueille et on le porte dans un lieu frais, où on le laisse jusqu'à ce que les acides gras qu'il tient en dissolution se déposent dans le fond du vase et puissent être utilisés. Quant à la partie liquide, elle sert à graisser les laines ou à fabriquer les savons.

L'acide stéarique, épuré une dernière fois, présente une masse blanche et cristalline. On la chauffe jusqu'à ce qu'elle ait la consistance d'une pâte molle ; on y ajoute un peu de cire, pour la rendre moins cassante, et on la coule dans des tubes de fer au milieu desquels une mèche est assujettie. Ces tubes sont placés au nombre de trente dans un moule, qui a la forme d'une caisse peu profonde. On y verse l'acide stéarique, et les trente tubes s'emplissent à la fois. Quand les bougies sont refroidies, on les retire du moule ; on les laisse à l'air pour qu'elles deviennent plus blanches ; on les lave, on les rogne, on les polit, et on les met en paquets.

Les mèches des bougies sont faites avec du coton très-fin, soigneusement tressé, pour que la mèche en brûlant se recourbe sur elle-même et que l'extrémité ne reste pas au milieu de la flamme ; car il faudrait alors la moucher comme une chandelle. C'est en se portant à l'extérieur qu'elle se consume complétement; on aide d'ailleurs à cette combustion, en trempant les mèches dans une dissolution qui contient cinq millièmes d'acide sulfurique ; et pour que les cendres de la mèche ne salissent pas la bougie, on ajoute à l'acide sulfurique autant d'acide borique, qui a la propriété de vitrifier ces cendres, suspendues au bout de la mèche en petits globules brillants.

Les bougies bien faites n'ont jamais besoin d'être mouchées et n'ont pas la moindre odeur de suif.

La première fabrique de bougie stéarique a été établie à Paris en 1829, par les docteurs en médecine de Milly et Motard, près de la barrière de l'Etoile ; ce qui a fait donner aux produits de cette fabrique le nom de bougie de l'Etoile. Cette industrie, qui a pris de très-grandes proportions, est d'origine française, puisqu'elle est due aux travaux de MM. Chevreul et Gay-Lussac, et à l'initiative de deux médecins de Paris.

Pour allumer le feu, la chandelle, la bougie, les lampes, on avait autrefois recours au briquet et à l'amadou. Le briquet consistait en un morceau d'acier avec lequel on frappait le bord d'un petit carré de silex, nommé pierre à fusil. Le choc répété du métal contre cette pierre très-dure faisait jaillir des étincelles qu'on recueillait sur de l'amadou.

L'amadou n'est autre chose que la partie charnue d'un champignon qui croît au fond des bois. On le divise en tranches minces, on le bat, on l'étire, on le fait bouillir dans une dissolution de salpêtre, et on le roule dans de la poudre à canon pulvérisée. Cette dernière préparation donne une couleur noire à l'amadou et le rend plus inflammable.

Il n'y a plus aujourd'hui qu'un très-petit nombre de fumeurs qui se servent de briquet et d'amadou ; les allumettes chimiques ont partout remplacé l'exercice auquel nos pères avaient recours pour se procurer du feu. Avant d'avoir les allumettes, on s'est servi du briquet phos-phorique, espèce de flacon renfermant du phosphore, dans lequel on plongeait une allumette soufrée, qu'on frottait ensuite sur le bouchon de cette fiole.

La fabrication des allumettes chimiques a pris naissance en France ; mais elle a été perfectionnée en Allemagne. On les appelle aussi allumettes phosphoriques, parce que le phosphore est la base de leur préparation.

Le phosphore est un corps transparent, incolore, et si inflammable, qu'on ne peut le fondre et le manier que dans l'eau, au fond de laquelle son poids l'entraîne. Le moindre frottement l'enflamme ; les brûlures qu'il cause sont cruelles et souvent dangereuses ; car le phosphore est très-vénéneux.

Le nom de phosphore signifie porte-lumière. On le donnait autrefois à tous les corps qui jouissaient de la propriété de luire dans les ténèbres ; mais la substance à laquelle ce nom s'applique aujourd'hui fut découverte en 1677 par un alchimiste de Hambourg, nommé Brandt, qui crut, en voyant ce corps lumineux, avoir trouvé la pierre philosophale, objet de ses patientes recherches. Le phosphore fut d'abord extrait de l'urine ; et il s'écoula près d'un siècle avant qu'on le trouvât dans les os des animaux, d'où on le retire aujourd'hui en quantités énormes.

Les os, chauffés fortement au contact de l'air, sont réduits en une poudre fine, qu'on chauffe de nouveau avec un mélange d'acide sulfurique. On en obtient une liqueur qu'on dessèche par l'évaporation et qui, mêlée avec du charbon, est, cette fois, chauffée dans des appareils particuliers d'où s'exhalent les vapeurs phosphoriques.

La vue d'une fabrique de phosphore en pleine activité répond à l'effrayante idée qu'on peut se faire du séjour des damnés. Des flammes jaunes et bleuâtres s'élèvent de tous côtés, des étincelles enflammées jaillissent ; on entend bouillonner les gaz phosphoriques qui s'échappent de l'eau chaude, et l'on est suffoqué par leur asphyxiante odeur, encore plus que par l'insupportable chaleur des fourneaux.

Le phosphore est plusieurs fois fondu dans l'eau chaude, où il se blanchit et se purifie. On le coule ensuite dans des moules où il prend l'apparence du verre. On le colore en rouge ou en bleu par l'addition d'un peu d'ocre rouge et de vermillon ou de bleu de Prusse, et on le délaie avec de la colle forte ou de la gomme et un peu d'eau, pour l'appliquer sur les allumettes. On ajoute aussi à cette pâte un peu de sable fin, pour que l'effet du frottement soit plus énergique.

Les allumettes sont découpées, soit à la main, soit à la mécanique, dans du tremble ou du bouleau bien sec, en petites bûchettes très-minces, dont on plonge l'extrémité dans du soufre fondu, puis dans la pâte de phosphore. On les sèche avec précaution dans une étuve; on recouvre le phosphore d'un peu d'acide stéarique, pour le préserver de l'humidité; on met les allumettes en boîtes, puis en paquets, et on les livre au commerce.

La fabrication des allumettes chimiques occupe à Paris plus de mille personnes, et à Londres plus de trois mille. Deux fabriques allemandes en occupent six mille et fournissent annuellement quarante-cinq milliards d'allumettes, à des prix tellement réduits, que quatre-vingt-dix allumettes coûtent à peine un centime.

La plupart des personnes employées dans ces ateliers sont des femmes et des enfants. Leur travail n'est pas pénible, mais il est dangereux, non-seulement à cause des brûlures que peut occasionner l'inflammation du phosphore, mais aussi par la fâcheuse influence que les vapeurs phosphoriques exercent avec le temps sur leur santé.

Les allumettes chimiques occasionnent encore des accidents graves, en dehors des ateliers de fabrication; mais elles sont d'un usage si commode, qu'on n'y peut renoncer.... On espère toutefois arriver à les rendre aussi inoffensives qu'elles sont utiles, et ce progrès est déjà en partie réalisé par diverses espèces d'allumettes perfectionnées.

L'acide oléique, résidu de la fabrication des bougies, sert à celle du savon, qui n'est que la combinaison d'un corps gras avec de la soude ou de la potasse. Les huiles de navette, d'œillette, d'olive, qui sont devenues rances, peuvent être utilisées dans les fabriques de savon, ainsi que les graisses animales.

Toutes ces matières, solides ou liquides, sont chauffées avec de la soude ou de la potasse et maintenues à une température de cent degrés, jusqu'à ce qu'elles soient complétement dissoutes. Quand le mélange se refroidit, le savon se solidifie et vient nager à la surface, en masse d'un bleu noirâtre. On le fait fondre pour la seconde fois à une chaleur douce, on verse dans des moules la partie liquide, et l'on obtient le savon blanc.

Le savon veiné ou savon de Marseille se fait en agitant le reste de la pâte dans une lessive de soude, sans laisser à la masse colorée le temps de retomber au fond de la chaudière.

La soude et la potasse ont la propriété de nettoyer les étoffes et la peau, quand on les emploie pures; mais elles sont alors trop mordantes, et l'on a trouvé depuis longtemps le moyen de les unir à des corps gras, qui modifient heureusement leur action corrosive.

La graisse animale ou végétale, insoluble dans l'eau, devient soluble par l'addition des alcalis, c'est-à-dire de la soude, de la potasse ou de l'ammoniaque, et elle entraîne avec elle les corps gras qui salissent nos étoffes ou nos mains. La lessive obtenue par une dissolution de sel de soude ou par le lavage des cendres, agit de la même manière sur le linge qu'elle est destinée à blanchir. Elle s'unit à la graisse et aux taches de ce linge, pour former une espèce de savon soluble dans l'eau.

XV.

Métaux. — Exploitation des mines. — Fer. — Fonte. — Tôle. — Fil de fer. — Acier.
— Aimant. — La boussole. — Cuivre. — Plomb. — Balles et plombs de chasse. —
Céruse. — Etain. — Zinc. — Bronze. — Laiton. — Platine. — Argent. — Sels d'argent. — Or. — Mines de la Californie et de l'Australie. — Titre de l'or et de l'argent.
— Fabrication des monnaies.

Outre les mines de houille, on trouve dans les entrailles de la terre
des gisements de matières métalliques ou de minerais, d'où l'on extrait les divers métaux que mettent en œuvre l'agriculture, l'industrie
et les arts.

Il existe un grand nombre de métaux, dont les plus utiles et les
plus connus sont : le fer, le cuivre, le plomb, l'étain, le zinc, le platine,
l'argent et l'or. On les trouve quelquefois purs au sein des mines : on
les nomme alors métaux natifs ; mais on les rencontre presque toujours
soit combinés entre eux, soit avec des substances étrangères de nature
très-diverse. On leur donne dans ce cas le nom de minerais.

Les minerais sont ordinairement disposés par couches, à des profondeurs variables; quelquefois cependant ils remplissent les fentes produites dans les rochers par les éruptions volcaniques ou les commotions intérieures du globe. Ces fentes remplies de substances métalliques sont appelées filons.

Les mines s'exploitent, comme les houillères, au moyen de puits ou de galeries, selon la disposition des couches. Les minerais qu'on en extrait sont soumis à certaines opérations, qui ont pour but de rejeter les matières étrangères et d'amener les métaux à l'état de pureté nécessaire pour qu'ils puissent être employés.

Les anciens connaissaient les métaux dont l'usage est encore aujourd'hui le plus répandu. Les Hébreux et les Egyptiens savaient travailler le fer, le cuivre, le plomb, l'or, l'argent; et c'est parce qu'on savait combiner divers métaux pour en obtenir des alliages que l'idée de convertir en or les métaux vils préoccupa si longtemps les alchimistes. En poursuivant la découverte de la pierre philosophale, ils en firent d'autres : ainsi celle de la poudre à canon, de la porcelaine, etc.; et leurs patientes recherches ne furent pas tout à fait perdues pour la postérité. L'alchimie fit place à la chimie, science toute moderne, qui a produit déjà de merveilleux résultats.

Le mercure est un métal liquide; tous les autres métaux sont solides; mais ils ne sont pas également durs et tenaces. On nomme ténacité la résistance que les métaux opposent à la rupture. Le fer est le plus tenace de tous les métaux, parce qu'il est le plus fibreux. Il y a des métaux qui se brisent en éclats, comme l'antimoine et l'arsenic : on les dit fragiles ou cassants; d'autres qui peuvent être amincis par le marteau et réduits en feuilles par le laminoir : on les appelle métaux malléables; et l'on nomme ductiles ceux qui peuvent s'allonger en fils. En général, les métaux les plus ductiles ne sont pas les plus malléables; cependant, le fer, l'or et l'argent réunissent ces deux propriétés. Le plomb et l'étain entrent facilement en fusion, tandis que le platine résiste à l'action du feu le plus violent.

Le fer est le métal le plus abondant et le plus utile; on le trouve dans toutes les parties du globe; mais ses plus riches gisements se rencontrent dans le nord de l'Europe, en Angleterre et au Brésil. Il existe à l'état natif en petite quantité, et les minerais dont on le retire portent différents noms, selon la nature des matières dont ils sont composés.

Un lavage à l'eau courante enlève d'abord la terre qui s'y trouve; et quand on y reconnaît la présence du soufre ou de l'arsenic, on grille le minerai avant de procéder à l'extraction du fer.

Toutefois ce n'est pas du fer qu'on obtient par la méthode actuellement en usage, mais de la fonte, c'est-à-dire une combinaison de fer et de charbon. Les appareils employés sont des fourneaux d'une forme particulière, appelés hauts-fourneaux. Par un large orifice placé à la partie supérieure, et nommé *gueulard,* on introduit dans le fourneau une couche de charbon de bois, une couche de minerai, puis une couche de *fondant,* c'est-à-dire de chaux ou d'argile, suivant la composition du minerai. On continue de la même manière le chargement du fourneau; on allume le charbon, et l'on en active la combustion par le jeu d'un énorme soufflet.

Le métal entre en fusion et tombe par gouttes dans le creuset, sorte de réservoir placé à la partie inférieure du fourneau; les matières étrangères plus légères que le métal nagent à sa surface en flots verdâtres, qui s'écoulent au dehors sous le nom de laitier. Quand le creuset est plein, on enlève le tampon d'argile qui le bouche, et la fonte, pareille à un ruisseau de feu, descend dans des moules ou rigoles de sable, où elle se refroidit. Elle devient alors grise ou blanche, selon la nature du minerai et la manière dont on a réglé le feu ou le chargement du fourneau.

La fonte blanche est très-cassante; on la met en réserve pour la fabrication du fer. La fonte grise, beaucoup moins fragile, se laisse travailler à la lime et au ciseau; mais on en obtient par le coulage une foule d'objets d'utilité ou d'ornement : des tuyaux, des grilles, des foyers, des panneaux de portes, des appuis de fenêtres, des piliers, des candélabres, des vases, des guirlandes, des statues. La fonte a pris, depuis trente ans à peu près, une grande place dans l'art décoratif ; elle n'a pas toutes les qualités du bronze ; cependant elle se moule si bien depuis qu'on l'a perfectionnée, que la plupart des fontaines monumentales qu'on élève aujourd'hui n'ont que des vasques, des cariatides, des tritons et des naïades de fonte.

Les mêmes groupes en bronze coûteraient beaucoup plus cher, et l'on serait souvent obligé de renoncer par raison d'économie à ces fontaines qui font l'ornement des places publiques. Un des inconvénients de ce genre de décoration, c'est que la fonte est sujette à se rouiller ; on y remédie par une couche de minium, recouverte d'une peinture à l'huile, à laquelle on donne la couleur du bronze. On reproche encore à la fonte d'être cassante ; mais dans la plupart des cas où elle est employée, la rupture n'est pas à craindre ; car la fonte ne casse que quand elle est chargée d'un poids sous lequel le fer forgé plierait.

Il entre dans la composition de la fonte un peu plus de deux pour cent de charbon ; c'est en affinant la fonte, en lui enlevant la presque totalité de ce charbon, ainsi que du soufre et du phosphore qu'elle peut contenir, qu'on la transforme en fer. Pour cela, on chauffe la fonte dans un creuset rempli de coke sur lequel on fait arriver de puissants courants d'air ; on réunit en une masse appelée *loupe* les petits grumeaux de fer ; on porte la loupe sous un énorme marteau ou *martinet*, qui, la frappant à coups redoublés, resserre les parties du métal, les soude entre elles et leur donne une grande ténacité.

Il y a différentes espèces de fer, auxquelles on donne des noms particuliers ; les fers forts sont les meilleurs, et les fers aigres les plus médiocres.

Le fer réduit en lames plus ou moins minces, au moyen du martinet et du laminoir, s'appelle tôle. Le laminoir se compose de deux cylindres en fonte, entre lesquels on fait passer le métal qu'on veut réduire en feuilles. On les rapproche à mesure que la feuille s'amincit.

La tôle forte sert à la construction des chaudières à vapeur et des navires en fer; la tôle faible est employée, sous le nom de fer-blanc ou de fer battu, à un grand nombre d'usages; mais elle est alors recouverte ou plutôt enveloppée d'une mince couche d'étain, qui, la préservant de la rouille, en augmente beaucoup la durée. Quand la tôle faible n'est pas destinée à la confection des ustensiles de cuisine et qu'on veut l'empêcher de s'oxyder par l'humidité, on la plonge dans un bain de zinc fondu. On dit alors qu'elle est galvanisée ; mais c'est improprement qu'on se sert de ce mot; on ferait mieux de dire zinguée.

Le fer, tout à la fois malléable et ductile, peut non-seulement s'étendre en feuilles, mais s'étirer en fils de toutes les grosseurs, en passant à travers les trous plus ou moins ouverts d'une plaque d'acier nommée filière. Les fils de fer zingués ou galvanisés se conservent presque indéfiniment.

L'acier est plus dur que le fer, mais moins tenace et moins ductile. L'acier est, comme la fonte, une combinaison du fer avec du charbon; mais, au lieu d'en contenir un peu plus de deux pour cent, l'acier n'en renferme que de sept à neuf millièmes.

La fonte à laquelle on enlève l'excédant de son charbon forme l'acier de forge ou acier naturel, qui sert à fabriquer des tranchants de charrue, des outils de jardinage, des faux, des ressorts de voiture, des sabres communs, et tous les articles de la grosse coutellerie.

L'acier de cémentation, bien supérieur à l'acier de forge, s'obtient en soumettant des barres de fer à l'action du feu, dans des caisses de fer ou de brique réfractaire remplies de poudre de charbon. Quand la température du four est assez élevée, le charbon s'incorpore au fer dans une certaine mesure et donne l'acier qu'on emploie dans la fabrication des limes, de la coutellerie ordinaire et de la quincaillerie.

Quand on veut rendre cet acier plus dur et plus fin, on le fait fondre dans un creuset, en l'exposant à un violent feu de forge. L'acier fondu sert à faire la coutellerie fine, les instruments de chirurgie, les ressorts de montre, les coins monétaires, la bijouterie d'acier, etc. Cette qualité d'acier a été obtenue pour la première fois en Angleterre en l'année 1740. Quand un acier un peu chargé en charbon est fortement chauffé et qu'on le laisse refroidir lentement, il se forme à sa surface des cristaux qu'on rend apparents lorsqu'on arrose l'acier d'une eau acidulée. C'est l'acier damassé, ainsi nommé parce qu'on le tirait autrefois de Damas, en Syrie.

La trempe augmente la dureté et la sonorité de l'acier; mais elle le rend plus cassant. Pour tremper l'acier, on le chauffe au rouge clair et on le plonge dans l'eau froide; mais pour qu'il soit moins fragile, on le fait recuire, et on le laisse refroidir lentement. On recuit de même la fonte blanche, quand on veut la transformer en fonte grise.

Le fer était connu des anciens; les livres saints l'attestent, et il faut même que les Egyptiens aient su fabriquer l'acier; car ce n'est pas avec des instruments de fer qu'ils auraient pu graver les hiéroglyphes sur le marbre et le granit. La fonte, appliquée à tant d'usages différents, est, au contraire, une découverte toute moderne. Autrefois le fer était directement extrait du minerai, dans de grands fourneaux où le combustible brûlait à l'aide d'un courant d'air. Cette méthode a été abandonnée presque partout, depuis qu'on a reconnu que le minerai donne beaucoup plus de métal quand on le transforme d'abord en fonte d'après les procédés inventés en Angleterre.

L'aimant, que les anciens appelaient la pierre d'aimant ou simplement la pierre, c'est-à-dire la pierre par excellence, est une combinaison de deux oxydes de fer, qu'on trouve dans certains gisements, et qui jouit de la propriété d'attirer le fer. Cette propriété paraissait merveilleuse aux Grecs et aux Romains; mais si l'on en croit les savants, ce sont les Chinois qui ont les premiers tiré parti d'une autre vertu non moins remarquable de l'aimant. Nous voulons parler de la direction que prend vers le nord une aiguille aimantée suspendue dans une position horizontale, sans que rien puisse paralyser ses mouvements.

On appelle aiguille aimantée une barre de fer ou d'acier qu'on a frottée avec certaines précautions contre un aimant naturel ou un morceau de fer aimanté. L'aimant communique au fer et à l'acier ses propriétés attractives, sans que pour cela elles se perdent ou s'affaiblissent dans cet étrange minéral.

Les Chinois, essentiellement industrieux, faisaient de longs voyages sur mer avant que les Européens connussent l'art de la navigation. Ils se guidaient sur les étoiles, dont ils avaient de bonne heure, comme la plupart des peuples orientaux, étudié la position. Mais quand les nuages venaient à leur dérober la vue du ciel, ils allaient au caprice des vents et des flots. Dès qu'ils eurent remarqué que l'aiguille aimantée se tourne vers le nord, ils eurent l'idée de la prendre pour guide dans leurs courses maritimes. C'est du moins l'opinion généralement reçue, quoique plusieurs savants prétendent que l'invention de la boussole est due aux Français.

Ceux qui l'attribuent aux Chinois disent que les navigateurs du Céleste Empire avaient fait connaître la boussole aux Indiens, et par eux aux Arabes, et que Marco Polo, voyageur vénitien, l'apporta en Europe vers la fin du XIII⁰ siècle. Les autres admettent cette date, et citent à l'honneur de la France ces vers, écrits en 1180 par Guyot de Provins :

> Quant la mer est obscure et brune,
> Quant ne voist estoile ne lune,
> L'or font à l'aguile alumer ;
> Puis n'ont-ils garde d'esgarer ;
> Contre l'estoile va la pointe.

Cette aiguille est évidemment celle de la boussole, dont le même poëte dit encore :

> Une pierre laïde et brunière
> Où li fer voulentiers se joinct.

A l'époque où vivait Guyot de Provins, la boussole n'était pas encore un instrument perfectionné : elle consistait simplement en un verre à demi rempli d'eau, sur laquelle l'aiguille flottait, soutenue par deux brins de bois entrecroisés.

Il est à croire que si les Français n'ont pas inventé la boussole, ils en ont beaucoup amélioré la construction, puisque, chez tous les peuples, c'est la fleur de lis de France qui désigne le nord. Cependant les Italiens veulent que ce soit le Napolitain Flavio Gioja qui ait eu l'idée de placer l'aiguille aimantée sur le pivot d'acier où elle se meut librement.

On a cru longtemps que cette aiguille se dirigeait exactement vers le nord ; mais Christophe Colomb, dans son voyage à la découverte du nouveau monde, remarqua que près des côtes de l'Europe, la pointe de l'aiguille déviait vers l'ouest, et qu'en approchant de l'Amérique elle inclinait au contraire vers l'est. Toutefois ces variations, que les marins connaissent, n'empêchent pas la boussole, qu'ils nomment compas de route, de les guider sûrement.

« Le compas est disposé de la manière suivante, dit M. Vimont : sous une aiguille aimantée, dont le milieu est courbé en arc de cercle, on fixe une feuille de talc circulaire. Le talc est une substance minérale, transparente comme de la corne. Sur cette feuille de papier est collée une feuille de talc, de même forme et de même grandeur, sur laquelle est tracée la rose des vents. On nomme ainsi un cercle divisé en trente-deux parties égales, appelées rhumbs de vent. »

L'idée d'adapter la rose des vents au compas de route est due aux Anglais, et leur a paru suffisante pour s'attribuer l'invention de la boussole.

« Une boîte cylindrique en cuivre, dont les fonds supérieur et inférieur sont formés par deux glaces, est destinée à contenir la boussole. Du centre de la glace qui forme le fond inférieur de la boîte s'élève une tige verticale en cuivre ; le haut de cette tige est creusé en forme d'entonnoir ; au-dessus du trou de cet entonnoir est une ouverture carrée, qui traverse la tige dans son épaisseur et contient une agate de même forme, et mobile à volonté. L'aiguille aimantée porte à son centre une pointe d'acier très-fine qui, passant par le trou de l'entonnoir, repose par sa pointe sur l'agate et permet à l'aiguille de pivoter sans aucun frottement. Lorsque l'agate est piquée au point de contact, on change ce point, soit en poussant un peu d'un côté ou de l'autre l'agate dans son trou, soit en la retournant sur une autre face....

« Le compas de route est renfermé dans un espace cylindrique appelé *habitacle*, placé sur le pont, devant la roue du gouvernail, sous les yeux du timonier. Il est fermé à sa partie supérieure par une glace transparente ; la nuit, on l'éclaire par une lampe placée au-dessous de la boussole et dont la lumière traverse la glace inférieure de la cuvette. Sur le cylindre intérieur de la cuvette, peint en blanc, on trace une ligne noire dans la direction exacte qui, passant par le milieu du navire, joindrait son avant au centre du compas. Le rhumb de vent qui correspond à cette ligne noire, appelée *ligne de foi*, indique par conséquent la route que fait le navire. Si, par exemple, le timonier doit faire route au nord, la ligne du nord tracée sur la rose des vents doit être continuellement en face de la ligne de foi. Si le navire s'écarte de sa route, la ligne nord du compas restant invariablement dans la même direction, la ligne de foi, tracée sur la cuvette, qui est invariablement liée au navire, s'écartera du nord, et le timonier, ayant toujours les yeux sur le compas, fera mouvoir le gouvernail de manière à ramener le navire en route. »

La boussole est rendue indépendante des mouvements du navire, par un système de suspension usité dans la marine pour les objets qui doivent toujours conserver une position horizontale. Le fer n'entre jamais dans la construction de la boîte qui doit contenir la boussole, parce qu'il exercerait de l'influence sur les mouvements de l'aiguille.

Il n'y a pas d'instrument plus utile au navigateur que la boussole. Les services que cet appareil rend à terre, quoique moins importants, sont cependant assez sérieux pour qu'on les mentionne ici.

Les ouvriers employés dans les mines profondes n'ont souvent que la boussole pour se guider au milieu des galeries qui rayonnent de tous côtés, et c'est encore la boussole qu'on a consultée pour tracer ces galeries dans une direction donnée. Les voyageurs qui se hasardent dans des contrées inconnues ou dans de vastes forêts, ne manquent guère de se pourvoir de l'aiguille aimantée. Mieux que le fil d'Ariane, elle leur indique la route qu'ils ont à suivre, pourvu toutefois qu'ils sachent si le point où ils veulent se rendre est au nord ou au sud, à l'est ou à l'ouest de celui d'où ils sont partis.

L'aimant ne jouit pas seul des propriétés attractives dont nous avons parlé : l'ambre, la résine, le verre, le soufre, les pierres précieuses, attirent les corps légers et sont aussi des aimants, dont l'étude a donné naissance à une science riche en phénomènes et connue sous le nom d'électricité. Nous nous en occuperons plus tard ; nous devons d'abord achever ce qui concerne l'extraction et l'emploi des divers métaux.

Le cuivre paraît avoir été travaillé par les anciens, même avant le fer. Il est aussi dur et presque aussi tenace. On ne le trouve que rarement à l'état natif ; et avant de l'amener à celui où nous le voyons, il faut faire subir aux minerais qui le contiennent un traitement très-compliqué. Ce n'est qu'après trois fusions successives qu'on obtient la rosette ou cuivre rouge, qui sert à fabriquer des ustensiles de cuisine, des chaudières, des plaques pour la gravure ou pour le doublage des vaisseaux, etc.

Ce métal s'oxyde à l'air, pour peu que cet air soit chargé d'humidité. L'oxyde de cuivre, qui se nomme vert-de-gris, est très-vénéneux ; aussi doit-on faire étamer, c'est-à-dire recouvrir d'étain, les vases qui servent dans les ménages, et ne pas craindre de renouveler cette opération dès que l'étamage commence à s'user. On fait ordinairement les sirops et les confitures dans des bassines ou des chaudières non étamées ; il faut les nettoyer parfaitement avec du sable ou des cendres avant de s'en servir, et n'y jamais laisser refroidir ce qu'on y a fait cuire.

Le plomb est un métal très-commun, qu'on ne rencontre guère à l'état natif, mais qu'on trouve le plus souvent uni au soufre. Dans ce dernier cas, le minerai, qui prend le nom de galène, contient toujours un peu d'argent. Le plomb est très-mou, très-fusible et très-malléable. On en fait des tuyaux de conduite, des réservoirs, des balles de fusil, des plombs de chasse, etc.

Les balles se fondent dans un moule à deux branches, assemblées comme celles des mouchettes, et portant chacune un creux arrondi. Le plomb fondu est versé dans ce double creux ; on rapproche les branches du moule, et l'on coupe le métal qui s'en échappe, afin que la balle soit bien ronde.

Pour le plomb de chasse, on verse le métal en fusion dans des boîtes ou passoires de tôle dont les trous sont plus ou moins larges, suivant la grosseur qu'on veut donner aux plombs. Le métal fondu passe à travers ces trous et va tomber dans un bassin plein d'eau, placé à plusieurs mètres au-dessous. Avant d'y arriver, il se divise en gouttelettes que l'eau refroidit promptement. Un peu d'arsenic ajouté au plomb imprime à ces gouttelettes une forme plus régulière.

Le plomb chauffé au contact de l'air donne un produit qu'on appelle massicot. Subitement refroidi, il fournit la litharge qu'on emploie dans la peinture et dans la pharmacie. Le massicot fortement chauffé prend le nom de minium. Il est employé dans la fabrication des papiers peints, de la cire à cacheter ; il sert à préserver de la rouille le fer et la fonte ; joint au verre, il forme le cristal, qu'il rend fusible, brillant, lourd et sonore.

La céruse, ou carbonate de plomb, est une substance blanche, fort employée dans la peinture, où cependant on commence à la remplacer par le blanc de zinc, ou oxyde de zinc, qui ne compromet pas, comme la céruse, la santé des ouvriers.

Le plomb et tous ses composés sont vénéneux, même à faible dose ; ils occasionnent la terrible maladie appelée colique de plomb ; aussi ne faut-il pas se servir de vases de plomb pour la cuisine, ni de ces alliages de plomb, d'étain, d'antimoine, auxquels on donne le nom de métal d'Alger, métal du prince Robert, etc.

L'acétate de plomb, appelé sel de Saturne, est employé en médecine, mais étendu d'eau, et seulement pour l'usage externe. Saturne est le nom sous lequel les alchimistes désignaient le plomb, parce qu'ils le regardaient comme le père de tous les métaux. Ils lui attribuaient la propriété de dévorer ses enfants, la pierre philosophale leur paraissant devoir être produite par ce métal, plutôt que par aucun autre.

Le plomb additionné d'antimoine sert à la fabrication des caractères d'imprimerie. On le regarde à tort comme le plus lourd des métaux ; il ne vient, sous ce rapport, qu'après le mercure, l'or et le platine.

L'étain est le plus léger des métaux d'un usage ordinaire. Il est mou, très-malléable, mais peu ductile. On ne le trouve qu'à l'état d'oxyde ou combiné avec du soufre, de l'arsenic et d'autres matières, dont on le débarrasse par plusieurs fusions. Il sert à confectionner un grand nombre d'ustensiles, à recouvrir la tôle et le cuivre, et surtout à étamer les glaces, opération qui donne au verre la propriété de renvoyer l'image des objets.

L'étain ne se trouve en France que par maigres filons ; presque tout celui qu'on emploie en Europe vient du comté de Cornouailles, en Angleterre.

Les anciens ne connaissaient pas le zinc pur ; mais ils en faisaient avec le cuivre l'alliage qui porte encore aujourd'hui le nom de laiton. Paracelse est le premier savant qui ait décrit ce métal. Le zinc d'ailleurs n'est beaucoup employé que depuis 1828 ou 1830, parce qu'on n'avait pu trouver, avant cette époque, le moyen de le travailler convenablement.

Le zinc est plus dur que le plomb et l'étain ; mais il est plus cassant, et l'on ne peut le réduire en feuilles ou l'étirer en fils qu'en le maintenant à une température plus élevée que celle de l'eau bouillante. Mais si on le chauffe trop, il devient si fragile, qu'on peut le réduire en poudre sous le marteau. Il est moins fusible que le plomb et l'étain ; et si l'on active fortement le feu lorsqu'il est en fusion, il se réduit en vapeurs, qui, en se refroidissant, deviennent liquides, puis solides, et donnent un zinc qui se travaille mieux que le zinc ordinaire.

Quand le zinc est fortement chauffé au contact de l'air, il brûle avec une belle flamme blanche dont on tire parti dans les feux d'artifice, et il produit des flocons blancs très-légers, qu'on appelait autrefois laine des philosophes. Ce sont ces flocons qui, depuis quelque temps, remplacent avec avantage la céruse ou blanc de plomb, dans la peinture en bâtiments. Une grande usine pour la production du blanc de zinc s'est établie à Asnières.

Le zinc est d'un blanc bleuâtre, quand il est neuf ; à l'air humide ou dans l'eau, il se couvre promptement d'une couche verdâtre ; mais cet oxyde, loin de le ronger, comme la rouille ronge le fer, le préserve de toute altération. Les toitures de zinc se conservent indéfiniment, pourvu qu'on les attache avec des clous de même métal ; car autour des clous en fer qu'on y emploierait, un large trou ne tarderait point à se former.

On se sert du zinc pour couvrir les maisons et pour faire des tuyaux, des gouttières, des vases de toutes sortes ; mais il faut éviter de se servir de ces vases pour chauffer de l'eau ou pour contenir des acides ; car le zinc décompose l'eau par l'action de la chaleur, et les acides, même très-faibles, attaquent le zinc et forment des sels véneux.

Le zinc sert à fabriquer par le moulage un grand nombre d'objets d'ornement, des vases, des candélabres, des sujets de pendule, qui, recouverts de laiton par les procédés galvanoplastiques, prennent l'apparence du bronze et peuvent être livrés à bas prix.

Le bronze n'est pas un métal particulier, mais un alliage de cuivre et d'étain, auquel on ajoute aussi du zinc. Le bronze, plus fusible que le cuivre, devient malléable quand il est trempé, c'est-à-dire fortement chauffé et plongé dans l'eau froide. On s'en sert pour couler des statues, des cloches, des canons, des médailles, des timbres de pendule, des objets d'art de toutes sortes.

Le laiton est un alliage de cuivre et de zinc, qu'on emploie à la fabrication des épingles, des instruments de musique et de la fausse bijouterie d'or.

Les proportions du cuivre, de l'étain et du zinc qui entrent dans ces alliages, dépendent de l'usage auquel ils sont destinés.

Le platine est le plus lourd et le plus inaltérable des métaux. Il est très-rare, très-difficile à travailler ; aussi coûte-t-il plus cher que l'or ; mais comme il a peu d'éclat, on l'emploie plutôt à faire des pièces d'horlogerie fine que des bijoux. Le feu de forge ne suffit pas pour le mettre en fusion, et cette qualité le fait préférer aux autres métaux pour les creusets, les alambics, les pointes de paratonnerre, etc.

Le platine fut découvert en 1735 par don Juan d'Ulloa, qui lui donna ce nom à cause de sa ressemblance avec l'argent, appelé en espagnol plata.

L'argent est cependant d'un plus beau blanc que le platine. C'est un métal brillant, si malléable, qu'on peut le réduire en feuilles que le moindre souffle enlève; si ductile, qu'il se laisse étirer en fils d'une finesse prodigieuse; mais il manque de dureté, et l'on est obligé pour le travailler d'y ajouter une certaine quantité de cuivre.

L'argent se trouve soit à l'état natif, soit combiné avec du plomb, du soufre, de l'arsenic, etc. Dans ce dernier cas, on broie le minerai, on l'expose à un feu ardent qui fond le soufre, change le plomb en litharge et laisse tomber l'argent dans le fond du creuset. On se sert aussi du mercure pour séparer l'argent des matières étrangères; le mercure, qui est liquide, forme avec l'argent une pâte ou un amalgame dont il se dégage ensuite par l'action de la chaleur.

Le Mexique, le Pérou, le Chili, les Etats-Unis, la Colombie, possèdent les plus riches mines d'argent que nous connaissions. Celles de la Bohême, de la Saxe, de la Norwége, de la Hongrie, de la Russie, ne sont pas non plus sans importance. L'argent se trouve aussi dissous en certaine quantité dans l'eau de la mer.

L'argent est employé à la fabrication des monnaies, de l'orfévrerie de table et d'église, et d'un grand nombre de bijoux qui se vendent ainsi ou que l'on recouvre d'une couche d'or.

Une quantité très-considérable d'argent pur sert à l'argenture des couverts et des autres pièces qui sortent des ateliers de galvanoplastie.

Les sels d'argent sont très-sensibles à l'action de la lumière; on utilise l'iodure et le chlorure pour obtenir les épreuves photographiques.

Le nitrate ou azotate d'argent, qu'on désigne vulgairement sous le nom de pierre infernale, lorsqu'il est coulé en petits bâtons de la grosseur d'une plume, est employé par les chirurgiens pour cautériser les plaies et détruire les chairs. Les médecins l'administrent en dissolution dans l'eau distillée pour combattre de graves maladies. Enfin, le nitrate est la base des préparations à l'aide desquelles les cheveux blancs deviennent noirs. Les cheveux sont autant de petits tubes qui contiennent une cértaine proportion de soufre, que le sel d'argent noircit promptement.

L'or se trouve dans toutes les parties du monde, soit pur, soit à l'état de minerai, c'est-à-dire combiné avec d'autres substances, dont la principale est l'argent. Il y a des cours d'eau qui charrient des paillettes d'or et des sables qui le contiennent en cristaux, dont les plus gros portent le nom de pépites.

La Sibérie possède dans les monts Ourals et Altaï des mines d'or, qu'on trouvait riches avant la découverte des gisements de la Californie et de l'Australie. Le Mexique, le Brésil, le Pérou et le Chili passaient aussi pour être bien partagés, quoique la production de l'or y ait beaucoup diminué depuis la conquête de ces pays par les Européens.

Les mines de la Californie ont été découvertes en 1846 par un mécanicien chargé d'établir une scierie dans la vallée du Sacramento, pour le compte d'un capitaine de la garde suisse de Charles X, nommé M. Sutter. Après la révolution de 1830, cet officier quitta la France pour l'Amérique, et, après avoir résidé dans plusieurs provinces, vint se fixer en Californie. Dans la scierie hydraulique qu'il avait créée, l'eau amoncela près de la roue une grande quantité de sable que le mécanicien voulut faire enlever ; mais, avant de donner des ordres en conséquence, il remarqua dans ce sable une grande quantité de paillettes d'or. Il en informa M. Sutter, et tous deux se promirent de garder là-dessus le secret le plus rigoureux ; mais il transpira bientôt, malgré leurs précautions, et la soif de l'or attira une multitude d'aventuriers de toutes les nations dans la vallée du Sacramento et dans les pays environnants.

On en retira de l'or, dans l'espace de trois ans, pour 750 millions de francs ; et pendant les premiers mois, sans autres ustensiles que leurs chapeaux ou de simples écuelles dont ils se servaient pour laver le sable, les chercheurs d'or en recueillaient chacun pour plus de 2,000 fr. par jour.

Les gisements aurifères de l'Australie ont commencé d'être exploités en 1851 ; quoiqu'ils n'aient pas donné d'aussi fabuleux résultats que ceux de la Californie, ils ont produit pourtant 160 millions en 1852.

Le principal instrument en usage pour l'extraction de l'or qui se trouve dans les sables, est une espèce de berceau de bois, de deux mètres de long, placé sur une bascule et recouvert d'une grille inclinée garnie de drap sur laquelle on lave le sable. L'eau s'écoule par le fond du berceau, le sable est entraîné au dehors, et l'or, plus lourd que le sable, reste sur le drap. D'autres machines plus perfectionnées servent à extraire l'or renfermé dans les roches quartzeuses, à les broyer, à combiner l'or avec le mercure et à l'en débarrasser ensuite.

On nomme orpailleurs les gens qui recherchent les paillettes d'or charriées par nos fleuves ou nos rivières. C'est un pauvre métier, qui donne à peine à ceux qui l'exercent de quoi ne pas mourir de faim.

L'or est très-lourd, très-malléable, très-ductile, et beaucoup plus inaltérable que tous les autres métaux, à l'exception du platine. On peut le réduire en fils plus fins et en feuilles plus minces encore que l'argent. Toutes ces qualités, jointes à son éclat et à sa belle couleur, l'ont fait regarder, même dans les temps les plus reculés, comme le plus précieux des métaux. L'or pur a besoin, comme l'argent, de l'addition d'une petite quantité de cuivre pour être travaillé. Les proportions de cet alliage sont déterminées par la loi et donnent lieu à des vérifications, dont le résultat est indiqué par un poinçon que le gouvernement fait apposer sur les objets d'or et d'argent, dans les bureaux de la garantie. La vente de pièces non revêtues de ce poinçon, qui varie suivant le titre de l'or ou de l'argent, constitue un délit prévu par la loi dans l'intérêt du public, qui ne peut se rendre compte par lui-même de la quantité de cuivre mêlée à l'or et à l'argent.

L'essai des matières d'or et d'argent est fait par des moyens chimiques dans les bureaux de la garantie et chez les orfévres qui veulent en prendre le temps ; mais le plus souvent ceux-ci se contentent d'éprouver les métaux par la pierre de touche. On donne ce nom à un morceau de basalte assez dur pour entamer légèrement l'or, l'argent et le cuivre. En frottant ces divers métaux sur la pierre de touche, on obtient une trace rougeâtre pour l'or et le cuivre, bleuâtre pour l'argent. A côté de cette ligne, on en forme une autre à l'aide d'une aiguille de même métal, appelée touchau, dont le titre est connu. On mouille ces traces avec un peu d'eau-forte ou acide azotique, on les compare l'une à l'autre ; et si elles sont semblables, on en conclut que les deux objets sont au même titre.

Souvent aussi, pour abréger l'essai, on ne se sert pas du touchau. On soumet seulement la trace du bijou sur la pierre de touche à l'action de l'eau-forte ; plus il contient d'alliage, plus la trace s'efface ; et s'il n'a que l'apparence de l'or et de l'argent, elle disparaît bientôt tout à fait.

L'or étant une matière très-précieuse, on l'applique en couche mince sur différents métaux. Le procédé le plus usité est maintenant la dorure galvanoplastique.

Dès la plus haute antiquité, on s'est servi de monnaies d'or et d'argent pour faciliter les transactions commerciales. Avant la création des monnaies, le commerce consistait dans l'échange des produits agricoles ; mais cet échange était souvent difficile. Les Egyptiens furent, dit-on, les premiers qui indiquèrent la valeur des pièces de monnaie sur ces pièces mêmes. L'idée d'y graver l'effigie des souverains est beaucoup moins ancienne.

Les monnaies actuelles sont en or, en argent ou en bronze ; mais les procédés de fabrication sont les mêmes. Les lingots d'or ou d'argent pur sont mis en fusion et reçoivent un dixième de cuivre. Cet alliage est essayé, puis porté au laminoir, qui le réduit en feuilles de l'épaisseur indiquée selon la valeur des différentes pièces. Les feuilles, d'abord taillées en bandes, sont ensuite découpées en forme de disques appelés *flans,* à l'aide d'un emporte-pièce mis en mouvement par une machine à vapeur.

Les flans sont pesés dans des balances de précision ; on lime ou l'on rogne ceux qui sont trop lourds ; on met de côté, pour les refondre, ceux qui sont trop légers. Tous ceux qui ont le poids légal sont placés entre deux coins d'acier sous une presse mue par la vapeur. Le métal prend en relief la fidèle empreinte des dessins gravés en creux sur les coins, et les reçoit en même temps sur ses deux faces et sur son pourtour. Les monnaies sont pesées et essayées encore une fois avant d'être mises en circulation.

Le franc, qui est notre unité monétaire, est une pièce d'argent qui pèse cinq grammes et qui renferme un dixième d'alliage. La valeur des autres pièces d'argent est calculée d'après celle-là. Les pièces d'or sont de 5, 10, 20, 50 et 100 fr.

La Belgique, l'Italie, la Suisse, la Grèce et Rome, ayant adopté notre système monétaire, les monnaies de ces divers États circulent en France ; et si plus tard les autres puissances suivent cet exemple, les transactions commerciales en deviendront plus faciles.

XVI.

L'industrie commerciale ou le commerce met en circulation les produits de l'industrie agricole et manufacturière, soit à l'intérieur des empires, soit entre les nations d'un même continent, soit au delà des mers. La création des bateaux à vapeur et des chemins de fer, en rendant les communications beaucoup plus promptes, a donné un grand essor au commerce.

Denis Papin est le premier qui ait essayé d'appliquer à la navigation la force de la vapeur.

De tout temps, les hommes qui, sur de frêles bâtiments, se risquaient au milieu des mers, ont dû reconnaître l'insuffisance des voiles et désirer qu'il fût possible de trouver quelque puissance capable de résister aux vents contraires et de triompher du calme, souvent plus funeste que la tempête.

Salomon de Caus avait émis l'opinion que la vapeur, dont il n'avait cependant pas apprécié toute la puissance, pourrait mettre en mouvement les voitures et les vaisseaux. Papin, après avoir donné la description de l'appareil qu'il venait d'inventer, écrivait : « Je ne puis m'empêcher de remarquer combien cette force serait préférable à celle des galériens pour aller vite en mer. » On employait alors les forçats à ramer sur les galères du roi ; de là leur est venu le nom de galériens qu'on leur donne encore quelquefois. C'était un triste spectacle que celui de ces malheureux enchaînés à leur banc, et c'était aussi, il faut en convenir, une société peu agréable pour l'équipage et pour les passagers.

Papin ne s'en tint pas à proposer cette réforme ; il installa sa machine à bord d'un bateau, après avoir remplacé les rames ordinaires par des rames tournantes, et il parvint, comme nous l'avons dit, à faire marcher ce bateau. Mais on peut croire que, quand même la jalousie des mariniers du Wéser n'aurait pas détruit cette machine construite avec tant de peine, elle n'aurait jamais donné des résultats bien sérieux. Elle était encore trop imparfaite ; ce qui n'empêche pas Denis Papin d'avoir ouvert la route dans laquelle devait marcher glorieusement l'Américain Robert Fulton.

Les Anglais ont voulu faire honneur de ce premier essai à Jonathan Hull, leur compatriote, qui proposait en 1737, c'est-à-dire trente ans après Papin, d'appliquer à la navigation la machine de Newcomen. Chacun pensait dès lors que l'agent propulseur longtemps souhaité ne pouvait être que la vapeur, force nouvelle qui n'avait pas encore donné la mesure de sa puissance. Pour animer les savants à la recherche de la manière dont on l'emploierait, l'Académie des sciences mit au concours, en 1753, cette question pleine d'intérêt : « Quels sont les meilleurs moyens pour suppléer à l'action du vent dans la navigation ? »

Un grand nombre de mémoires furent envoyés ; plusieurs étaient très-remarquables, entre autres celui de l'abbé Gaultier, qui s'était déjà rendu célèbre par la création d'une excellente méthode d'enseignement ; mais la machine lourde et volumineuse qu'il voulait installer sur les vaisseaux était trop imparfaite pour qu'on pût en espérer un bon service. Un autre mémoire, destiné à prouver par de sévères calculs l'impossibilité de réaliser le progrès demandé, tant que cette machine, qui n'était autre que celle de Newcomen, n'aurait point été perfectionnée, obtint le prix.

Quand James Watt eut réalisé les améliorations dont on sentait si bien la nécessité, et qu'une de ces machines fut amenée à Chaillot par Constantin Périer, les savants qui la virent fonctionner commencèrent à penser qu'elle pourrait enfin être appliquée à la navigation ; mais personne ne s'en préoccupa plus sérieusement que le marquis de Jouffroy.

Claude de Jouffroy avait été obligé de se retirer en province, à la suite d'une querelle qu'il avait eue avec un officier supérieur de son régiment. L'inaction lui pesait fort ; mais il eut la sagesse de recourir à l'étude pour chasser l'ennui ; et il s'en trouva si bien, qu'il eût volontiers renoncé pour toujours à l'épée en faveur de la science. Il se tenait au courant des progrès accomplis à l'étranger aussi bien qu'en France ; en lisant la description de la machine de Watt, il en fut émerveillé ; et quand il apprit qu'il pouvait la voir fonctionner à Chaillot, il quitta sa retraite, sans trop s'inquiéter de ce qu'il en adviendrait. Des amis puissants qu'il avait laissés à Paris s'employèrent pour lui et obtinrent qu'il pût librement étudier cet ingénieux appareil.

Jouffroy devint un des admirateurs les plus assidus de la pompe à feu ; il en étudia toutes les parties en connaisseur, il en examina le jeu, et il conclut que, telle qu'elle était, elle pouvait être employée à bord des vaisseaux. Plusieurs savants distingués se rangèrent à son avis, et une souscription fut ouverte pour subvenir aux frais de construction et d'installation. Mais Constantin Périer, dont la réputation comme ingénieur était mieux établie que celle du marquis, proposa un autre projet, qui fut accepté. Périer fit donc des expériences; elles ne réussirent pas, et la navigation à la vapeur fut encore une fois ajournée.

Cependant Jouffroy ne désespérait pas du succès. Rentré à Baume-les-Dames, petite ville de la Franche-Comté, il y fit construire un bateau, sur lequel il plaça une machine de Watt, à simple effet, dont il avait donné le dessin et surveillé l'exécution chez le chaudronnier de la localité. Il y adapta, pour servir de rames, deux paires de palettes inventées par l'abbé Génevois en 1759, et qui ressemblaient aux pieds palmés des oiseaux aquatiques.

Le bateau marcha, mais avec une lenteur qui décida le gentilhomme constructeur à remplacer les rames palmipèdes par des roues à aubes, et sa première machine par une autre à deux cylindres, dans lesquels la vapeur arrivait alternativement. Un nouveau bateau, beaucoup plus grand que l'autre, fut construit à Lyon et lancé sur la Saône, qu'il remonta pendant un quart d'heure sans aucun secours étranger.

L'essai avait réussi. C'était tout ce que demandait M. de Jouffroy, dont l'intention était d'établir un service de bateaux à vapeur sur la Saône. Réduit à ses seules ressources, il ne pouvait se charger d'une si grande entreprise; mais il trouva parmi les curieux, témoins de cette expérience, des capitalistes qui lui offrirent l'argent nécessaire à l'établissement de ce service, pourvu qu'il obtînt du gouvernement un privilége de trente années. Il s'adressa donc au ministre, qui chargea une commission nommée par l'Académie des sciences d'examiner cette demande. La commission fit son rapport, et le ministre promit quinze années de privilége, pourvu que M. de Jouffroy fît remonter sur la Seine, au moyen de la pompe à feu, un bateau chargé de trois cent mille livres et que l'espace parcouru fût de plusieurs lieues.

L'expérience exigée ne pouvait être faite sans de grandes dépenses, et le marquis n'était pas assez riche pour se les imposer. Il renonça donc à ses espérances, sans recueillir autre chose, pour fruit de ses travaux, que les railleries des envieux et le surnom de Jouffroy la Pompe, qu'il garda jusqu'à la Révolution. Comme la plupart des nobles, il quitta sa patrie; mais, quoiqu'il n'eût rien pour vivre à l'étranger, il refusa constamment de porter son invention en Angleterre, où elle eût sans doute été mieux accueillie qu'en France.

Pendant les années qui suivirent la chute du trône, on ne s'occupa guère, chez nous, de la solution du problème auquel on s'était intéressé sous la monarchie; et quoique la tranquillité de l'Angleterre n'eût point été sérieusement troublée par de si grands événements, on n'y fit que des expériences isolées et suivies.de peu de succès.

L'Amérique, longtemps agitée par la guerre de l'indépendance, respirait enfin, libre, forte, et jalouse de joindre à la gloire des armes les pacifiques lauriers de l'industrie.

« Tout était à créer, dit M. Arthur Mangin, dans l'immense pays qui constituait son domaine. J'entends tout ce qui est du ressort de l'activité humaine; car, pour ce qui est des richesses naturelles, jamais la Providence ne s'en était montrée plus prodigue envers aucun peuple. Les voies de communication, par exemple, ne manquaient point : c'étaient des fleuves larges et rapides qui traversent les forêts et les prairies, tournent ou franchissent les montagnes, et vont enfin verser dans l'Océan, par de larges embouchures, leurs ondes impétueuses. Mais, sur ces fleuves, les transports d'hommes et de marchandises n'étaient possibles que dans une seule direction : de l'intérieur des terres au bord de la mer. Car ni voiles ni rames ne suffisaient pour lutter contre le courant, et le halage était également impraticable sur des rives escarpées, hérissées de forêts et de rochers. Il était donc de la plus haute importance pour ce peuple essentiellement travailleur, remuant et trafiquant, de découvrir, ou tout au moins de s'approprier une force capable de ramener à leur point de départ les bateaux qui avaient une fois descendu les fleuves. Aussi M. L. Figuier a-t-il pu dire avec raison que « la vapeur eût-elle été inutile au reste du globe, « il aurait fallu l'inventer tout exprès pour ces vastes contrées (1). »

Deux Américains, John Ficht et James Rumsay, tentèrent les premiers de nombreux essais pour faciliter, à l'aide de la machine de Watt, la navigation sur les grands fleuves de leur pays. Ils firent preuve d'une rare persévérance; mais, après dix ans de travaux, exécutés tant en Amérique qu'en Angleterre et en France, ils ne se trouvèrent ni l'un ni l'autre beaucoup plus avancés que le premier jour.

Trois ingénieurs écossais, Patrick Miller, James Taylor et William Smington, ne furent pas plus heureux.

Robert Fulton, qui devait enfin résoudre cette difficile question, étudiait alors la peinture à Philadelphie; car sa vocation pour la science mécanique ne s'était pas encore révélée.

Robert Fulton appartenait à une famille irlandaise qui s'était réfugiée en Amérique, pour ne pas mourir de faim dans sa patrie. Elle s'était établie dans le comté de Lancastre, en Pensylvanie, à Little-Britain, où celui dont le nom devait être un jour si célèbre naquit en 1765. Sa mère, restée veuve lorsqu'il avait à peine trois ans, l'envoya à l'école du village pour qu'il apprît à lire et à écrire, puis elle le mit en apprentissage chez un bijoutier. Robert travaillait consciencieusement pour son patron; mais il n'aimait pas son métier, et il employait ses loisirs à dessiner et à peindre. Il acquit une certaine habileté dans le portrait; et dès qu'il put espérer de vivre de ses pinceaux, il quitta la bijouterie.

Il avait réellement du talent; il gagna en quelques années de quoi acheter une petite ferme, dont il fit cadeau à sa mère, et, n'ayant plus à songer qu'à lui, il résolut de passer en Angleterre, pour se perfectionner dans son art.

Benjamin West jouissait à Londres d'une certaine réputation dans

---

(1) *Les Merveilles de l'Industrie.*

la peinture. Robert, qui était son compatriote et qui avait pour lui des lettres de recommandation, en fut très-bien accueilli. West l'engagea à voir Londres avant de se mettre au travail, et le jeune homme profita largement de ce conseil. Il visita les arsenaux, les magasins, les usines, et ne put assez admirer la machine à vapeur que Watt avait perfectionnée.

Quand il voulut revenir à ses pinceaux, il fut tout surpris de ne plus trouver de charme dans cet art pour lequel il s'était passionné ; ses yeux se fixaient sur les modèles que West lui donnait à imiter, mais sa pensée était ailleurs. Il rechercha la société des mécaniciens, des ingénieurs, et il se lia avec Jean Rumsay, qui depuis quelque temps continuait à Londres les expériences commencées en Amérique sur la navigation par la vapeur.

Rumsay ne parlait pas d'autre chose ; il mit son jeune compatriote au courant des essais tentés par le marquis de Jouffroy et par ceux qui s'étaient, après lui, livrés à l'étude de cette grande question. Fulton ne se lassait pas de l'écouter. Rumsay ne voulait ni les rames palmipèdes ni les roues à aubes du gentilhomme français ; et quoique Robert, dont la vocation commençait à se révéler, l'engageât à s'arrêter à ce dernier système, il en créa un autre, en adaptant au-dessous de son bateau de longues perches, à l'aide desquelles il prétendait le faire marcher. Il échoua complétement. Fulton, plus que jamais persuadé qu'on ne pouvait mieux faire que de revenir aux roues à aubes, écrivit dans ce sens à lord Stanhope, qui se préoccupait aussi de la solution du problème à l'ordre du jour. Robert offrait en même temps ses services au noble lord ; mais celui-ci ne crut pas devoir les accepter.

Fulton, ne disposant pas des moyens d'expérimenter le sytème qu'il jugeait le meilleur, s'occupa d'autres travaux. Il soumit au gouvernement anglais le projet d'un nouveau mode de canalisation. Ne voyant pas ce projet accueilli comme il l'espérait, il vint en France pour le proposer au Directoire. Le Directoire avait autre chose à faire que de creuser des canaux. Fulton le vit et tourna ses études vers la guerre, qui était alors l'unique préoccupation des esprits. Il inventa une machine pour conduire sous les vaisseaux ennemis une bombe qui, éclatant dans l'eau, devait les faire sauter.

Une commission fut nommée pour examiner cette machine que Fulton appelait la torpille ; mais quoiqu'elle répondît à ce qu'on en attendait, elle ne valut à son auteur que de stériles compliments.

L'ingénieur américain avait été assez heureux de recourir à ses pinceaux pour vivre à Paris, pendant qu'on délibérait sur ses inventions. Il exécuta une suite de tableaux destinés au panorama que Joël Barlow, Américain comme lui, voulait établir. Il y travaillait encore lorsque le Directoire céda la place au Consulat. Ce changement de gouvernement lui rendit toutes ses espérances. Il proposa sa torpille au premier consul ; mais les expériences faites à Brest et au Havre, par l'ordre de Bonaparte, n'ayant réussi qu'à demi, il ne fut point donné suite à la demande de Fulton.

Découragé par cet échec, il se disposait à quitter la France. Le chancelier Livingston, ambassadeur des Etats-Unis, l'y retint, l'engagea à reprendre ses recherches sur la navigation par la vapeur, et lui fournit les fonds nécessaires à la construction d'un bateau d'essai.

Le bateau auquel on travaillait dans l'île des Cygnes, où les frères Périer avaient établi leurs premiers ateliers, attirait une foule de curieux par son apparence bizarre. « Il était armé de deux grandes roues posées sur un essieu, comme pour un chariot, et derrière ces roues était une espèce de grand poêle avec un tuyau, que l'on disait être une petite pompe à feu destinée à mouvoir les roues et le bateau (1). » Fulton en surveillait avec soin la construction ; cependant, malgré ses calculs, sur l'exactitude desquels il croyait pouvoir compter, la machine s'étant trouvée trop lourde pour le bateau, le fit

---

(1) *Recueil polytechnique des Ponts et Chaussées.*

couler à fond. On attribua d'abord ce naufrage à la jalousie de quelques ennemis du progrès; mais on en reconnut ensuite la véritable cause.

C'était jouer de malheur. Cependant Fulton, presque sûr alors du succès, n'abandonna pas l'entreprise; il fit repêcher la machine et la replaça sur un autre bateau plus grand et plus solide.

Enfin, le 9 août 1803, jour choisi pour l'épreuve décisive, « à six heures du soir, Fulton, aidé seulement de trois personnes, mit en mouvement son bateau, et deux autres attachés derrière; et pendant une heure et demie, il procura aux curieux le spectacle étrange d'un bateau mu par des roues comme un chariot, ces roues armées de volants ou rames plates, mues elles-mêmes par une pompe à feu.

« En le suivant le long du quai, sa vitesse contre le courant de la Seine nous parut égale à celle d'un piéton pressé, c'est-à-dire de deux mille quatre cents toises (douze cents mètres) par heure; en descendant, elle fut bien plus considérable. Il monta et descendit quatre fois, depuis les Bonshommes jusque vers la pompe de Chaillot; il manœuvra à droite et à gauche avec facilité, s'établit à l'ancre, repartit et passa devant l'école de natation.

« L'un des batelets vint prendre au quai plusieurs savants et commissaires de l'Institut, parmi lesquels étaient les citoyens Bossut, Carnot, Volney, Prony, etc. Sans doute ils feront un rapport qui donnera à cette découverte tout l'éclat qu'elle mérite; car ce mécanisme appliqué à nos rivières de Seine, de Loire et de Rhône, aurait les conséquences les plus avantageuses pour notre navigation intérieure. Les trains de bateaux qui emploient quatre mois à venir de Nantes à Paris, arriveraient exactement en dix à quinze jours. L'auteur de cette brillante invention est M. Fulton, Américain et célèbre ingénieur. »

Malgré ce résultat, Fulton ne put obtenir que son projet de navigation par la vapeur fût soumis à l'examen de l'Académie des sciences. Napoléon, sans doute prévenu contre lui, ne vit point quel serait l'avenir de cette invention. Il est vrai que Fulton lui-même ne le prévoyait pas; car son but, ainsi qu'il le dit formellement, n'avait été que de rendre la navigation possible sur les fleuves de l'Amérique; et quant à l'usage qu'on en pouvait faire en France, il espérait tout au plus que les passagers, désireux de gagner du temps, le préféreraient aux coches tirés par les chevaux de halage.

Livingston, voyant que la découverte à laquelle il avait contribué avait peu de chance de faire fortune en Europe, adressa aux Etats-Unis le compte rendu de l'expérience du 9 août; il l'accompagna d'un exposé des avantages que ce nouveau mode de navigation devait offrir sur les fleuves de son pays, et conclut en demandant pour lui et pour Fulton, son associé, un privilége de vingt années. Il l'obtint, à la condition de présenter, dans le délai de deux ans, un navire à vapeur pouvant remonter l'Hudson avec une vitesse de quatre milles au moins.

Fulton, ayant reçu cette bonne nouvelle, commanda aussitôt à la maison anglaise Watt et Boulton la machine dont il avait besoin, et bientôt il put aller lui-même à Soho en surveiller l'exécution; car les Anglais, inquiets des rapports qui leur étaient faits concernant les désastres occasionnés par la torpille, se montrèrent disposés à faire l'acquisition de ce redoutable engin de guerre.

Il renouvela donc en Angleterre les expériences qu'il avait faites en France; mais le gouvernement de la Grande-Bretagne ayant exigé qu'il prît l'engagement de ne jamais se servir de la torpille contre les navires anglais, il répondit fièrement qu'il en userait contre tous les ennemis de sa patrie, à quelque nation qu'ils pussent appartenir, et les offres brillantes qu'on lui fit ne purent ébranler sa résolution.

Peu de temps après, Fulton s'embarqua pour New-York, où son associé Livingston l'attendait. Ils firent construire un bateau de dimensions considérables, qu'ils nommèrent le *Claremont*, mais que la foule des ignorants et des envieux ne désigna d'abord que sous le nom de la

Folie-Fulton. Les deux associés ne prirent point garde aux railleries dont ils étaient l'objet; ils poursuivirent courageusement leur œuvre, et l'expérience qu'ils firent le 10 août 1807, en présence d'une immense multitude, fut pour eux l'occasion d'un triomphe éclatant.

Le *Claremont* ayant remonté l'Hudson avec une rapidité beaucoup plus grande que celle qu'ils avaient pris l'engagement de lui donner, le privilége leur fut définitivement accordé. Ils annoncèrent, après avoir introduit quelques modifications dans les dispositions du bateau et de la machine, qu'un service régulier se ferait entre New-York et Albany. On ne les railla plus; mais la confiance ne s'improvise pas, et Fulton n'eut à conduire ni passagers ni marchandises dans son premier voyage de New-York à Albany.

On raconte qu'au moment de redescendre le fleuve, l'illustre ingénieur, occupé à écrire dans sa cabine, y vit arriver un inconnu qui, après s'être assuré qu'il retournait à New-York, déposa sur la table 6 dollars pour prix de son passage. Fulton les prit et parut les examiner avec attention. Le voyageur crut s'être trompé; mais Fulton lui dit, en essuyant une larme :

« Pardonnez-moi cette émotion, monsieur. Je songeais que voici le premier argent que m'aient rapporté mes longs travaux. Je voudrais pouvoir, en reconnaissance, partager avec vous une bouteille de vin ; mais je suis trop pauvre pour en avoir à ma disposition. »

Cependant les préventions se dissipèrent ; on n'hésita plus à prendre passage sur le bateau à vapeur ; bientôt quatre nouveaux steamers fendirent les eaux de l'Hudson, et plusieurs compagnies achetèrent aux deux associés le droit d'établir des bâtiments à vapeur sur d'autres fleuves. Fulton, devenu riche, conçut le projet d'appliquer son système à la marine militaire, et fut chargé de construire pour la défense du port de New-York une frégate à vapeur, armée de trente canons, de faux et de balistes que la machine devait mettre en mouvement.

Fulton mettait à ce grand travail toute son intelligence; mais il n'eut pas la joie de le voir achevé.

Au retour d'un voyage qu'il avait entrepris pour sauvegarder ses droits et ceux de son associé, il fut retenu pendant plusieurs jours au milieu de l'Hudson, dont les eaux avaient gelé subitement; et quand il put reprendre sa marche, son avocat, qui s'était embarqué avec lui, tomba dans le fleuve. Fulton s'y jeta aussitôt et parvint à le sauver; mais, en arrivant à New-York, il tomba gravement malade. On l'eût guéri pourtant, si le désir de voir où en étaient les travaux de sa frégate ne l'eût amené tout frissonnant de fièvre sur les quais couverts d'un brouillard glacial. Bientôt une pluie fine et pénétrante commença à tomber. Fulton y resta exposé toute la journée. Il rentra le soir, se mit au lit et n'en sortit plus.

Sa mort, arrivée le 24 février 1815, fut vivement sentie par ses compatriotes. Elle fit éclater de toutes parts des témoignages de respect, d'admiration, qu'il eût été bien heureux de recevoir pendant sa vie; et ces sentiments, loin de s'affaiblir avec le temps, prirent plus d'extension quand on put apprécier les immenses résultats de la navigation des grands fleuves aux Etats-Unis. Jusque-là le défaut de communications faciles avait laissé de vastes espaces déserts et incultes; on les défricha, on y bâtit des villes, et les Américains purent dire avec raison que personne n'avait fait plus que Robert Fulton pour la prospérité de son pays.

Du vivant même de cet homme si justement célèbre, un Ecossais, Henri Bell, avait construit sur la Clyde un bateau à vapeur destiné à faire un service régulier entre Glascow et Greenock. En 1817, deux steamers établirent une prompte communication entre l'Irlande et l'Angleterre, à travers le canal Saint-Georges. Ce premier pas fait, on s'occupa activement à construire chez nos voisins des bâtiments à vapeur, qui bientôt se risquèrent sur les flots de l'Océan.

Nous étions alors en retard. Un essai tenté par le marquis de Jouffroy, réntré en France en même temps que les Bourbons, avait réussi; mais on aimait peu ce genre de navigation, et les actionnaires de la compagnie Jouffroy se ruinèrent en quelques années. Une autre société n'eut pas plus de chance, et il fallut encore longtemps pour que la belle découverte de Fulton fût adoptée en France.

En 1826, le ministre de la marine chargea M. Hubert, directeur des constructions navales à Rochefort, d'aller en Angleterre pour y acheter une machine à vapeur de la force de cent soixante chevaux. Cette machine, une des plus puissantes qu'on eût encore fabriquées, fut placée à bord du *Sphinx*, qui devint le type des machines de la marine militaire.

Les premiers steamers avaient été construits pour la navigation fluviale; on les avait ensuite fait servir aux transports entre des contrées séparées par un bras de mer; puis on s'était enhardi à aller plus loin, mais sans s'éloigner des côtes. Enfin, on résolut d'appliquer la navigation par la vapeur aux voyages de long cours.

Cette idée nouvellement émise souleva une foule d'objections et donna lieu à des discussions sans nombre entre ses partisans et ses adversaires. Ceux-ci prétendaient qu'il y avait folie à vouloir remplacer l'action toute gratuite du vent sur les voiles par une machine qui coûtait fort cher et qui dévorait une énorme quantité de combustible, dont il fallait encombrer le bâtiment, au préjudice des armateurs. Les autres disaient qu'il valait autant remplir la cale de charbon que de la remplir de lest; que si la construction de la machine et son entretien étaient onéreux, elle donnait au navire le moyen de lutter contre les vents, de braver leurs caprices, d'abréger les lenteurs, et par conséquent de diminuer les hasards de la traversée.

L'expérience seule pouvait décider entre ces deux opinions, qui paraissaient également raisonnables. Il se trouva des hommes assez hardis pour la tenter. Les premiers voyages au long cours entrepris par des navires mixtes, c'est-à-dire sur lesquels l'action de la vapeur pouvait se combiner avec celle du vent, ne s'effectuèrent pas aussi rapidement qu'on l'espérait; les hommes hostiles aux nouveaux procédés crurent avoir gain de cause; mais des armateurs éclairés attribuèrent ce résultat négatif à l'imperfection des bâtiments employés.

On construisit à Bristol un steamer gigantesque, muni de deux machines très-puissantes et de quatre mâts portant une bonne voilure. Le *Great-Western* (Grand-Occidental) fut terminé au mois de mars 1838, et l'on annonça son prochain départ pour New-York. Une autre compagnie, ne voulant pas rester en arrière, décida que le même voyage serait entrepris par le *Sirius*, qui n'avait jusque-là fait le service qu'entre l'Angleterre et l'Irlande.

Le *Sirius* partit trois jours avant son rival, et ne le précéda que de quelques heures dans le port de New-York, où l'arrivée de ces deux navires européens, mus par le système de l'immortel Fulton, excita un indescriptible enthousiasme. Le *Great-Western* avait accompli la traversée en quinze jours, et le *Sirius* en dix-huit jours. Le retour en Europe s'effectua tout aussi rapidement, et la question fut résolue.

L'Angleterre et l'Amérique rivalisèrent d'ardeur à profiter de cette expérience; et ces deux nations, chez lesquelles l'esprit du commerce est très-développé, comptèrent au bout de peu d'années un grand nombre de bateaux à vapeur.

On ne tarda pas toutefois à reconnaître que le mode de propulsion des steamers destinés aux voyages de long cours présentait des inconvénients graves.

Les roues à aubes ou à palettes, préférées par Fulton à tout autre système, étaient ce qu'on pouvait imaginer de mieux pour la navigation fluviale; mais on n'eut pas à s'en louer en pleine mer. Elles marchaient bien par un temps calme; mais quand la mer était grosse, on remarqua, sans pouvoir y remédier, que le vaisseau, incliné sur un de ses flancs par le roulis, avait presque toujours une de ses roues hors de l'eau, et que l'autre restait seule pour le service du bâtiment, dont la marche était alors sensiblement ralentie. On se plaignit aussi de ce que, dans les passes resserrées, les bâtiments devenaient difficiles à manœuvrer, l'installation des roues obligeant à leur donner une largeur inusitée.

Ces inconvénients parurent encore plus graves quand on voulut appliquer aux navires de guerre le système de Fulton. En effet, pour mettre un bâtiment hors de combat, il suffit de briser une de ses roues ; et rien n'est plus facile à l'artillerie ennemie, puisqu'elles font saillie sur les flancs du navire et ne peuvent être qu'imparfaitement protégées.

Les Anglais s'en aperçurent les premiers. Quant aux Américains, leur compatriote Fulton avait inventé tout ce qu'il leur fallait. Ils ont soif de conquêtes, mais seulement des conquêtes pacifiques de l'industrie ; ce qu'ils veulent avant tout, c'est la prospérité de leur commerce ; aussi songèrent-ils plutôt à construire des paquebots à vapeur que des navires de guerre. Leur activité fut telle, qu'on eût dit que la baguette des fées, frappant les ondes de leurs fleuves, en faisait sortir ces innombrables bâtiments.

Aujourd'hui encore l'Amérique l'emporte sur toutes les nations du globe par la quantité prodigieuse de ces navires, aussi bien que par leur grandeur et leur beauté. Il n'est pas rare d'en voir dont la machine représente une force de six cents chevaux, et qui, très-remarquables par l'élégance de leur structure, ne le sont pas moins par le luxe de leur intérieur. Tout y est disposé pour l'agrément des passagers ; ils y trouvent une bibliothèque, des salons de musique et de conversation, où les dorures, les glaces, les tentures de soie et de velours sont prodiguées.

Ces bâtiments sont encore mus par des roues à aubes, et le seront sans doute longtemps ; car il serait difficile de trouver un moyen plus rapide de naviguer sur les grands fleuves du_nouveau monde. Mais dans les navires au long cours et surtout dans les vaisseaux de guerre, les roues sont généralement remplacées par un autre agent qu'on nomme hélice.

Ce fut encore un Français qui inventa ou plutôt qui remit au jour ce nouvel agent propulseur.

Pendant que Fulton surveillait, dans l'île des Cygnes, la construction du bateau qui devait manœuvrer sur la Seine, le 9 août 1803, un autre ingénieur, Charles Dallery, avait aussi sur le chantier un bateau d'essai dans lequel la vapeur agissait sur un arbre tournant, garni de feuilles de cuivre un peu bombées, et formant l'escargot ou le pas de vis.

Ce pas de vis, inventé par Archimède, est ce que nous appelons l'hélice, moyen propulseur par excellence des bâtiments destinés à la navigation maritime.

Pourquoi donc ce moyen ne fut-il pas aussitôt adopté? Parce que le bateau sur lequel il devait être essayé ne fut jamais terminé. Charles Dallery lui-même porta le premier coup de hache à son œuvre, et ceux qui l'avaient aidé à la construire achevèrent de la mettre en pièces.

Mais, direz-vous peut-être, il reconnaissait donc qu'il s'était trompé, et il ne voulait pas qu'on pût rire de son erreur? Non; il était sûr, au contraire, que ce bateau marcherait à merveille; mais il avait dépensé, pour l'amener à ce point, jusqu'à sa dernière obole; il devait même quelque chose à ses ouvriers; et personne ne lui venant en aide, il leur donna pour salaire les matériaux qu'ils avaient employés.

Charles Dallery avait alors cinquante ans. A cet âge, on n'espère plus guère. Après avoir vainement sollicité du gouvernement la faible somme nécessaire à l'achèvement de son bateau, il renonça pour toujours à des travaux qui ne lui avaient donné que de beaux rêves, suivis d'amères déceptions.

Né à Amiens en 1754, Charles Dallery, doué de rares dispositions pour la mécanique, s'y exerça d'abord dans l'atelier de son père, qui était facteur d'orgues. Il connut promptement à fond la structure de ces instruments; il étudia celle de la harpe, qu'il perfectionna et mit à la mode, en ajoutant des demi-tons à la gamme. Mais ce ne fut pas lui qui en recueillit l'honneur ni le profit; ce fut un fabricant de Paris, auquel il avait donné son secret.

Rentré dans sa ville natale, il s'occupa de modifier la construction des orgues. Mais les récits qu'il entendait faire des merveilles de la vapeur tournèrent ses idées d'un autre côté. Il consulta les savants, il lut les livres qui traitaient des découvertes scientifiques, et il construisit, pour le service de son atelier, une machine à vapeur à haute pression.

Il avait reçu pour la cathédrale d'Amiens la commande d'un orgue magnifique, quand la Révolution, en fermant les églises, l'obligea de renoncer à sa profession.

Il se rendit à Paris, où il sollicita du nouveau gouvernement l'autorisation d'établir des moulins mus par la vapeur. Il l'obtint aussitôt avec la promesse d'une subvention considérable; mais il attendit en vain cette subvention, sans laquelle il ne pouvait mener à bien son entreprise. Il avait, dans son enfance, fait des horloges qui marchaient avec une grande précision; il demanda à ce talent des moyens d'existence, jusqu'à ce qu'il pût trouver quelque chose de mieux à faire.

D'horloger, il devint apprêteur d'or, et il amassa par ce travail une petite fortune, qu'il eût facilement augmentée, mais qu'il sacrifia tout entière à la construction du bateau dont nous avons dit la triste destinée.

Guéri pour toujours de la fièvre des inventions, Dallery reprit son métier d'apprêteur d'or, et l'exerça paisiblement jusqu'à ce que l'âge vint lui ordonner le repos.

Neuf ans après sa mort, arrivée en 1835, son gendre adressa à l'Académie des sciences un mémoire tendant à obtenir que Charles

Dallery fût reconnu comme l'inventeur de l'hélice appliquée à la navigation par la vapeur. Une commission nommée pour examiner les droits de Dallery déclara que ce titre lui appartenait.

Un jugement semblable, rendu en 1840, décernait solennellement au marquis de Jouffroy la gloire d'avoir le premier appliqué la vapeur à la navigation. C'était trop tard : le gentilhomme avait, huit ans auparavant, terminé sa carrière à l'hôtel des Invalides, où, ruiné par ses savantes expériences, il s'était fait recevoir pour échapper aux étreintes de la misère.

Le bateau d'essai de Charles Dallery avait deux hélices ; mais cet agent propulseur, encore incomplet et mal installé, n'aurait sans doute pas réalisé les espérances de l'inventeur. Il fallait pour le perfectionner une longue suite de travaux ; il fallait en outre, nous sommes bien forcés de l'avouer, que le projet conçu par Dallery, et perfectionné par plusieurs ingénieurs français, passât le détroit et nous revînt d'Angleterre, comme un grand nombre d'utiles inventions.

L'hélice était encore au rang des applications impossibles, quand un capitaine du génie, M. Delisle, après en avoir sérieusement étudié les avantages, proposa au gouvernement de remplacer les roues à aubes par l'hélice. Sa proposition était accompagnée d'un très-remarquable mémoire, auquel on n'accorda pas la considération qu'il méritait.

Un constructeur de Boulogne, Frédéric Sauvage, reprit l'idée du capitaine Delisle, l'étudia, la simplifia, et fit l'essai de l'hélice, telle qu'elle est aujourd'hui. Par malheur, il n'était pas assez riche pour subvenir aux dépenses qu'exigeaient ses expériences ; il fit des dettes qui le conduisirent en prison. Pendant sa captivité, un ingénieur anglais, M. Smith, appliqua son système à une chaloupe dont la marche très-satisfaisante attira l'attention des armateurs et du conseil de l'amirauté. Déjà M. Ericsson avait mis à exécution les projets du capitaine Delisle; plusieurs bâtiments furent construits et reçurent pour appareils propulseurs des variétés d'hélices, modifiées par divers ingénieurs, d'après les systèmes de Delisle et de Sauvage.

La préférence fut donnée au dernier, à la suite de nombreuses expériences. Mais Frédéric Sauvage ne jouit pas de ce succès. De la maison d'arrêt de Boulogne où il était enfermé, il avait vu entrer dans le port un bâtiment anglais auquel l'hélice simple avait été adaptée par M. Smith, et le chagrin de voir son idée exploitée par un étranger avait subitement dérangé le cerveau du malheureux prisonnier. Il vécut encore jusqu'en 1857. Il ne recouvra point la raison, et tout ce que put faire la tardive justice du gouvernement fut d'adoucir sa réclusion par de bons soins, et de l'entourer de tout le bien-être compatible avec sa triste position.

L'application de l'hélice aux navires à vapeur, les perfectionnements apportés ensuite à sa construction et à son installation à bord, ont résolu le grand problème de la navigation mixte, et ont fait adopter cet agent propulseur par la marine militaire de toutes les puissances. Dans la navigation mixte, les bâtiments sont munis d'une hélice que la vapeur fait tourner rapidement au sein de l'eau, où elle produit l'effet des rames; ils conservent en outre leur voilure, qui les aide à marcher quand le vent est favorable, et dont l'action ne peut être contrariée par celle de l'hélice, qu'on a trouvé le moyen de supprimer quand elle est inutile ou nuisible.

L'hélice est placée au-dessous de la ligne de flottaison, c'est-à-dire hors de l'atteinte des projectiles; elle est complétement submergée et ne tourne jamais à vide comme le font les roues à aubes, quand le roulis incline le navire sur un de ses flancs; elle laisse libre l'espace occupé par les roues et les tambours qui les protègent, espace réservé aux batteries dans les vaisseaux de guerre; enfin, si, par quelque événement imprévu, l'hélice était mise hors de service, le bâtiment, pourvu de mâts et de voiles, pourrait continuer sa marche.

Tant d'avantages réunis ont fait préférer l'hélice aux roues à aubes pour la navigation maritime et surtout pour la marine militaire ; mais les roues à aubes sont encore aujourd'hui le meilleur propulseur des bateaux à vapeur qui font le service des fleuves et des rivières, parce qu'elles ont sur l'hélice l'avantage de la rapidité, quand elles n'ont à braver ni roulis, ni tangage, ni coups de mer, ni coups de canon.

Les roues à aubes sont ordinairement mises en mouvement par la machine à condenseur, à peu près telle que nous l'a donnée James Watt. Quelquefois cependant le cylindre est horizontal, au lieu d'être vertical, comme dans la machine de Watt. Dans les navires à hélice, cette machine n'est pas employée, parce qu'elle ne fournirait pas au propulseur une assez grande vitesse. On a recours à un système qui agit directement sur l'hélice et la fait mouvoir sous les flots avec une incroyable rapidité.

C'est en 1843 seulement que sortit des chantiers du Havre notre premier navire à hélice. Depuis cette époque, l'emploi du nouvel agent propulseur s'est répandu partout. Presque partout on y ajoute des voiles, et la préférence accordée à la navigation mixte pour la guerre et les transports rapides se justifie tous les jours. « Mais, dit M. Vimont, pour les longs voyages et le transport des marchandises, la voile lutte encore, non-seulement par le bon marché, mais pour la rapidité. Une noble émulation s'est emparée des constructeurs ; les Américains surtout construisent depuis quelques années des *clippers* d'une marche tout à fait supérieure et qui soutiennent la concurrence avec les vapeurs pour certaines traversées, pendant lesquelles les vents sont ordinairement favorables. »

Le plus beau clipper qui se soit jamais balancé sur les ondes, *le Great-Republic*, œuvre d'un simple ouvrier américain, Donald Mac-Kay, périt par le feu dans la rade de New-York, où il était en chargement. Une maison brûlait sur le port ; le vent en détacha quelques étincelles et les porta dans les flancs du navire, d'où s'élancèrent bientôt des gerbes de flammes. Tous les secours demeurèrent inutiles, et le feu ne s'arrêta qu'à la ligne de flottaison. Sur cette partie demeurée intacte, on rebâtit un autre navire, moins beau que le premier, mais encore magnifique et surtout fin voilier.

La crainte du feu, cet ennemi terrible qui consume si souvent les vaisseaux au milieu des mers, fit substituer le fer au bois dans la charpente des navires. L'Angleterre donna l'exemple, et fut promptement imitée dans cette heureuse innovation.

Mais ni en France ni en Amérique on n'a construit jusqu'à présent un bâtiment qui puisse être comparé à celui dont les Anglais ont changé le nom symbolique de *Léviathan* contre celui de *Grand-Oriental* (Great-Eastern). Toutefois, c'est un ingénieur d'origine française, M. Brunel, qui en a dirigé les travaux.

Ce gigantesque vaisseau, destiné à transporter en Australie les milliers d'émigrants que la soif de l'or y attire depuis qu'on y a découvert des mines, est deux fois plus grand que les plus grands navires qui l'ont précédé. Il est muni de huit machines à vapeur, destinées par moitié à faire mouvoir une hélice et des roues à aubes ; et il a, outre ces deux sortes d'agents propulseurs, sept mâts qui peuvent porter de six à sept mille mètres carrés de voilure.

L'arbre des roues de ce colosse pesait, à l'état brut, trente-quatre mille kilogrammes. Il a été travaillé sur un tour gigantesque, qu'on faisait mouvoir avec une extrême lenteur pour ne pas échauffer cette masse de fer, de laquelle on détachait en une heure de travail des éclats pesant cinquante kilogrammes. Deux autres arbres avaient été forgés avant celui-là ; mais au moment de les employer, on y avait reconnu des défauts et on les avait rejetés.

Il n'entre pas un morceau de bois dans toute la coque du navire : les murailles, les cloisons, les ponts sont formés de doubles plaques de très-fortes tôle assemblées par d'autres plaques entrecroisées. Ces doubles plaques, entre lesquelles il existe un vide, n'ont entre elles

aucune communication; ce qui offre l'avantage d'étancher promptement les voies d'eau qui pourraient s'y déclarer. La carcasse de ce
bâtiment joint la légèreté à la solidité, et il est divisé en compartiments
disposés de telle sorte, que, s'il venait à être brisé par un choc qu'il
faudrait terrible, ses parties, quoique disloquées, flotteraient comme
si chacune d'elles formait un bâtiment particulier.

On comprend que le service de ce géant ne peut être fait uniquement
par des hommes; il en faudrait tant, qu'il ne resterait plus de place
pour les passagers ni pour les marchandises, et son but de spéculation
serait manqué. Il a, pour suppléer au nombre relativement petit de ses
matelots, nombre qui varie de trois cent cinquante à quatre cents,
plusieurs machines chargées de l'alimentation des chaudières, de la
manœuvre des pompes et de celle du cabestan.

Cette énorme puissance, ces dimensions colossales sont nécessaires
pour le long trajet que doit accomplir le *Great-Eastern*, puisque la distance entre l'Angleterre et l'Australie est de plus de mille lieues
(quatre mille kilomètres.)

Jusqu'à présent la force motrice employée à la navigation, soit par
le système des roues à aubes, soit par celui de l'hélice, est la vapeur
de l'eau bouillante. Plusieurs essais ont eu lieu dans le but de substituer une autre puissance à celle-là; mais ces essais n'ont pas réussi.

Un Suédois, M. Ericsson, résolut d'abandonner la vapeur pour l'air
atmosphérique. L'idée n'était pas tout à fait neuve : M. Stirling, ministre protestant, avait proposé, en 1832, d'introduire dans un cylindre
de l'air qu'on chaufferait en le faisant passer à travers plusieurs boîtes
remplies de corps reconnus bons conducteurs du calorique.

Le procédé de M. Ericsson consistait à faire passer l'air entre des
toiles métalliques à tissu serré, fortement chauffées, à le conduire sous
un piston qu'il faisait mouvoir, et à le ramener à travers ces toiles
auxquelles il rendait la chaleur qu'il leur avait empruntée. Il la reprenait en les traversant de nouveau et recommençait à soulever le piston.

Des expériences eurent lieu au Havre ; et quoiqu'elles n'eussent point réussi, l'inventeur ne se rebuta pas. Pendant plusieurs années il s'obstina à faire marcher un navire à l'aide de l'air dilaté ; mais toute sa persévérance ne put triompher des inconvénients de ce nouveau système.

Un autre plus dangereux fut mis au jour par un ingénieur français, M. du Tremblay. Il s'agissait de joindre l'emploi de l'éther à celui de la vapeur d'eau. Cette idée fit grand bruit dans le monde savant ; comme elle réalisait une notable économie, en utilisant tout le calorique dépensé en pure perte par les machines à vapeur généralement en usage, elle fut adoptée par la Compagnie des paquebots de Marseille.

La nouvelle machine, beaucoup moins volumineuse que les anciennes, fonctionna parfaitement et donna une grande vitesse aux bateaux sur lesquels on en fit l'essai ; des traversées longues et difficiles furent ensuite effectuées sans accident, grâce aux précautions prises à bord pour empêcher l'explosion d'une matière aussi inflammable que l'éther. Les matelots ne se servaient que de la lampe de sûreté, entourée du grillage métallique, qui empêche dans les mines l'explosion du feu grisou. On veillait avec un soin continuel sur les provisions d'éther ; car il ne fallait qu'une imprudence pour amener quelque horrible désastre. Malgré la surveillance du capitaine, malgré la docilité des gens de l'équipage qui comprenaient l'absolue nécessité de se conformer aux ordres donnés, un jour, ou plutôt une nuit, l'éther prit feu tout à coup, et en quelques instants le steamer fut envahi par les flammes. Par un bonheur providentiel, il était à l'entrée du port de Bahia. Ses signaux de détresse furent entendus, des barques arrivèrent et recueillirent les passagers qui s'étaient jetés à la mer. Les matelots, après avoir tout fait pour éteindre ce terrible incendie, abandonnèrent à leur tour le bâtiment.

Cette catastrophe décida du sort de l'éther comme force motrice, et le chloroforme, par lequel on voulut le remplacer, fut abandonné, comme extrémement nuisible à ceux qui l'employaient.

Il fallut revenir à la vapeur d'eau. Mais un habile ingénieur anglais, M. Siemens, profitant des essais d'Ericsson, trouva le moyen de combiner la vapeur et l'air chaud, pour arriver à une économie de combustible et à une grande régularité de travail.

On n'a pas toutefois renoncé à détrôner la vapeur par quelque puissance nouvelle ; un progrès réalisé n'est qu'un aiguillon qui presse les savants de marcher à plus grands pas dans la carrière ouverte à leurs études. L'empereur s'est rendu au camp de Châlons, en 1868, par un train dont la locomotive était chauffée au pétrole, et il a paru satisfait de l'expérience. Quel en sera le résultat? C'est le secret de l'avenir.

XVII.

Les premiers essais de l'application de la vapeur à la traction des voitures remontent à l'an 1769 ; ils furent proposé par un officier suisse, nommé Planta, et mis à exécution par Cugnot, ingénieur français. Dix ans auparavant, le docteur Robinson, l'ami intime de James Watt, avait consulté cet homme de génie sur la possibilité d'employer à la locomotion la machine à vapeur. James Watt avait étudié sérieusement cette question, pendant que Robinson s'en occupait de son côté, et tous deux s'étaient accordés à reconnaître que cette application serait impossible tant que des perfectionnements importants n'auraient point été faits à la machine.

Joseph Cugnot, né à Void, en Lorraine, servait alors sous les ordres du maréchal de Saxe. Il inventa un nouveau modèle de mousquet, qui fut accepté ; puis, encouragé par ce succès, il proposa d'employer la vapeur à traîner le matériel de l'artillerie. Il usa des loisirs que lui laissait la paix pour construire un chariot auquel il adapta une chaudière, dont la vapeur se rendait dans deux cylindres munis de pistons qui imprimaient le mouvement à une roue placée à l'avant du chariot. Les deux autres roues ne servaient que de points d'appui au véhicule, qui devait, d'après les calculs de l'inventeur, parcourir une lieue à l'heure. « Mais la capacité de la chaudière n'ayant pas été assez justement proportionnée à celle des pompes, elle ne pouvait marcher de suite que pendant la durée de douze à quinze minutes seulement, et il fallait la laisser reposer à peu près la même durée de temps, afin que la vapeur d'eau reprît sa première force. Le four étant d'ailleurs mal fait, laissait échapper la chaleur ; la chaudière paraissait aussi trop faible pour soutenir dans tous les cas l'effort de la vapeur. »

Malgré ces défauts, signalés par le compte rendu de l'expérience faite en présence du duc de Choiseul, alors ministre, Cugnot eut l'ordre de construire une nouvelle machine qui pût traîner une charge de huit à dix mille livres, sans être obligée de s'arrêter si souvent. La voiture fut achevée ; mais l'exil de M. de Choiseul empêcha qu'on en fît l'essai ; et quand on l'eut fait, aucun bon résultat ne fut obtenu, les procédés dont Cugnot disposait étant beaucoup trop imparfaits.

La découverte de la machine à haute pression, faite en Amérique par Olivier Ewans, rendit seule possible la locomotion par la vapeur. Toutefois, Olivier lui-même, ayant voulu appliquer cette machine à la locomotion par terre, ne réussit qu'à s'attirer des railleries, et l'on vit en vain circuler dans les rues de New-York une voiture à vapeur ; pas une bourse ne s'ouvrit pour permettre à l'inventeur de continuer ses essais.

Il envoya ses dessins en Angleterre, où deux constructeurs, Trewitick et Vivian, mirent en marche une voiture établie d'après son système. Mais on reconnut bientôt que de grands obstacles s'opposaient à ce qu'on en obtint un bon service. D'abord il fallait qu'elle s'arrêtât de temps en temps pour renouveler sa provision d'eau ; puis les roues trouvant une énorme résistance par le frottement qu'elles exerçaient sur le sol inégal des routes, n'avançaient que lentement ; les cahots d'ailleurs compromettaient le jeu de la machine, et la difficulté de la diriger pouvait donner lieu à de graves accidents.

Trewitick et Vivian croyaient donc avoir perdu leurs peines et leur argent, lorsque l'idée leur vint d'utiliser les voitures à vapeur sur les chemins à bandes de fer qui servaient à l'exploitation des houillères.

L'établissement du premier railway (chemin à bandes) date, dit-on, de l'année 1649. Ces bandes furent d'abord des longuerines en chêne ou en sapin, disposées de chaque côté d'un chemin pour recevoir les roues des voitures qui traînaient la houille et permettre aux chevaux d'en conduire une plus grande quantité que sur les routes ordinaires. Il faut un bon cheval pour mener sans trop de fatigue une charge de deux mille kilogrammes, tandis que sur un chemin à rails, il en peut conduire cinq fois autant. Des traverses en bois assujettissaient les longuerines à la distance nécessaire pour recevoir les roues, qui étaient maintenues sur ces poutres par un rebord de leur cercle.

Mais les longuerines s'usaient si promptement, qu'on s'avisa bientôt de les couvrir de bandes de fer destinées à les protéger. En 1738, on substitua au bois des rails de fonte, qui se brisèrent sous le poids des chariots lourdement chargés. Pour éviter ces accidents, l'ingénieur Reynold répartit le chargement sur plusieurs petits chariots accrochés les uns aux autres et mis en mouvement par des chevaux attelés à la première de ces voitures. Les rails de fonte employés alors avaient une saillie qui fit rendre aux roues leur forme plate, et donner aux chemins sur lesquels ils étaient placés le nom de chemins à ornières.

La poussière et la boue trouvant à se caser dans ces ornières exigeaient qu'elles fussent soigneusement entretenues ; on y remédia en remplaçant les rails à bande saillante par de simples barres de fer, sur lesquelles glissèrent des roues à bourrelets. Cette amélioration, introduite par William Sessop, en 1789, sur le chemin de Loughborough, est en usage aujourd'hui sur tous les chemins de fer.

Il fallut dès lors établir deux voies ou deux rangées de bandes, partout où deux voitures marchant en sens inverse devaient se rencontrer, sur un point quelconque du parcours.

En 1804, Trewitick et Vivian proposèrent à quelques propriétaires de mines l'emploi de leur machine à vapeur pour remplacer les chevaux sur les railways. Ils ne craignaient qu'une chose, c'était que, la surface polie des rails n'offrant point de prise à la surface également polie des roues, celles-ci ne vinssent à tourner sur place sans faire avancer la machine. Cette crainte leur conseilla de rendre les roues aussi raboteuses que possible; il y eut même des constructeurs qui les armèrent de griffes. Ce n'était pas le moyen d'obtenir une grande vitesse; mais telle qu'elle était, la locomotive remplaça peu à peu les chevaux dans le service des mines.

Ce fut en 1813 seulement qu'un savant ingénieur, M. Blackett, déclara que le poids de la locomotive pouvait suffire pour la faire adhérer aux rails et empêcher ses roues de tourner sur place. Dès lors on cessa d'opposer des obstacles à la vitesse qu'il s'agissait avant tout d'obtenir; mais la construction de la chaudière ne fournissait pas encore la quantité de vapeur nécessaire à un mouvement régulier et continu.

Le véritable créateur de la locomotive, Georges Stephenson, fit circuler peu de temps après, sur le chemin de fer des mines de Killingwoorth, une machine déjà bien supérieure à celle de Trewitick et Vivian.

Georges Stephenson n'avait été d'abord qu'un humble ouvrier mineur. Son père, employé comme chauffeur dans une houillère, gagnait à peine de quoi vivre; aussi l'enfant chercha-t-il de bonne heure à se rendre utile. Il aimait à descendre dans la mine; pour s'y faire tolérer, il rendait aux ouvriers mille petits services, allait chercher leurs outils, ou courait d'une galerie à l'autre pour faire leurs commissions. Son plus grand plaisir était de voir fonctionner la machine qu'alimentait son père, d'en examiner les diverses parties, de s'en faire expliquer le jeu, et toute son ambition était d'en avoir une à diriger plus tard.

Il eût volontiers passé là ses journées; mais il remontait à heures fixes, pour garder les vaches d'un fermier du voisinage. Pendant qu'elles broutaient paisiblement, Georges, au lieu de s'amuser avec les autres enfants, prenait de la terre glaise, et, toujours poursuivi par l'idée de cette puissante machine qu'il ne se lassait pas d'admirer, il en faisait de petits modèles, très-remarquables par leur exactitude.

Cette vie lui plaisait; cependant il la quitta pour travailler aux champs, dès qu'il en eut la force; mais le bon air, la verdure et le soleil ne lui firent point oublier son ancienne prédilection pour le séjour de la houillère, et ce fut avec bonheur qu'il passa ouvrier sous les ordres de son père.

Il employa les premières économies qu'il fit sur son salaire à acheter des livres. Il avait seize ans et il ne savait pas lire; mais ce qu'on veut, on le peut : à la fin de l'année, non-seulement il savait lire, mais il lisait avec profit de savants traités de mécanique; il en écrivait des extraits et il en vérifiait les calculs.

Ses dispositions se développèrent promptement par l'étude et la réflexion; il comprit ce qu'il n'avait fait qu'admirer. Une machine de Watt s'étant trouvée hors de service, il la démonta pour mieux se rendre compte de sa construction, et il trouva le moyen de la réparer. Le propriétaire de la mine lui accorda une gratification, et, lui ayant reconnu dans d'autres circonstances autant de probité que d'intelligence, l'éleva au rang de contre-maître.

« L'appétit vient en mangeant, » disait Amyot au roi Charles IX, son élève, lorsqu'il lui reprochait de ne point se contenter de ce qui avait d'abord été le but de tous ses désirs. Stephenson en eût pu dire autant : après avoir réparé des machines, il entreprit d'en construire une, non sur un modèle donné, mais d'après ses propres idées. Il en fit le dessin, qu'il soumit à lord Rawenswoorth, et, convaincu du succès, il fit si bien passer cette conviction dans l'esprit de son noble protecteur, qu'il en reçut les sommes nécessaires à la construction de la machine. Elle marcha avec la vitesse d'un bon cheval, en remorquant une charge de quatre-vingts tonnes. Les envieux et les sots se moquèrent de ce résultat; mais l'essentiel était que la locomotive marchât. Stephenson comptait travailler à la perfectionner.

Un homme riche et intelligent, M. Pease, après avoir vu fonctionner la locomotive dans les mines de lord Rawenswoorth, offrit à Stephenson une place d'ingénieur, et s'associa avec lui pour la fabrication de nouvelles machines. Ces propositions ayant été acceptées, Stephenson fut chargé de diriger les travaux d'un chemin de fer, alors en construction, entre Stockton et Darlington.

Il était alors question de l'établissement d'un chemin semblable entre Manchester et Liverpool, les communications établies entre ces deux villes ne suffisant pas à l'activité de leur commerce. On ne pensait point à faire desservir ce chemin par une locomotive, mais par une machine fixe qui remorquerait les wagons au moyen de certains engrenages. Les propriétaires du canal, voyant leurs intérêts menacés par ce projet, le blâmèrent avec tant d'énergie et mirent en jeu tant d'influences, qu'on fut obligé d'y renoncer.

Mais en 1825, le chemin de Darlington étant achevé, Stephenson y fit circuler un convoi de trente-huit wagons, chargés de blé, de charbon, et traînés par une locomotive sortie de ses ateliers. Beaucoup d'ouvriers avaient consenti à prendre place sur ces wagons, qui franchirent l'espace avec une vitesse de douze milles (seize kilomètres) à l'heure.

Cette fois, le succès était décisif. La construction d'un chemin de fer entre Liverpool et Manchester fut agitée de nouveau et bientôt affirmativement résolue. La direction en fut confiée à Stephenson, qui sans doute laissa entrevoir ce qu'il attendait dans l'avenir de la création des chemins de fer. « Il est possible, disait alors un des journaux les plus sérieux de l'Angleterre, qu'un chemin de fer local soit nécessaire ; mais l'idée des chemins de fer universels ne peut être regardée que comme une chose impossible et ridicule. Il est possible que l'image de la force brutale, exagérée dans une machine locomotive, éblouisse pendant un temps ; mais elle tournera certainement à la confusion des entrepreneurs. Y a-t-il quelque chose de plus absurde que de croire qu'on puisse avec une voiture à vapeur voyager deux fois plus vite qu'avec l'extra-poste? Il vaudrait d'ailleurs autant conseiller aux habitants de Wolwich de servir de cible aux essais de canons à la congrève que de se confier à une machine d'une si grande vitesse. Le vieux fleuve Tamise n'a rien à craindre de ce chemin de fer à la Wolwich ; car nous comptons que le Parlement, à chaque concession de chemin de fer, en fixera la plus grande vitesse à douze milles à l'heure. »

Stephenson ne répondait qu'en pressant les travaux du chemin. D'ailleurs, si ses idées étaient l'objet des critiques et des railleries de ses compatriotes, on commençait à les partager en France. La Compagnie des mines de houille de Saint-Etienne et de Rive-de-Gier établit, en 1826, un chemin de fer pour conduire ses charbons jusqu'à Lyon. Elle chargea un habile ingénieur, M. Séguin aîné, d'en diriger les travaux et de s'occuper de la construction d'une locomotive.

M. Séguin en fit acheter une dans les ateliers de Georges Stephenson ; car on ignorait complétement en France l'art de fabriquer ces voitures à vapeur. M. Séguin, tout en rendant justice aux efforts de Stephenson, ne fut pas satisfait de la vitesse de la locomotive. Il reconnut que la quantité de vapeur produite par le genre de chaudière en usage n'était pas assez considérable pour accélérer le mouvement de la machine, et qu'on n'obtiendrait une grande vitesse qu'en augmentant ce qu'on appelait la surface de chauffe.

Charles Dallery avait eu l'idée de faire circuler la flamme autour d'un grand nombre de tubes pleins d'eau qui communiquaient avec le réservoir de la vapeur. M. Séguin reprit cette idée; mais il la transforma, en faisant traverser la chaudière, dans le sens de sa longueur, par des tubes vides, dans lesquels circulait la flamme du foyer.

Il donna à la chaudière la forme d'un cylindre horizontal, fermé aux deux bouts par une plaque percée d'un certain nombre de trous, dans chacun desquels était fixé un tube ouvert aux deux extrémités et recevant du foyer des gaz enflammés qui allaient sortir par l'autre plaque, après avoir échauffé l'eau contenue dans la chaudière, qu'on appela dès lors chaudière tubulaire. Il adapta un ventilateur à la machine, pour activer le tirage de la cheminée, et il prit, en 1829, un brevet d'invention pour la locomotive ainsi modifiée.

Les travaux du chemin de Liverpool à Manchester étant déjà fort avancés, les directeurs de ce chemin offrirent un prix de 12,500 fr. à celui des constructeurs anglais qui présenterait, dans un délai fixé, une locomotive réunissant les conditions de poids, de volume et de vitesse déterminées par le programme.

Georges Stephenson et Robert, son fils, qu'il s'était associé, construisirent, d'après la méthode de M. Séguin, une machine qu'ils nommèrent la *Fusée,* et qui, mise en présence de quatre autres, leur fut jugée bien supérieure. Elle traîna un lourd convoi avec une vitesse de dix-huit kilomètres à l'heure; puis, attelée seulement à une voiture remplie de voyageurs, elle parcourut quarante kilomètres dans le même espace de temps.

La *Fusée* obtint donc le prix, et Robert Stephenson, nommé ingénieur en chef de la Compagnie du chemin de Liverpool à Manchester, fut chargé de la fourniture de toutes les autres machines destinées à ce chemin. Ces machines furent construites sur le modèle de la *Fusée*; mais deux hommes d'un mérite aussi réel que Georges et Robert Stephenson ne pouvaient se borner à copier ce qu'ils avaient fait. Ils introduisirent dans la locomotive des améliorations successives, et en firent ce qu'elle est aujourd'hui.

En admettant la chaudière tubulaire de Marc Séguin, Stephenson n'adopta pas le ventilateur qu'il y avait ajouté. Par une disposition plus ingénieuse, Georges avait trouvé le moyen d'activer considérablement le tirage de la machine. Dans les cheminées ordinaires, c'est la hauteur du tuyau qui produit le tirage ; mais comme les cheminées des locomotives doivent pouvoir passer facilement sous les voûtes, on ne pouvait leur donner qu'une médiocre élévation. Georges Stephenson eut l'heureuse idée de conduire dans la cheminée la vapeur devenue inutile, après le jeu des pistons.

On savait depuis longtemps qu'un jet de vapeur dirigé dans une cheminée l'empêche de fumer, et ce moyen avait été proposé en France en 1818, pour activer la combustion de la houille dans les hauts-fourneaux. Toutefois ce fut Georges Stephenson qui l'appliqua le premier à la locomotive.

« Ce n'est pas sans motif, dit M. Louis Figuier, que l'on rejette ainsi la vapeur sortant des cylindres dans le tuyau de la cheminée de la locomotive. Ce moyen entre pour beaucoup dans la puissance de vaporisation de la chaudière, et, par conséquent, dans la puissance même de la machine. Cette injection continuelle d'un courant de vapeur au bas du tuyau de cheminée a, en effet, pour résultat d'activer extraordinairement le tirage de la cheminée ; ce courant de vapeur entraîne, balaye incessamment devant lui l'air occupant le tuyau de la cheminée ; dès lors, à l'autre extrémité, c'est-à-dire dans le foyer, de nouvelles quantités d'air sont incessamment attirées ou appelées ;

le tirage du foyer prend ainsi une énergie extraordinaire. Le combustible brûle très-rapidement sous l'influence de ce courant d'air sans cesse entretenu, de telle sorte que le tuyau soufflant est une des causes les plus actives de la puissance des machines locomotives. Il aurait été difficile de provoquer un courant d'air convenable pour entretenir la combustion du foyer à travers les cent petits tubes que la fumée doit franchir en s'échappant dans l'air ; l'ingénieux artifice du *tuyau-soufflant* a merveilleusement remédié à cet obstacle (1). »

La chaudière tubulaire de M. Marc Séguin n'était traversée que par vingt-cinq tubes ; les locomotives actuelles en ont cent cinquante au moins ; leur ouverture donne d'une part sur le foyer, qu'on appelle la boîte à feu, de l'autre sur la boîte à fumée, placée à l'autre extrémité de la chaudière et communiquant avec la cheminée.

Ces tubes, qui donnent passage à la flamme du foyer, échauffent très-rapidement l'eau avec laquelle ils se trouvent en contact et lui font produire une grande quantité de vapeur. Pour qu'il n'y ait pas de chaleur perdue, l'eau de la chaudière entoure la boîte à feu, dont les parois sont formées d'une double feuille de tôle.

Au-dessus de la boîte à feu, la chaudière présente l'aspect d'une cloche ou d'un dôme, qu'on appelle réservoir ou dôme de vapeur. C'est de là que la vapeur est conduite par un large tube, qui passe à travers la chaudière, et se divise en deux branches, aboutissant à chacun des cylindres, dans lesquels les pistons se meuvent d'avant en arrière et d'arrière en avant, sous l'effort de cette vapeur. La tige du piston communique, par une bielle ou levier de fer, à un point de la roue éloigné du centre, et la fait tourner comme une manivelle. Les roues motrices seules agissent sous l'impulsion de la machine, les autres ne servent que de support à la locomotive. Plus les roues motrices sont développées, plus elles donnent de vitesse ; aussi remarque-

---

(1) *Les grandes Inventions anciennes et modernes.*

t-on le grand diamètre de celles qui servent aux trains express. Dans les convois à petite vitesse, les roues motrices sont beaucoup plus petites ; dans les convois mixtes, qui traînent des marchandises et transportent des voyageurs, la locomotive a des roues de moyenne grandeur.

La grande vitesse est ordinairement de quarante kilomètres à l'heure ; elle peut aller facilement à cinquante kilomètres et même atteindre à une rapidité effrayante.

La locomotive est munie de plusieurs appareils destinés à prévenir des accidents, toujours assez terribles pour qu'on emploie tous les moyens possibles de les conjurer.

Le premier est la soupape de sûreté, inventée par Denis Papin. Elle s'adapte à toutes les chaudières des machines à vapeur, et consiste en un tampon mobile qui ferme hermétiquement un tube élevé au-dessus de cette chaudière, avec laquelle il est en communication. Le tampon est maintenu à l'aide d'un levier qui porte un poids calculé de manière à résister jusqu'à un certain degré à la pression de la vapeur. Quand la pression excède ce degré, la vapeur soulève la soupape et s'échappe au dehors.

Une seconde soupape doit, en vertu des règlements, être placée sur les chaudières des locomotives et des bateaux à vapeur. Elle est enfermée sous clef dans une boîte à laquelle est seulement pratiquée une ouverture qui donne issue à la vapeur. Cette mesure a été prescrite lorsqu'on s'est aperçu que des mécaniciens, pour obtenir une plus grande vitesse, se permettaient d'ajouter un poids au levier et s'opposaient ainsi au jeu de la soupape de sûreté.

L'explosion de la chaudière munie de ces deux soupapes ne peut donc avoir lieu par la trop grande tension de la vapeur ; mais si l'eau qui doit l'alimenter s'abaisse au point de laisser la chaudière presque vide, ses parois, recevant à sec la chaleur du foyer et pressées d'ailleurs par la vapeur qui se développe à l'intérieur, peuvent se déchirer tout à coup.

On a remédié à cet inconvénient par une pompe alimentaire, qui envoie dans la chaudière une quantité d'eau à peu près égale à celle que la chaleur vaporise ; mais comme le jeu de la pompe pourrait être interrompu par une cause quelconque, un tube de verre est placé à l'extérieur de la chaudière, avec laquelle il communique par sa base ; l'eau entre dans ce tube et s'y maintient au même niveau que dans la chaudière ; ainsi le mécanicien n'a qu'à jeter les yeux sur ce tube pour savoir si le vide ne s'y fait pas trop rapidement.

De crainte que le tube indicateur du niveau de l'eau ne vienne à se briser, un flotteur en bois ou en liége, surmonté d'une tige métallique très-mince, divisée en centimètres et en millimètres, nage à la surface de l'eau. La tige sort à la partie supérieure de la chaudière, et par conséquent s'élève ou s'abaisse selon le plus ou le moins de hauteur de l'eau.

Enfin, comme il pourrait arriver qu'un mécanicien négligent, distrait ou accablé par le sommeil, ne fît attention ni au tube de verre ni à la tige du flotteur, un autre appareil, nommé flotteur d'alarme, a été ajouté à la locomotive. C'est un levier mobile suspendu dans l'intérieur de la chaudière : à l'une de ses extrémités se trouve une boule creuse qui flotte à la surface du liquide ; l'autre extrémité porte un contre-poids qui maintient le levier en équilibre. A ce levier est attaché un tampon qui ferme un tube métallique placé à la partie supérieure de la chaudière et terminé par une ouverture à laquelle un timbre est adapté. Tant que la boule flotte sur l'eau maintenue à une hauteur convenable, le tube reste bouché ; mais si la boule s'abaisse avec le niveau de l'eau, le levier suit ce mouvement et entraîne le tampon. La vapeur s'élance aussitôt par l'ouverture, et, rencontrant le timbre, elle fait entendre un bruit qui réveille le mécanicien et le rappelle à son devoir.

Le tender, qui accompagne toujours la locomotive, est une voiture chargée de l'eau et du combustible nécessaires à l'entretien de la machine. Le combustible occupe le milieu du tender ; il est entouré par la caisse à eau, dont les murailles sont en tôle. L'eau est introduite dans cette boîte par un grand entonnoir percé de trous, qui ne laissent passer ni les petits cailloux ni les autres objets étrangers capables de nuire au jeu des pompes alimentaires.

Le tender porte aussi le frein, autre appareil de sûreté dont la manœuvre ralentit la marche du convoi.

« On ne pourrait songer à arrêter subitement un train sur place, dit encore M. Figuier ; car le choc qui résulterait d'un arrêt instantané serait aussi terrible qu'une chute d'un quatrième étage. On ne peut donc qu'amortir progressivement la rapidité de la marche. Ce résultat est obtenu au moyen du *frein*, qui, sous l'action d'un levier manœuvré par l'employé nommé *garde-frein*, presse des sabots de bois contre le pourtour des roues.... Quand il faut éviter un obstacle, le mécanicien siffle pour donner avis aux garde-freins ; ceux-ci serrent aussitôt l'appareil ; mais, avant de s'arrêter, le convoi parcourt quelquefois encore un kilomètre, tant est grande l'impulsion à laquelle il obéit. »

Le mécanicien est lui-même averti par divers signaux. Nous avons tous vu sortir de leurs guérites des gardiens ou des gardiennes tenant à la main un drapeau. Quand ce drapeau est roulé, la voie est libre ; quand il est déployé, le mécanicien doit en examiner la couleur ; s'il est vert, la marche du convoi doit être ralentie ; s'il est rouge, elle doit être suspendue. Les drapeaux sont remplacés la nuit par des lanternes de couleur. Il y a en outre divers signaux connus des conducteurs de trains : la sonnerie électrique, qui annonce la présence d'un autre convoi, et le télégraphe, qui transmet en un instant la nouvelle de quelque danger.

Malgré toutes ces précautions, il arrive encore de temps en temps,

sur les chemins de fer, des accidents dont les suites sont presque toujours terribles. On en peut quelquefois, il est vrai, accuser la négligence des employés; mais le plus souvent ces accidents ne pouvaient
être ni prévus ni conjurés; car il ne faut que le dérangement d'un rail,
la rupture d'une des pièces de la machine, la rencontre de deux trains,
dont l'un est en avance ou en retard de quelques secondes, pour amener une catastrophe. La vapeur est une force puissante, mais aveugle;
elle obéit à l'homme, mais dans une certaine mesure; trop souvent
elle ressemble à ces animaux féroces qu'on croit avoir domptés et
qui, après avoir longtemps flatté leur maître, finissent par le dévorer.

Les chemins de fer ont rendu et rendent tous les jours de grands
services au commerce et à l'industrie; ils facilitent les rapports entre
les différents peuples; ils contribueront sans doute à éteindre les
haines nationales et à remplacer des rivalités hostiles par une louable
émulation. Quand on les compare aux moyens de communication
dont il fallait se contenter autrefois, on est forcé d'avouer qu'un immense progrès a été réalisé. Cependant il est permis de croire qu'ici
encore la science n'a pas dit son dernier mot.

XVIII.

La plus admirable invention de l'homme est celle qui lui permet de transmettre sa pensée à ceux dont il est séparé ou qui doivent vivre après lui. Grâce à cette invention, les efforts de l'intelligence des anciens, leurs observations, leurs découvertes, sont devenus notre héritage et nous ont aidés à continuer leurs travaux.

L'origine de l'écriture se perd dans la nuit des temps. Les Chinois disent que leur compatriote Tsang-Hi eut le premier l'idée de tracer des caractères empruntés à divers objets; mais ils ajoutent que longtemps auparavant des nœuds faits à des cordes servaient à rappeler le souvenir des événements accomplis.

Les Egyptiens eurent, comme les Chinois, l'écriture hiéroglyphique, composée d'une foule d'images, et perfectionnée ensuite par des abréviations qui permettaient d'écrire plus promptement, mais qui ne rendaient pas la lecture plus facile.

Beaucoup de nos jeunes lecteurs ont pu voir des hiéroglyphes soit dans les musées, soit sur l'obélisque de Luqsor, qui occupe à Paris le centre de la place de la Concorde; ils ne s'étonneront pas d'apprendre que cette écriture et l'art de la déchiffrer étaient le secret des plus savants docteurs. Aujourd'hui encore les Chinois se servent de plus de quarante mille caractères, dont les principaux sont au nombre de deux cent quatorze, tandis qu'avec les vingt-cinq lettres de notre alphabet nous pouvons exprimer toutes nos idées.

Le mot alphabet vient des deux premières lettres du grec, *alpha* et *bêta*; car les Européens accordent au roi grec Cadmus l'honneur d'avoir inventé ces signes si différents des images compliquées des anciens.

> C'est de lui que nous vient cet art ingénieux
> De peindre la parole et de parler aux yeux,
> Et par des traits divers de figures tracées
> Donner de la couleur et du corps aux pensées.

Dans ces vers à la louange de Cadmus, le perfectionnement a été pris pour l'invention; toutefois c'est réellement créer un art que de le simplifier au point de mettre à la portée de tous ce qui n'appartenait qu'à un très-petit nombre de privilégiés. Quelques auteurs pensent que ces lettres sont bien antérieures à Cadmus, et il y en a même qui pensent que ce sont celles dont Moïse se servit pour écrire la Bible. L'usage de la ponctuation est beaucoup plus récent; car son absence complète rend les anciens manuscrits presque inintelligibles.

Les écritures qui remontent le plus haut ont été tracées sur la pierre, la brique, le granit, puis sur les métaux; cependant les Egyptiens connaissaient déjà du temps d'Alexandre le moyen d'utiliser les fibres végétales d'une plante très-commune chez eux, et de les transformer en feuilles souples, lisses et brillantes, qu'ils collaient sur des bandes de toile roulée. Ces rouleaux sur lesquels on traça des caractères prirent le nom de la plante qui les avait fournis, le papyrus, d'où nous avons fait le mot papier.

Le plus beau papyrus était réservé aux prêtres, qui y écrivaient les volontés des dieux. De peur qu'on ne le détournât de cet usage, il était défendu d'en vendre aux étrangers ; mais la défense fut souvent bravée.

Le parchemin, fabriqué à Pergame, dans l'Asie Mineure, avec des peaux de mouton et de veau, fut recherché pour sa solidité ; mais il coûtait cher ; et s'il suffisait aux besoins, c'est qu'alors on écrivait fort peu.

Les premiers papiers chinois furent faits avec de la soie. Les Japonais se servirent de chanvre et de paille de riz. On ignore par qui le secret de cette fabrication fut apporté en Europe. On connaissait, au XIVᵉ siècle, le papier de lin en France ; mais longtemps avant cette époque les Maures d'Espagne fabriquaient du papier de coton. Ce papier manquant de solidité, la préférence fut accordée au papier de lin, et l'idée d'utiliser les chiffons de toile pour cette fabrication en diminua le prix en même temps qu'elle en augmenta la quantité. Les chiffons, hachés, bouillis et fermentés, donnèrent des papiers très-solides et si bien collés, qu'ils avaient presque l'apparence du vélin. On appelait vélin le parchemin doux et blanc fait de peau de veau amincie, qu'on réservait aux manuscrits précieux, c'est-à-dire aux missels et aux livres d'heures des rois et des princes.

Il n'y avait encore que les prêtres, les moines, et un très-petit nombre de savants qui fussent en état d'écrire ; l'occupation principale des religieux, entre les heures consacrées à la prière, était de copier ces manuscrits si rares. C'était encore prier que de reproduire ainsi les saints Evangiles et les chants des prophètes ; ces hommes de

Dieu s'acquittaient de leur tâche avec tant de patience et d'amour, que leurs copies étaient souvent de véritables chefs-d'œuvre.

Au temps de Charlemagne, le célèbre Alcuin fit venir des peintres de Byzance pour orner plusieurs manuscrits destinés à l'empereur et à l'abbaye de Fontevrault. Les religieux s'appliquèrent à imiter ces ornements, et bientôt ils ne se bornèrent plus à les copier. Ils enrichirent leurs manuscrits de peintures dont les scènes de la Bible et de l'*Apocalypse* fournirent les sujets. Ce travail n'était pas irréprochable assurément : on ignorait alors les lois de la perspective et l'art des poses, et la correction du dessin laissait aussi beaucoup à désirer; mais on ne peut trop admirer la richesse et la pureté du coloris, qui a conservé tout son éclat, en venant à nous à travers les siècles.

Beaucoup de ces manuscrits ont été détruits ou perdus; mais on en voit encore dans nos bibliothèques publiques, et plus d'un amateur couvrirait d'or les feuillets de ceux dont l'antiquité est bien attestée; mais il est bon de s'en assurer; car l'industrie moderne est parvenue à les reproduire avec une incomparable perfection.

La rareté des manuscrits, leur prix élevé, les abréviations multipliées des copistes, jaloux de produire beaucoup, étaient autant d'obstacles au désir de s'instruire, désir qui cependant commençait au xv⁰ siècle à germer dans les esprits. Peu de personnes savaient lire ; mais celles-là recherchaient avidement les légendes ou les histoires qu'on imprimait alors au bas des images des saints. On gravait ces histoires sur des planches de bois qu'on enduisait d'encre grasse et sur lesquelles on appuyait fortement le parchemin ou le papier qu'on voulait imprimer. Un livre ayant pour titre la *Bible des Pauvres* fut imprimé tout entier par ce procédé, qui, dit-on, avait été, depuis plus de cent ans, inventé par les Chinois.

La découverte de l'imprimerie en caractères mobiles, découverte qui devait porter partout la lumière, en multipliant les livres à l'infini, fut l'œuvre de Jean Gutenberg, né à Mayence en 1400.

Gutenberg avait quinze ans lorsque, en visitant la ville de Harlem, il apprit que le Hollandais Laurent Coster avait eu l'idée de fondre des caractères en métal destinés à l'impression des légendes. Il comprit tout le parti qu'on pouvait tirer de cette idée, et il résolut dès lors de ne rien épargner pour la perfectionner.

Pendant dix ans il y travailla seul, gravant des caractères et fondant des métaux pour obtenir un alliage convenable au coulage de ces caractères. Il épuisa ses ressources dans de si longues recherches et fut obligé de se choisir des associés, dont les noms sont demeurés historiques : André Dritzehen, Heilmann et Riff. Il les ruina, comme il s'était ruiné lui-même ; mais il n'eut à subir de leur part aucun reproche ; car ils avaient confiance en son génie.

Dritzehen mourut ; Heilmann et Riff le suivirent de près ; et les créanciers de l'association inquiétant Gutenberg, il quitta Strasbourg, où il s'était fixé. Rentré à Mayence, il s'adressa au banquier Fust ou Faust, pour obtenir les fonds nécessaires à de nouveaux essais ; mais Faust n'était pas homme à risquer ainsi son argent : il demanda ce que Gutenberg en voulait faire et réclama une part dans les bénéfices pour lui et pour Pierre Schœffer, son commis, dont il avait résolu de faire son gendre.

Schœffer était très-instruit pour son temps ; il prit à cœur la réussite des projets de Gutenberg, et l'on croit que ce fut lui qui trouva enfin l'alliage de plomb et d'antimoine encore en usage aujourd'hui pour les caractères d'imprimerie.

Jusque-là tout était bien. Mais Faust, voulant garder pour lui et pour son gendre les fruits de cette découverte, se débarrassa de Gutenberg, et s'empara du matériel de l'imprimerie pour se couvrir des avances qu'il avait faites.

Faust enferma ses ouvriers dans des ateliers souterrains, dont les clefs ne le quittaient pas ; il leur fit jurer sur la Bible de ne parler de leurs travaux à qui que ce fût. Ils imprimèrent des livres qu'il vendit

pour des manuscrits ; mais la peste qui l'enleva bientôt mit un terme
à cette fraude, de laquelle il attendait une immense fortune.

Gutenberg, retiré à Strasbourg, y avait créé une nouvelle imprimerie, grâce à la protection de l'évêque, qui, rendant justice à son
mérite, lui offrit, en 1465, une retraite dans son propre palais.
Gutenberg jouit peu de cette noble hospitalité ; car il mourut en
l'année 1468.

Il n'y avait eu jusqu'alors que deux imprimeries, celle de Pierre
Schœffer à Mayence et celle de Gutenberg à Strasbourg ; mais, après la
mort du dernier, ses ouvriers ou plutôt ses enfants, car on les appelait
ainsi, se répandirent en Allemagne, en Suisse et en France.

Ce fut le prieur de la Sorbonne qui appela à Paris Ulrich Géring,
Martin Krantz et Michel Friburger ; il leur donna un local pour établir
leur imprimerie, et il suivit leurs travaux avec une admiration partagée par les princes et les savants.

Les premiers livres furent imprimés en caractères allemands ou
gothiques ; car c'étaient ceux qu'avait gravés Gutenberg. Ce fut seulement en 1500 qu'un imprimeur célèbre, Alde Manuce, se servit de
caractères italiques, qu'on appela lettres aldines. Les imprimeurs
étaient des hommes très-savants ; ils déchiffraient eux-mêmes les
vieux manuscrits, les corrigeaient, les annotaient, et composaient les
autres ouvrages qui sortaient de leurs presses. Les Alde en Italie, les
Estienne en France, les Elzevir en Hollande, sont restés célèbres, et
leurs livres sont encore très-recherchés par les amateurs.

La découverte de l'imprimerie donna un grand essor à la fabrication du papier ; cependant il resta cher jusqu'au moment où l'on s'a-
visa d'imprimer les livres sur du papier sans colle. L'usage s'en répandit, et dès le xviie siècle la fabrication du papier destiné à l'imprimerie était très-florissante en France.

Longtemps encore les travaux des papeteries s'exécutèrent à la
main ; mais en 1799, Louis Robert, employé à la papeterie Didot, à

Essonne, inventa un appareil qui permit de donner au papier une longueur indéfinie. Cet appareil fut perfectionné en Angleterre par l'ingénieur Dunkin, et fonctionna pour la première fois en France en 1811, dans la fabrique de Sorel, près d'Anet.

Aujourd'hui, nous possédons un grand nombre de papeteries mécaniques; elles fournissent les neuf dixièmes du papier employé dans l'imprimerie, dans l'industrie et dans les écoles; mais on se sert encore des anciens procédés pour la fabrication de certains papiers de qualité supérieure, ou dans les petites papeteries.

Dans la fabrication à la cuve ou à la main, les chiffons de toutes sortes sont triés, lessivés, réduits en charpie par des cylindres armés de dents. On les blanchit en y versant du chlorure de chaux, procédé imaginé par notre compatriote Berthollet, puis on les laisse *pourrir*, c'est-à-dire que, pour les débarrasser des matières étrangères, on laisse la fermentation s'établir dans cette masse pendant quinze ou vingt jours. Cet amas infect est ensuite placé dans des cuves et immergé dans l'eau, où l'agitent incessamment quatre ou cinq gros maillets nommés bocards ou pileurs, qui achèvent de réduire les chiffons en pâte. On les fait passer dans une dernière cuve, où ils sont raffinés, c'est-à-dire triturés de nouveau, puis on y ajoute une quantité d'eau plus ou moins grande, selon l'épaisseur qu'on veut donner au papier.

Deux ouvriers, l'ouvreur et le coucheur, font subir à cette bouillie sa dernière transformation. L'ouvreur plonge dans la cuve une *forme* ou châssis de bois, recouvert de fils de laiton très-rapprochés les uns des autres, et sur lequel s'adapte un autre châssis nommé *frisquette*, qui sert à donner à la feuille les dimensions et l'épaisseur qu'elle doit avoir. La pâte pénètre entre la forme et la frisquette; l'ouvreur l'y distribue également par des secousses dont il a l'habitude; puis il passe le tout au coucheur. Celui-ci l'incline un peu pour que l'eau s'égoutte, enlève la frisquette et renverse la forme sur un morceau de drap appelé blanchet. La feuille de papier se détache du moule ; le coucheur rend la forme à l'ouvreur ; il place un second morceau de drap sur le papier, et l'opération recommence.

La forme passe ainsi, tantôt pleine, tantôt vide, entre les mains de ces deux ouvriers, jusqu'à ce qu'il y ait entre les blanchets assez de feuilles pour qu'on les porte à la presse. Le drap ayant pris la plus grande partie de l'humidité, on enlève les feuilles, on les presse encore une fois, on les fait sécher ; on les colle avec de la gélatine, si elles sont destinées à l'écriture ; on en fait des cahiers de vingt-cinq feuilles, qu'on nomme *mains*, et des paquets de vingt mains, qu'on appelle *rames*.

Dans la fabrication mécanique, les chiffons triés, lavés et blanchis, sont divisés par un appareil, puis portés successivement dans deux cuves, où d'autres appareils diviseurs achèvent de les réduire en pâte. On blanchit cette pâte dans un réservoir où l'on amène du chlore gazeux ; on la lave pour la débarrasser du chlore qui s'y attache, puis on la conduit, au moyen d'une pompe, dans un bassin d'où elle passe sur un cylindre tournant, recouvert de flanelle.

La pâte de papier s'attache à la flanelle, qui s'enroule sur plusieurs rouleaux métalliques chauffés à l'intérieur par de la vapeur d'eau. Le papier s'y sèche peu à peu, et, toujours passant d'un rouleau sur l'autre, il arrive à l'extrémité de la machine et s'enroule sur un tambour. Cette feuille sans fin est découpée par des ciseaux mécaniques, mise en rames et livrée au commerce comme le papier fait à la main.

Les papiers sont d'autant plus solides, qu'ils contiennent moins de coton et plus de fil. Le papier gris est fait avec des chiffons de toutes sortes et de toutes couleurs ; le papier de soie, avec de la soie non filée ou des morceaux de soie jetés aux chiffons ; le papier à calquer ou papier végétal, avec du chanvre et du lin écrus et non tissés ; et le papier de Chine, avec la peau intérieure des vers à soie.

Les papiers de couleur se fabriquent absolument comme les autres ;

seulement on ajoute à la pâte du bleu de Prusse, de la garance ou de la gaude, si l'on veut qu'ils soient bleus, rouges ou jaunes; et l'on mélange ces substances colorantes suivant les nuances désirées. Le bleu et le rouge donnent les teintes violettes, le jaune et le bleu donnent les vertes; le jaune et le rouge donnent les brunes.

Les papiers sont maroquinés ou gaufrés par des planches de cuivre placées sous les laminoirs; ils sont marbrés par un mélange de couleurs végétales, broyées avec du fiel de bœuf et déposées dans une eau gommée, à la surface de laquelle on applique les feuilles encore humides.

Les papiers de tapisserie qui recouvrent les murs de nos appartements se font à la mécanique. Ils ont été inventés en Chine ou au Japon, et l'usage ne s'en est répandu en Europe que vers le milieu du XVIe siècle. Avant cette époque, les murailles étaient nues presque partout; car il fallait être bien riche pour se donner les belles tentures de cuir doré et gaufré, connues sous le nom de cuir de Cordoue, et les grandes tapisseries à personnages qu'on voit encore dans quelques vieux châteaux.

Le papier d'imprimerie coûte moins cher que le papier à écrire, parce qu'il n'est pas collé; il s'en consomme une quantité prodigieuse, qui diminuera bientôt, s'il est vrai qu'on ait trouvé le moyen de laver le papier imprimé, quelque sali qu'il soit, et de lui rendre à peu de frais sa blancheur primitive. Les journaux, dont l'intérêt ne dure qu'un moment, retourneraient à l'imprimerie et pourraient se prêter tour à tour aux opinions les plus opposées. Ce serait une notable économie, si l'on songe qu'il y a des journaux qui se tirent à des milliers d'exemplaires.

Maintenant que nous savons comment se fabrique le papier, entrons dans un atelier d'imprimerie.

Voici d'abord des tables inclinées, divisées en un grand nombre de compartiments. Ces tables se nomment casses. Elles renferment les caractères, c'est-à-dire les lettres de l'alphabet, avec les accents qu'elles doivent recevoir, les signes de la ponctuation, les parenthèses, les guillemets, les chiffres, les interlignes et les espaces qui doivent exister entre les mots.

Chaque compositeur, debout devant sa casse, y prend, les unes après les autres, les lettres nécessaires pour former les mots de la copie qu'il a sous les yeux ; il les assemble sur un petit instrument nommé *composteur*, qui consiste en deux règles métalliques fermées par un bout et portant à l'autre extrémité une espèce d'équerre mobile, qu'on peut rapprocher à volonté, et que l'ouvrier fixe quand il a fini la première ligne. La longueur des lignes se nomme *justification*.

Le compositeur place sur la ligne achevée une lame appelée interligne, puis il commence la seconde, et continue jusqu'à ce que le composteur soit rempli. Il prend alors les six ou huit lignes contenues dans cet instrument, et les pose sur une planche à rebords qu'on appelle galée. Les caractères sont plus faciles à manier qu'on ne le croit : un bon compositeur peut en lever dix mille par jour.

Quand la galée a reçu un certain nombre de lignes, le metteur en pages compte ce qu'il en faut pour chaque page, les assemble et en fait autant de paquets que la feuille doit recevoir de pages, 16 pour un in-8°, 24 pour un in-12, 64 pour un in-32. Il les place dans des châssis de fer nommés formes ; et quand ses deux formes sont prêtes, car il en faut une pour chaque côté de la feuille, il les passe à l'imprimeur.

Un ouvrier enduit la forme d'encre, au moyen d'un rouleau élastique ; un autre étend dessus une feuille de papier mouillé, qu'il y maintient par un cadre à jour ; il fait glisser le tout sous une presse à bras, dans les imprimeries qui ne marchent pas encore à la vapeur. La même opération a lieu pour le second côté de la feuille, qui est ensuite séchée et pliée selon le format.

Les premières feuilles imprimées portent le nom d'épreuves ; elles sont soumises aux correcteurs, qui indiquent en marge les fautes commises par les compositeurs. Ces fautes corrigées, les feuilles sont revues par l'auteur, et le tirage se fait.

Le prote a la surveillance de tout le travail ; il forme, avec les correcteurs, les metteurs en pages, les imprimeurs et les compositeurs, le personnel de l'imprimerie.

La presse à vapeur, inventée par l'Américain Nicholson en 1790, et perfectionnée depuis, a laissé bien loin derrière elle la presse à bras ; et c'est avec raison qu'on a dit qu'il y a autant de différence entre le nouveau système d'impression et les procédés inventés par Gutenberg qu'entre ces procédés et le travail des copistes d'autrefois.

Les presses mécaniques fonctionnent aujourd'hui dans beaucoup d'ateliers. On estime qu'à Paris seulement, il sort, chaque année, de ces presses quatre millions de kilogrammes de papier imprimé.

Jusqu'à présent c'est le travail de l'imprimeur, c'est-à-dire le tirage, qui est singulièrement activé par le jeu de la vapeur. On a essayé de construire des compositeurs mécaniques ; mais ces appareils, quoique très-ingénieusement conçus, ne réalisent pas les avantages qu'on en espérait. Cela viendra sans doute ; quand de si étonnants progrès s'accomplissent, celui qui les suit avec attention ne doute pas que l'avenir ne nous en réserve de plus merveilleux encore.

L'action de la presse mécanique commence où finit le travail du metteur en pages : les formes sont placées sur une table à laquelle la vapeur donne un mouvement horizontal de va-et-vient ; elles reçoivent l'encre par un système de rouleaux que la machine fait agir ; d'autres rouleaux amènent la feuille de papier blanc sur les formes, qui vont à sa rencontre ; et quand elle a reçu l'impression d'un côté, elle s'enroule sur d'autres cylindres dont le mouvement la retourne jusqu'à ce qu'elle présente à d'autres formes sa surface restée blanche.

L'introduction de ces machines, loin de diminuer le nombre des ouvriers typographes, n'a fait que l'augmenter ; car il faut beaucoup de compositeurs pour fournir à l'activité de ces presses, à moins que le tirage des mêmes exemplaires ne soit très-considérable; ce qui réduit de beaucoup le prix de revient de chacun.

Pour l'impression des journaux, une rapidité extrême est nécessaire; on est parvenu à obtenir, suivant le prix des presses, de six à douze mille exemplaires en une heure.

Quand le tirage est achevé, on lave les formes, et l'on *distribue* les caractères, c'est-à-dire qu'on les replace dans les compartiments des casses où on les a pris. Si l'on pouvait conserver les formes ainsi préparées, on s'épargnerait les frais de composition et de mise en pages pour une nouvelle édition; mais il faudrait un trop grand nombre de caractères, et l'on a été obligé de renoncer à cette économie. Toutefois, à force d'y songer, on a imaginé un procédé, qu'on nomme *clichage*, qui permet de réimprimer à moins de frais les ouvrages dont la vogue est très-grande.

Pour clicher une forme, on enduit d'un corps gras la surface qu'elle présente, puis on y étend au pinceau deux ou trois couches d'une bouillie de plâtre fin; quand il est bien sec, on l'enlève facilement, le corps gras l'ayant empêché de s'attacher aux caractères, dont il offre en creux la fidèle empreinte. Ce moule est placé dans une boîte métallique percée de trous, qu'on plonge dans une chaudière où se trouve en fusion un alliage de plomb et d'antimoine. L'alliage pénètre dans la boîte et remplit tous les creux du plâtre; on le laisse s'y refroidir, et l'on a une planche en relief exactement semblable à la forme primitivement employée.

Souvent on remplace le plâtre par des feuilles de papier mouillé, qu'on force à s'adapter complétement aux caractères; quand ces feuilles superposées ont la consistance du carton, elles sont enlevées et placées, comme les clichés au plâtre, dans une boîte métallique où l'on introduit l'alliage.

On voit maintenant sortir de nos imprimeries des éditions de luxe comparables, si ce n'est supérieures, à ce que les anciens ont fait de plus beau. Quelques ouvrages sont de véritables objets d'art, non-seulement par l'exécution typographique, mais par les gravures qu'ils contiennent. C'est là un progrès sans doute ; toutefois il y en a un autre qui mérite encore mieux d'être apprécié, parce qu'il profite au plus grand nombre : c'est le bon marché auquel sont cotés les livres classiques, les publications utiles et les ouvrages qui font tant d'heureux aux jours des distributions de prix. Où est le temps où il fallait être roi ou prince pour avoir un livre d'heures?

Nous avons dit qu'en ce temps-là de riches enluminures donnaient encore un plus grand prix aux manuscrits patiemment copiés dans les cloîtres, et nous avons ajouté qu'on est parvenu de nos jours à reproduire ces enluminures avec une rare perfection ; mais cela ne se fait que pour un petit nombre d'ouvrages, tandis que la gravure est pour ainsi dire le complément d'une foule de publications.

XIX.

La gravure, ou l'art de tracer des dessins sur une matière dure, est peut-être celui de tous les arts dont l'origine remonte le plus haut. Les premiers caractères de l'écriture ont été gravés sur la pierre ou sur les métaux ; les Egyptiens traçaient leurs hiéroglyphes sur le granit, et dans ces hiéroglyphes se trouvaient des images d'êtres animés. Cependant la gravure proprement dite, ou l'art de creuser des images sur une matière dure, pour en obtenir la reproduction sur le papier, n'est pas plus ancienne que la découverte de l'imprimerie ; car le premier graveur dont l'histoire ait conservé le nom, Marso Finiguerra, orfévre florentin, se servit, pour le tirage de ses gravures, de la presse à bras récemment inventée par Gutenberg. Disons toutefois qu'il ne réussit qu'après avoir modifié cette presse et l'encre dont les imprimeurs se servaient alors.

Marso Finiguerra obtint les premières estampes en soumettant à la presse à bras une plaque d'argent qu'il avait gravée pour l'église Saint-Jean de Florence. Il trouva des imitateurs, et Marc-Antoine Raimondi se fit une grande réputation dans l'art de la gravure, en reproduisant sur des plaques de cuivre, pour en tirer ensuite des épreuves, les magnifiques tableaux de Raphaël.

Aux planches de cuivre on substitua plus tard les planches d'acier, qui, beaucoup plus dures, donnèrent sans s'altérer un bien plus grand nombre d'épreuves.

La gravure ne fut connue en France que sous le règne de François Ier; elle se perfectionna bientôt, et le xviie siècle eut des graveurs très-célèbres, parmi lesquels il faut citer Jacques Callot, artiste lorrain, à qui Louis XIII confia le soin de graver le siége de la Rochelle et la conquête de l'île de Rhé, mais qui refusa noblement d'employer son talent à éterniser le souvenir de la prise de Nancy, capitale du duché de Lorraine.

La gravure en creux et la gravure en relief forment deux branches distinctes de cet art nouvellement remis en honneur.

La gravure en creux se fait au burin ou à l'eau-forte, sur une planche de cuivre parfaitement polie. Le burin est un petit ciseau d'acier très-fort et très-aigu, dont l'artiste se sert pour creuser tous les traits du dessin qu'il veut reproduire. Ce genre de gravure demande beaucoup de temps. On abrége le travail en recouvrant la plaque de cuivre d'un vernis particulier et en traçant sur ce vernis, beaucoup moins difficile à entamer que le métal, toutes les lignes que le burin y creusait autrefois. On verse ensuite sur la plaque de l'eau-forte qui agit sur toutes les parties mises à nu par le dessin. Le burin ne sert alors qu'à finir la gravure à l'eau-forte.

La gravure en relief se fait sur du bois d'un grain très-fin et très-serré; celui qu'on préfère est le buis; mais on ne coupe pas en longueur les planches qui doivent être employées à ce travail, le bois debout seul offre assez de résistance. On prépare ce bois en le frottant avec du papier saupoudré de céruse, de manière à ce que tous les pores soient bouchés, puis le dessinateur y trace à la plume ou au crayon la scène demandée.

Le soin d'enlever le bois dans toutes les parties qui doivent rester claires à l'impression regarde le graveur, qui n'est le plus souvent qu'un habile ouvrier ou un artiste de second ordre. Ce genre de gravure offre le grand avantage de s'imprimer en même temps que le texte des ouvrages, sans qu'il soit nécessaire de recourir à une presse particulière. Les planches, qu'on désigne sous le nom de bois, sont placées dans les formes à la page qu'elles doivent occuper, et le tirage s'opère comme s'il n'y en avait pas.

C'est à Jean-Baptiste Papillon, né en 1698, qu'on doit d'avoir remis en honneur par son talent la gravure sur bois, aujourd'hui amenée à une grande perfection. Cet artiste inventa en outre la plupart des outils dont se servent encore les graveurs, et publia le premier almanach illustré.

La gravure en creux ne s'imprime pas par les mêmes procédés que la gravure sur bois ; aussi donne-t-on la préférence à cette dernière pour les illustrations si nombreuses des livres et des journaux à bon marché.

Toutefois, quand le tirage est considérable, le bois, si dur qu'il soit, finit par s'user, et la gravure perd de sa netteté. On a trouvé le moyen de remédier à cet inconvénient, en clichant les gravures en relief par un procédé analogue au clichage des formes ; seulement le moule obtenu par le plâtre ou la gutta-percha est recouvert d'une couche de cuivre, grâce à l'une des plus heureuses applications de la galvanoplastie.

Ces clichés, beaucoup moins sujets à s'altérer que les bois, suffisent au tirage d'un très-grand nombre d'exemplaires et peuvent être renouvelés au besoin, puisque le dessin primitif conserve toute sa pureté.

Les gravures en creux, au burin ou à l'eau-forte, peuvent être cli-
chées de la même manière ; ce qui permet de garder intactes les belles
planches patiemment creusées par d'habiles artistes, ou les types des
billets de banque, des actions de chemins de fer, des timbres-
poste , etc.

La galvanoplastie a déjà rendu de grands services aux arts graphiques ; mais elle est certainement appelée à leur venir en aide dans
de bien plus larges proportions.

Il nous reste à dire quelques mots de la lithographie , qui se rat-
tache à l'imprimerie par les liens les plus étroits.

Ce fut un choriste du théâtre de Munich , Aloys Senefelder, qui, en
cherchant un moyen économique d'imprimer quelques pièces de sa
composition, devint l'inventeur de la lithographie.

Le hasard, dit-on, le servit dans cette circonstance : il avait d'abord
gravé au rebours ses caractères sur des planches de cuivre, à l'aide
de l'eau-forte ; mais ces planches coûtant trop cher, il essaya de les
remplacer par des pierres d'un grain fin et serré qu'on trouve près de
Munich. Il les polit avec soin ; mais il se demandait comment il les
creuserait, quand sa blanchisseuse vint lui rapporter du linge. Il fit
sur la pierre à laquelle il travaillait le compte de ce qu'il devait à cette
femme, et il se servit pour cela de l'encre d'imprimerie qu'il avait sous
la main.

Resté seul, il versa de l'eau-forte sur cette pierre, pour essayer de
la creuser ; il n'y parvint pas ; mais il remarqua que l'acide modifiait
la pierre de telle sorte, que l'encre ne prenait plus sur les parties
touchées par l'eau-forte ; et après diverses expériences, il reconnut
qu'en écrivant avec de l'encre grasse sur une pierre de Munich, imbi-
bée ensuite d'eau-forte étendue d'eau, on n'avait plus qu'à enlever
l'encre grasse et à soumettre cette pierre à l'impression, pour obtenir
la fidèle reproduction des caractères qu'on y avait tracés.

Senefelder ne s'en tint pas là : il construisit lui-même les outils dont il avait besoin pour exploiter sa découverte, et il établit des imprimeries lithographiques en Bavière, en Autriche, en Angleterre. Cette invention fut d'abord mal accueillie en France ; cependant, en 1814, M. de Lasteyrie fonda un établissement lithographique à Paris, et en 1823 le jury de l'Exposition décerna une médaille à Senefelder.

La lithographie est employée à reproduire non-seulement l'écriture, mais la gravure, le dessin et même les enluminures. Les villes qui n'ont pas d'imprimerie possèdent presque toutes au moins une presse lithographique, d'où sortent des cartes de visite, des lettres d'invitation ou de faire-part, des factures, etc.

Le lithographe écrit avec un crayon gras, sur une pierre d'un grain fin et poli, le texte qu'il veut reproduire, et il passe sur cette pierre de l'acide azotique étendu d'eau. L'acide ne prend pas sur le crayon gras ; mais il attaque le reste de la pierre, qu'on lave ensuite avec soin pour enlever toute trace de ce crayon, composé de noir de fumée et de savon gras.

La pierre, sur laquelle on ne voit plus alors aucun dessin, est humectée avec une éponge et passée à l'encre d'impression. Cette encre ne prend pas partout où l'acide a mordu ; mais elle prend sur les traits primitivement recouverts de crayon gras ; on place une feuille de papier sur la pierre ; on la soumet à la presse, et l'on obtient une épreuve très-nette de ces caractères.

Il faut que les lignes à reproduire soient tracées sur la pierre au rebours de l'écriture ordinaire ; s'il en était autrement, l'épreuve produirait l'effet d'un livre qu'on présente au miroir et ne pourrait être que difficilement déchiffrée. Il en est de même de la composition typographique ; mais dans ce dernier cas, tout dépend de l'arrangement des caractères, tandis qu'il faut que le lithographe trace à la main les lignes à imprimer. On a inventé, pour supprimer cette difficulté, le papier autographique sur lequel on écrit de gauche à droite, comme toujours. Ce papier s'applique sur la pierre, qui prend au rebours l'empreinte des caractères et les reporte sur les épreuves dans l'ordre où ils doivent se trouver.

Les meilleures pierres lithographiques viennent de Bavière ; celles qu'on trouve en France sont de qualité inférieure ; aussi les remplace-t-on souvent par des plaques de zinc. Le procédé prend alors le nom de zincographie. Celui par lequel on reproduit les estampes coloriées au moyen des pierres lithographiques se nomme lithochromie. Quand cette reproduction s'obtient au moyen de plaques d'acier gravées, on la nomme typochromie ou gravure à quatre planches. Ce genre, long-temps abandonné, a été repris avec tant de succès, qu'il faut l'œil d'un connaisseur pour distinguer la copie de l'original.

On se sert, pour obtenir ce résultat, de quatre planches d'acier dont chacune porte une couleur : le bleu, le rouge, le jaune et le bistre. On les soumet à la presse les unes après les autres sur la même épreuve, et le mélange de ces couleurs, habilement ménagé par l'artiste, produit toutes les teintes nécessaires à l'harmonie du tableau.

Il faut aussi quatre pierres lithographiques et quatre impressions successives pour la reproduction des enluminures par la lithochromie.

Ces divers procédés, si ingénieux qu'ils soient, tendent à être remplacés par la photographie, qui reproduit avec une incomparable fidélité les dessins et les gravures aussi bien que les chefs-d'œuvre de la sculpture et de l'architecture, les beaux sites, et même les personnages et les objets les plus mobiles.

La galvanoplastie n'a pas encore non plus fait pour les arts graphiques tout ce qu'on en peut attendre, quoiqu'on ait obtenu déjà, par l'application de cette science nouvelle, de véritables gravures en taille-douce, en faisant agir la pile électrique sur des plaques de zinc ornées de dessins. Ces dessins se recouvrent, par l'action de la pile, d'une plaque de cuivre, sur laquelle l'épaisseur des parties ombrées suffit pour graver des creux plus ou moins profonds. On se sert de cette planche pour tirer des épreuves, et c'est ce qu'on appelle la galvano-graphie.

Un autre essai, qui a parfaitement réussi, a été fait par M. Defrance, dessinateur au bureau de la guerre, pour la reproduction des dessins de l'expédition de Kabylie. Ces dessins, exécutés sur papier végétal, furent retournés, fixés sur un cadre, enduits à l'envers de plusieurs couches de gélatine, et décalqués sur cette gélatine à l'aide d'une pointe.

La gélatine reproduisant le dessin en creux, on y appliqua au pinceau une dissolution de gutta-percha, substance qui prend parfaitement le relief des moindres traits. On renouvela la couche jusqu'à ce qu'elle eût acquis assez d'épaisseur ; on posa dessus une planche de cuivre, pour lui donner de la solidité, puis on retourna le tout, et le papier fut enlevé, ainsi que la gélatine, au moyen d'une éponge mouillée. Le dessin creusé sur la gélatine apparut alors en relief sur la gutta-percha. On l'enduisit de plombagine, et on la plongea dans un bain où l'on tenait du cuivre en dissolution par les procédés galvanoplastiques. On obtint en quelques minutes une planche aussi nette qu'aurait pu la fournir un habile graveur.

La même méthode fut appliquée avec un égal succès et une grande économie de temps et d'argent à la reproduction des cartes de la Kabylie.

Quant aux autres cartes gravées sur acier avec un soin extrême, on en opère le tirage en se servant de clichés d'une exactitude irréprochable, et l'on conserve intacts les beaux types destinés à fournir de nouveaux clichés, quand ceux-là commenceront à s'émousser.

La photographie, qui tend à remplacer la lithographie dans plusieurs de ses applications, est l'art de fixer, par la seule action de la lumière, les images des objets sur une plaque de métal, de verre, ou simplement sur une feuille de papier.

Jean-Baptiste Porta, célèbre physicien du xvie siècle, remarqua que les rayons lumineux pénétrant par une lentille de verre dans une boîte fermée de tous côtés, reproduisaient dans cette boîte l'image renversée des objets vers lesquels on dirigeait la lentille. Il donna le nom de chambre obscure à cette boîte portative. En 1566, un autre savant, nommé Fabricius, reconnut que la lumière a la propriété de nuancer et de décomposer les sels d'argent.

La reproduction de l'image dans la chambre obscure et l'action de la lumière sur les sels d'argent sont les deux principes sur lesquels repose la photographie ; cependant il s'écoula près de trois siècles encore avant qu'elle fût inventée.

Deux savants anglais, Wedgewood et Humphry Davy, cherchèrent le moyen de fixer les images de la chambre obscure, en plaçant au fond de la boîte un papier couvert d'azotate d'argent ; mais ils n'obtinrent qu'une épreuve indécise et bientôt effacée. Des travaux plus importants réclamant l'attention de Davy, il renonça à des expériences sur le succès desquelles il ne comptait pas.

Les études de l'illustre chimiste anglais sur la chambre obscure furent reprises par un officier français, Joseph-Nicéphore Niepce, qu'une maladie grave avait contraint à rentrer dans ses foyers.

Niepce parvint, en 1817, après quatre années d'essais laborieux, à obtenir la reproduction des objets sur une plaque de métal recouverte d'argent, qu'il enduisait de bitume de Judée et qu'il baignait dans un mélange d'huile de lavande et de pétrole, en la retirant de la chambre obscure. Le bitume demeurait intact dans les parties frappées par la lumière ; dans les autres, il se dissolvait ; et en attaquant ces plaques par un acide, Niepce creusait assez le métal partout où le bitume avait disparu, pour obtenir des planches propres à tirer des gravures sur papier.

A la même époque, le peintre Daguerre s'occupait, à Paris, de la solution du même problème. La construction d'un diorama, pour laquelle il avait été obligé d'étudier sous toutes ses faces l'effet des rayons lumineux, l'avait conduit à faire ses premiers essais photographiques.

« Dans les premiers jours de 1826, dit M. Niepce fils, dans un ouvrage qu'il publia pour rendre à son père l'honneur d'une découverte qui lui appartenait réellement, un de nos parents, M. le colonel Niepce, appelé au commandement de l'île de Rhé, fut obligé, pour affaires relatives à son service, de se rendre à Paris. A son départ pour la capitale, il se chargea d'acheter pour mon père un prisme ménisque de l'invention de MM. Vincent et Chevalier, opticiens. Ce prisme fut promis sous peu de jours.

« Dans la conversation qui s'établit entre M. le colonel Niepce et M. Chevalier, quelques mots furent prononcés sur la découverte de mon père. Grande fut la surprise de M. Chevalier, auquel le colonel fut contraint d'assurer que la chose existait réellement et qu'il en était d'autant plus certain, qu'il avait lui-même vu des épreuves. Le lendemain de cette communication, M. Daguerre se montra d'abord incrédule ; puis, sur les détails positifs de l'opticien, il le pria instamment de lui procurer le nom et la demeure de l'auteur d'une aussi curieuse invention. M. Chevalier accéda au désir de M. Daguerre ; et quelques jours après, mon père reçut une lettre signée du directeur du diorama. »

Daguerre proposa à Niepce une association, qui fut conclue à Châlon-sur-Saône, en 1829. Niepce lui confia ses procédés, et Daguerre, initié à tous les secrets de la lumière, se mit ardemment à la recherche des perfectionnements dont l'un et l'autre reconnaissaient la nécessité.

Niepce partagea les travaux de son associé ; mais il mourut en 1833, sans en avoir vu le succès. Daguerre, resté seul, poursuivit courageusement son œuvre, et bientôt il découvrit que l'image formée dans la chambre obscure sur une plaque recouverte d'iodure d'ar-

gent, devenait visible quand on l'exposait à la vapeur du mercure légèrement chauffé.

Le 7 janvier 1839, François Arago donna communication à l'Académie des sciences de la découverte de Niepce et de Daguerre ; notre
habile chimiste Gay-Lussac en fit le rapport à la chambre des pairs ;
Arago, à celle des députés. Pour que le secret en fût livré au public,
les grands corps de l'Etat votèrent une pension de 6,000 fr. à Daguerre, et une de 4,000 fr. à M. Niepce, fils du premier inventeur.

Jamais découverte ne fut accueillie avec plus de curieuse admiration. Obtenir la reproduction d'une image, voir son portrait dessiné
sur une plaque de métal sans que personne y mît la main, cela tenait
du prodige ; et certes Daguerre eût été brûlé comme sorcier, s'il eût
vécu plus tôt. Il est vrai qu'à l'époque où l'on croyait à la magie,
les sciences physiques n'avaient pas fait assez de progrès pour que ses
travaux fussent couronnés d'un tel succès.

Cependant la daguerréotypie devait recevoir de nombreux perfectionnements, avant de devenir ce qu'est aujourd'hui la photographie.
Il fallait alors exposer pendant un quart d'heure au moins la plaque
à une très-vive lumière ; il en résultait un miroitement désagréable
et des tons durs dans les images, qui, en outre, étaient sujettes à
s'effacer, comme on peut le remarquer dans les portraits au daguerréotype qui existent encore dans un petit nombre de familles.

La découverte de nouvelles substances très-sensibles à la lumière
permit d'obtenir très-promptement des images plus exactes ; celle
d'un procédé servant à fixer les épreuves en diminua le miroitement
et les rendit moins altérables ; enfin l'objectif ou verre lenticulaire du
daguerréotype fut modifié, et les dimensions de la chambre obscure
considérablement réduites.

Ces progrès, dus aux recherches de plusieurs artistes français,
furent salués avec enthousiasme ; toutefois ils laissaient encore beaucoup à désirer sous le rapport de la netteté et de l'harmonie du dessin ;

ils ne remédiaient pas d'ailleurs au grand inconvénient de n'obtenir qu'une seule épreuve par chaque opération. Un physicien anglais, M. Fox Talbot, essaya de substituer à la plaque métallique employée par Daguerre un papier chimiquement préparé. Il eut à s'en applaudir ; cependant sa méthode ne fut adoptée en France qu'en 1845, après les beaux résultats qu'en obtint M. Blanquart-Evrard, de Lille. Dès lors la photographie sur papier fut créée.

En plaçant dans la chambre obscure une feuille de papier enduite d'iodure d'argent, additionné d'un peu d'acide acétique, et en dirigeant sur cette feuille les rayons du foyer lumineux, on obtient ce qu'on appelle le cliché ou l'épreuve négative.

Cependant la feuille qu'on retire de l'appareil est aussi blanche que quand on l'y a mise ; pour rendre le dessin visible, il faut la plonger dans une dissolution d'acide gallique, qui colore en noir toutes les parties que la lumière a touchées. On lave le papier dans une autre dissolution d'hyposulfite de soude, qui enlève le sel d'argent dans les parties que la lumière n'a point frappées, et l'on a l'épreuve négative, c'est-à-dire un dessin dans lequel les ombres sont blanches et les clairs sont noirs.

Mais, avec cette épreuve négative, on peut obtenir un grand nombre d'épreuves positives. Il suffit de placer cette épreuve ou ce cliché sur une feuille de papier imprégnée de chlorure d'argent et d'exposer le tout au soleil. Les rayons lumineux, passant au travers des parties blanches de l'épreuve, décomposent et noircissent les sels d'argent dont la feuille de dessous est imprégnée ; tandis que les parties noires arrêtant ces rayons, laissent intactes les parties de la feuille qui y correspondent. Ainsi les clairs de la première image sont noirs dans la seconde, et les ombres sont blanches.

C'est grâce à ce procédé qu'on obtient à bon marché de nombreuses reproductions du même cliché, et qu'on peut faire cadeau de son portrait à ses amis et même aux indifférents. Les photographes et les marchands d'albums y ont gagné ; mais si c'est un ridicule de chercher à réunir un trop grand nombre de portraits, c'est un bonheur de posséder ceux de ses parents, de ses amis, surtout quand on en est séparé pour un temps ou pour toujours ; et ce bonheur était autrefois le partage exclusif de la fortune ; car il fallait être riche pour faire faire son portrait par quelque artiste habile ; encore ce portrait était-il souvent assez flatté pour devenir méconnaissable.

La photographie ne se borne pas d'ailleurs à donner des portraits ; elle reproduit avec une fidélité scrupuleuse les sites, les monuments, et même les scènes les plus animées, depuis qu'on est parvenu à opérer avec une grande rapidité, par la découverte de substances très-sensibles à l'action de la lumière, et que le procédé Talbot a été perfectionné.

On reprochait à l'épreuve négative sur papier un défaut de netteté dû à l'irrégularité de la pâte du papier, qui, si beau qu'il soit, n'a jamais le poli du métal. M. Niepce de Saint-Victor, neveu de Nicéphore Niepce, imagina de remplacer le papier de l'épreuve négative par une plaque de verre enduite d'une matière transparente. Il se servit d'abord du blanc d'œuf ou albumine, auquel il ajoutait un peu d'iodure de potassium. L'albumine, délayée dans l'eau, était appliquée en couche très-mince sur le verre, où on la laissait sécher. Avant de se servir de cette lame de verre, on la plongeait dans une dissolution d'azotate d'argent contenant quelques gouttes d'acide acétique, et on la plaçait dans la chambre obscure, où elle recevait l'épreuve négative.

On opère encore de la même manière aujourd'hui ; seulement on a remplacé l'albumine par une dissolution de coton-poudre dans un mélange d'alcool et d'éther. Cette dissolution, connue sous le nom de collodion, rend les sels d'argent très-sensibles à l'action de la lumière, et permet d'obtenir en quelques secondes un cliché d'une exactitude et d'une netteté irréprochables.

Le cliché exposé à la lumière sur du papier imprégné de chlorure d'argent donne autant d'épreuves positives qu'on désire en tirer.

On remplace quelquefois par des photographies les dessins qui doivent être gravés sur bois. Ce procédé abrége le travail et offre des garanties de fidélité dans la reproduction. Le collodion est employé sur le bois, qu'on plonge ensuite dans une dissolution de nitrate d'argent, pour le rendre propre à recevoir l'image photographique. Mais il faut des graveurs habiles pour travailler ensuite ce bois; car, les photographies ne présentant que des ombres fondues et point de hachures, le talent du graveur doit y suppléer.

M. Niepce de Saint-Victor a trouvé le moyen d'obtenir des photographies de diverses couleurs par l'emploi de certains sels; ainsi l'on a des épreuves rouges, imitant la sanguine, des épreuves bleues, vertes ou violettes; mais on n'a pas encore réussi à reproduire les objets avec leurs couleurs naturelles. Les photographies coloriées ne sont que des épreuves ordinaires, qu'on a plus ou moins bien enluminées; mais les progrès déjà réalisés depuis la découverte de Nicéphore Niepce et de Daguerre nous autorisent à penser que le problème de la photographie polychrome sera enfin résolu.

XX.

L'électricité joue dans les sciences et dans l'industrie un rôle des plus importants.

Les anciens connaissaient, nous l'avons dit, la propriété qu'a l'aimant d'attirer le fer; ils avaient aussi remarqué que l'ambre attire les corps légers; c'est même du mot grec *electron*, qui signifie ambre, qu'est venu le nom d'électricité donné à ce mystérieux pouvoir attractif.

Gilbert, médecin de la reine Elisabeth d'Angleterre, reconnut la même propriété dans plusieurs autres corps, tels que les pierres précieuses, le cristal de roche, le verre, le soufre, la résine, etc. Pour développer l'attraction de ces différents corps, il les frottait avec une étoffe de laine.

Otto de Guericke, ce savant bourgmestre de Magdebourg dont nous avons déjà parlé à propos des expériences faites sur la pesanteur de l'air, construisit la première machine électrique. Elle se composait d'un globe de soufre, qu'il faisait tourner en le frottant d'un morceau de drap.

Grey et Vehler, physiciens anglais, arrivèrent, après de nombreuses expériences, à partager tous les corps en deux classes : les corps électriques, non conducteurs de l'électricité, et les corps non électriques, conducteurs de l'électricité. Le verre, la soie, le soufre, la résine, appartenaient à la première catégorie; les métaux, le bois, l'eau, la terre, à la seconde.

Dufay, célèbre naturaliste et physicien français, reconnut qu'il y a deux sortes d'électricités, dont le caractère est de s'attirer mutuellement, et de se repousser elles-mêmes. Il leur donna les noms d'électricité vitrée et d'électricité résineuse, auxquels on a substitué ceux d'électricité positive et d'électricité négative.

Dufay et l'abbé Nollet construisirent une nouvelle machine électrique, et, s'étant fait électriser, ils excitèrent un étonnement général en prouvant qu'on peut tirer des étincelles du corps humain, pourvu que la personne qu'on veut électriser se place sur un tabouret à pieds de verre ou d'autre substance isolante, parce que, sans cette précaution, l'électricité irait se perdre dans la terre, qui est un corps conducteur.

La bouteille de Leyde, complément de la machine électrique, aujourd'hui composée d'une roue de verre tournant entre des coussinets de cuir remplis de crin, fut imaginée par le Hollandais Musschenbroëk. Elle consista d'abord en une bouteille pleine d'eau, fermée par un bouchon de liége à travers lequel passait une tige métallique. Le physicien anglais Bevis enveloppa la bouteille d'une feuille d'étain et en remplaça l'eau par de la grenaille de plomb, à laquelle on substitua plus tard des feuilles d'or.

Cet appareil, mis en communication avec le conducteur d'une machine électrique, se charge de toute l'électricité qui se développe sur la roue de verre par le frottement des coussinets ; et si l'on s'approche ensuite du bouchon, on reçoit une commotion qui peut se faire sentir à un très-grand nombre de personnes, pourvu qu'elles se tiennent par la main.

L'abbé Nollet fit éprouver cette commotion instantanée à toute une compagnie de gardes françaises. Cela fit grand bruit ; on chercha vainement à expliquer ce phénomène ; mais on multiplia les expériences, et, en réunissant plusieurs bouteilles chargées d'électricité, on en tira, au lieu de simples étincelles, des zigzags de feu, dont l'analogie avec ceux de la foudre frappa tous les savants.

Un illustre Américain, Benjamin Franklin, publia sur l'électricité, peu de temps après, des lettres dans lesquelles on remarquait les passages suivants :

« Les éclairs sont ondoyants et crochus comme l'étincelle électrique.

« Le tonnerre frappe de préférence les objets élevés et pointus ; de même tous les corps pointus sont plus accessibles à l'électricité que les corps de forme arrondie.

« Le tonnerre suit toujours le meilleur conducteur et le plus à sa portée ; l'électricité en fait autant dans la décharge de la bouteille de Leyde.

« Le tonnerre met le feu aux matières combustibles, fond les métaux, déchire certains corps, tue les animaux ; ainsi fait l'électricité. »

Dans les mêmes lettres, Franklin disait qu'une verge de fer pointue, élevée dans les airs et mise en communication avec le sol au moyen d'un conducteur métallique, lui paraissait propre à prévenir l'explosion de la foudre, parce qu'elle enlèverait aux nuages orageux leur électricité.

Cette idée, soumise à la Société royale de Londres, n'y trouva que des incrédules; mais on l'accueillit en France, où elle donna lieu aux expériences de plusieurs savants, parmi lesquels on cite Buffon et M. de Romas.

Franklin, étant parvenu à soutirer, à l'aide d'un cerf-volant armé d'une pointe métallique, l'électricité des nuages orageux et à l'amener jusqu'à terre au moyen d'une corde conductrice, ne douta plus de la réalisation des espérances dont on s'était moqué.

Pendant que Franklin faisait en Amérique l'expérience du cerf-volant, M. de Romas se disposait à la tenter en France; il l'exécuta sans savoir qu'il eût été devancé, et il tira du fil métallique attaché à son cerf-volant, non-seulement des étincelles, mais des lames de feu accompagnées d'explosions plus ou moins fortes.

Les savants déclarèrent alors que la foudre est produite par l'électricité des nuages, que ces nuages sont ordinairement chargés d'électricité positive, c'est-à-dire de la nature de celle qui se développe sur le verre par le frottement d'une étoffe de laine; mais que souvent il y en a dont l'électricité est négative, c'est-à-dire de la nature de celle qui se produit sur la résine frottée avec de la peau de chat. Ces deux électricités contraires s'attirent, et de leur choc jaillit une étincelle électrique qu'on nomme éclair, et le bruit qui accompagne cette étincelle, répété par les nuages ou par les parties du sol formant écho, s'appelle le tonnerre.

La foudre éclate non-seulement entre deux nuages chargés d'électricité contraire, mais entre un nuage orageux et les objets placés à la surface du sol. Les édifices les plus élevés, les clochers, le sommet des arbres, sont souvent frappés par la foudre. Les métaux l'attirent surtout, et leur action est plus marquée lorsqu'ils sont terminés par une pointe aiguë.

Franklin, qui était un véritable savant et un esprit pratique, fit élever le premier paratonnerre. A peine était-il placé, qu'il fut foudroyé sans que la maison qui le portait reçût aucun dommage.

Il fallait que l'atmosphère fût très-chargée d'électricité pour que la foudre tombât sur ce paratonnerre ; car cela n'arrive presque jamais. L'effet du paratonnerre est ordinairement sans éclat : il consiste à mettre en présence l'électricité des nuages et celle que produit incessamment la terre avec laquelle il est en communication. La pointe aiguë qui le termine, soutirant l'électricité des nuages, s'électrise par influence, et repousse ensuite cette électricité semblable à celle dont il est chargé, tandis que celle qui vient de la terre s'écoulant facilement par cette pointe, neutralise l'autre et rétablit dans l'atmosphère l'équilibre électrique.

La recomposition du fluide neutre par les deux électricités peut être observée pendant les nuits orageuses ; elle se manifeste par une espèce d'aigrette lumineuse qui part de la pointe du paratonnerre. Quand cette recomposition s'opère trop brusquement, à cause de l'abondance du fluide, le paratonnerre peut être foudroyé ; mais cela arrive très-rarement quand il est bien construit.

L'Académie des sciences a donné elle-même les instructions nécessaires pour l'établissement des paratonnerres qu'on place maintenant sur la plupart des édifices.

Le paratonnerre consiste en une tige de fer de neuf à dix mètres de hauteur, terminée par une pointe très-aiguë, de cuivre jaune, ou mieux encore de platine, métal qui ne s'oxyde pas à l'air, tandis que le fer prend de la rouille et le cuivre du vert-de-gris. Toutefois, comme le platine est d'un prix élevé, on peut se servir d'une pointe en cuivre, pourvu qu'on ait le soin de la remplacer, quand elle est émoussée par l'oxyde ou fondue par l'électricité.

La tige du paratonnerre communique avec le sol, au moyen d'un conducteur formé de barres de fer soudées à l'étain et maintenues en place par des supports en fer. Il doit aboutir dans un puits, dans un cours d'eau, ou dans un conduit rempli de braise de boulanger. Cette substance, qui empêche la rouille de s'attacher au conducteur, conduit elle-même très-bien l'électricité que produit la terre humide dans laquelle on la place.

Un seul paratonnerre ne suffit pas pour protéger un vaste édifice ; son influence ne s'exerce pas au delà d'un rayon égal au double de sa hauteur ; mais plusieurs appareils peuvent être placés sur le même bâtiment.

Le paratonnerre est sans contredit une très-utile invention ; elle suffirait pour immortaliser le nom de Franklin, s'il n'avait pas d'autres droits à la reconnaissance publique. Cependant ce n'est pas la plus importante découverte qu'aient amenée les recherches des savants sur l'électricité.

En 1791, un professeur d'anatomie de Bologne, Galvani, publia un traité dans lequel il établissait l'existence de l'électricité animale.

Galvani fut amené à cette découverte par une circonstance qu'il raconte ainsi :

« Je disséquai une grenouille, je la préparai, et, me proposant d'en faire tout autre chose, je la plaçai sur une petite table où se trouvait une machine électrique. Elle n'était séparée du conducteur que par un petit intervalle. Une des personnes qui m'aidaient ayant approché légèrement la pointe d'un scalpel des nerfs cruraux de cette grenouille, tous les muscles se contractèrent aussitôt de telle sorte, qu'on aurait pu les croire agités par les plus violentes convulsions. »

Une personne qui faisait avec Galvani des expériences sur l'électricité remarqua que ces convulsions n'avaient lieu que quand on tirait une étincelle du conducteur de la machine près duquel la grenouille était placée. Galvani, qui était tout à la fois habile physicien et médecin distingué, était alors occupé à préparer pour sa femme, gravement malade, du bouillon avec plusieurs des grenouilles qu'il avait dépouillées. On courut l'avertir du phénomène qui venait de se produire.

« Brûlant du désir de répéter l'expérience, ajoute-t-il, je touchai moi-même, avec la pointe d'un scalpel, l'un et l'autre des nerfs cruraux, tandis qu'un de ceux qui étaient présents tirait une étincelle. Le phénomène se présenta de la même manière; je vis de fortes contractions dans les muscles des membres, comme si l'animal avait été pris du tétanos, et cela au moment même où l'on tirait des étincelles. »

Galvani comprit que la grenouille placée près du conducteur de la machine s'électrisait par influence, et que, quand on enlevait cette électricité, en tirant une étincelle du conducteur, des contractions agitaient le corps de l'animal, dans lequel le fluide neutre se reformait aussitôt. Il continua ses expériences tantôt sur des animaux morts, tantôt sur des animaux vivants.

Un jour, il passa un crochet de cuivre à travers la moelle épinière d'une grenouille morte et la suspendit à la grille de fer de son balcon; il remarqua que la grenouille s'agitait aux approches de l'orage; mais il put constater aussi que quand il n'y avait pas dans l'air une quantité appréciable d'électricité, les convulsions se reproduisaient chaque fois que le vent faisait frotter l'anneau de cuivre contre le fer de la balustrade.

Quand, au bout de dix ans, il publia le compte rendu de ses expériences, beaucoup de savants adoptèrent ses idées sur l'électricité animale; mais un de ses compatriotes, le physicien Volta, émit une opinion toute différente, en attribuant les secousses éprouvées par la grenouille à l'électricité produite par le contact de deux métaux.

Galvani et Volta eurent chacun leurs partisans; mais la science se prononça en faveur de Volta, quand il présenta à la Société royale de Londres, en 1800, un appareil dont il donnait ainsi la description :

« Ce n'est qu'un assemblage de bons conducteurs de différentes espèces, arrangés d'une certaine façon. Vingt, quarante, soixante pièces de cuivre, ou mieux d'argent, appliquées chacune à une pièce d'étain, ou, ce qui est beaucoup mieux, de zinc, et un nombre égal de couches d'eau ou d'eau salée, ou de lessive, etc., ou des morceaux de carton bien imbibés de ces humeurs : de telles couches interposées à chaque couple ou combinaison des deux métaux différents ; une telle suite alternative et toujours dans le même ordre de ces trois espèces de conducteurs, voilà tout ce qui constitue mon nouvel instrument. »

On donna à cet instrument le nom de pile, parce qu'il était formé de disques de zinc, de cuivre et de drap mouillé, disposés en pile. Rien n'était plus simple que cet appareil, destiné cependant à jouer un rôle immense dans la science et dans l'industrie.

Quelques semaines seulement après son apparition en Angleterre, deux savants, Nicholson et Carlisle, s'en servirent pour décomposer une certaine quantité d'eau en ses deux éléments, l'hydrogène et l'oxygène.

Humphry Davy, le célèbre chimiste que nous avons plusieurs fois cité, décomposa un grand nombre de corps à l'aide de la pile électrique. Il reconnut aussi que cette pile, convenablement disposée, est une source de chaleur si intense, qu'elle met en fusion les métaux les moins fusibles. En terminant par deux pointes de charbon les pôles de la pile, il obtint une lumière dont il put comparer l'éclat à celui du soleil.

Cette lumière, que, sans doute, beaucoup de nos lecteurs ont pu admirer dans les fêtes publiques, n'est autre chose qu'une étincelle électrique développée par la grande quantité d'électricité qui se forme aux deux pôles de la pile électrique.

On nomme pôles les deux extrémités de la pile ; à ces deux extrémités s'adaptent deux conducteurs métalliques, dont l'un se charge d'électricité positive et l'autre d'électricité négative. Si l'on rapproche ces deux conducteurs sans cependant qu'ils se touchent, les deux électricités contraires s'attirent et se neutralisent, en formant entre elles un arc lumineux.

Peut-être tirera-t-on parti plus tard de la lumière électrique pour l'éclairage ; mais jusqu'à présent elle n'est employée que dans des circonstances extraordinaires, parce qu'on ne peut modérer ni son éclat ni la chaleur intense qu'elle produit.

Volta avait cinquante-cinq ans lorsqu'il construisit la première pile électrique. Galvani venait de mourir. Sans doute il se fût rangé, comme tous ses partisans, à l'opinion si victorieusement justifiée par l'invention de cet appareil ; cependant les savants de nos jours disent que le développement de l'électricité par la pile est produit par l'action chimique qui s'exerce entre les acides et les métaux de la pile plutôt que par le contact de ces métaux.

L'apparition de cet instrument fit grand bruit et donna lieu à une foule d'expériences : on galvanisa des animaux morts et l'on rendit pour quelques instants à des cadavres humains l'apparence de la vie ; ce qui excita dans le public autant d'émotion que de curiosité. Mais cet admirable appareil, qu'on perfectionna bientôt, était destiné à produire de plus sérieux résultats.

Il a fait faire à la chimie de merveilleux progrès en permettant de décomposer tous les corps, de fondre les substances les plus réfractaires. Aucun métal n'y peut résister ; ils entrent en fusion et même se réduisent en vapeur quand on les attache en fils menus aux deux pôles d'une pile. Ce n'est pas tout : quand on enroule autour d'une barre de fer un fil de cuivre recouvert de soie et qu'on attache les bouts de ce fil aux deux pôles d'une pile, le fer s'aimante assez puissamment pour attirer et soulever une masse de fer considérable.

Ces divers effets de la pile ont donné lieu à des applications dont notre siècle est justement fier : la galvanoplastie, l'électro-chimie et la télégraphie électrique.

La galvanoplastie est l'art de reproduire les objets d'or, d'argent, de cuivre, et de recouvrir de métal les objets naturels, tels que des fruits, des insectes, des coquillages.

Nous avons dit comment on ménage, au moyen de la galvanoplastie, les types des gravures sur bois, sur cuivre ou sur acier; on opère d'une manière analogue pour la reproduction des médailles, des statuettes, des bas-reliefs, et même des statues de grandes dimensions.

Il faut d'abord prendre le moule des objets qu'on veut reproduire; on se sert pour cela de cire, de plâtre très-fin, délayé dans de l'eau, ou ce qui vaut beaucoup mieux, de gutta-percha. Cette substance, ramollie par la chaleur, s'applique exactement sur le modèle et en reproduit les moindres détails.

Le moule étant détaché du modèle, on le recouvre de plombagine à l'intérieur; on l'attache au pôle négatif (inférieur) d'une pile électrique, et on le dépose dans une dissolution de sulfate de cuivre où l'on fait arriver les fils conducteurs de la pile. Le courant électrique décompose le sulfate de cuivre; l'oxygène qu'il contient se dégage dans l'air, et le cuivre s'attache, sous sa forme métallique, au moule placé au pôle négatif.

Quand ce dépôt a pris assez d'épaisseur, on retire le moule du bain, et on le détache du cuivre, qui reproduit le modèle avec une grande fidélité. On admirait à la dernière exposition universelle des statues magnifiquement reproduites par ces procédés.

Quelquefois on opère le dépôt métallique sur l'objet même qu'on veut reproduire ; il faut alors avoir soin d'enduire cet objet d'une couche d'huile, qu'on essuie soigneusement, mais qui suffit pour que le dépôt de cuivre puisse se détacher du modèle.

Les moules de plâtre doivent être bien séchés, enduits d'acide stéarique et passés ensuite à la plombagine. La plombagine est cette substance improprement appelée mine de plomb, que tout le monde connaît, qui sert à fabriquer des crayons et à préserver de la rouille le fer et la tôle.

Grâce à ces précautions, une statuette de plâtre placée dans un bain de sulfate de cuivre, et soumise à l'action de la pile, prend l'apparence du bronze. Il en est de même d'une foule d'objets de médiocre valeur : vases et coupes en terre, corbeilles, jardinières en bois ou en osier, sujets de pendule, candélabres, garde-feu en zinc, fleurs, feuilles, fruits, insectes, destinés à l'ornementation et même à la bijouterie.

Dans le dernier cas, ces divers objets, d'abord recouverts d'une couche de cuivre, sont ensuite dorés ou argentés.

La dorure et l'argenture s'obtiennent par la pile électrique comme la galvanoplastie, dont elles sont une des plus heureuses applications. La galvanoplastie a été inventée en 1837, par M. Jacobi, en Russie, et la dorure électro-chimique en 1841, par M. de Ruolz, chimiste français.

Avant cette époque, les ouvriers doreurs et argenteurs étaient assujettis à des maladies très-graves, parce qu'ils employaient l'or ou l'argent combiné avec du mercure et faisaient évaporer le mercure au feu ; aujourd'hui, la pièce qu'on veut dorer ou argenter est attachée, comme le moule galvanoplastique, au pôle négatif d'une pile électrique et placée dans un bain renfermant du cyanure d'or ou du cyanure d'argent en dissolution dans du cyanure de potassium. Sous l'influence de la pile, le cyanure d'or ou d'argent se décompose, le cyanogène se porte au pôle positif et l'or ou l'argent se dépose sur l'objet attaché au pôle négatif.

On fait un grand usage de ce procédé pour l'argenture des couverts, de l'argenterie de table en général, et de divers objets destinés au culte.

Les plus belles pièces d'argenterie finement travaillées peuvent être reproduites en cuivre par la galvanoplastie, et argentées ensuite par les procédés électro-chimiques ; et comme il n'en coûte pas plus pour mouler un véritable objet d'art qu'une pièce d'un goût vulgaire, on doit désirer que le choix des amateurs soit dicté par un véritable sentiment du beau.

La dorure est d'un emploi beaucoup moins fréquent que l'argenture. C'est dans des cuves immenses qu'on prépare le bain dans lequel sont placés les couverts, les surtouts de table, les croix, les encensoirs, les flambeaux, etc., et l'on alimente ce bain en suspendant au pôle positif de la pile, de minces lingots d'argent qui forment en se décomposant du cyanure d'argent.

Plus l'objet à argenter séjourne dans le bain, plus la couche dont il s'enveloppe est solide ; quand elle a disparu par un long usage, on peut la renouveler ; et comme cette couche est exempte de l'alliage qui se trouve dans les véritables couverts d'argent, il n'y a jamais à craindre qu'elle prenne le vert-de-gris, qui n'est autre chose que l'oxyde de cuivre qu'on ajoute à l'argent pour qu'il soit possible de le travailler.

Il se fait un commerce très-considérable de couverts argentés ; ils ont remplacé, dans la plupart des ménages, les couverts de fer ou de métal moins solide, dont on se servait autrefois ; on les voit même sur la table des riches, quand il doit s'y asseoir un grand nombre de convives ; car on calcule beaucoup au temps où nous vivons, et c'est un capital qui dort qu'une masse d'argenterie destinée à ne voir le jour que dans de rares occasions.

Les couverts destinés à être argentés sont fabriqués à la mécanique. L'emporte-pièce les découpe dans des feuilles de métal ; plusieurs laminoirs les allongent et les façonnent. On les passe ensuite au four, afin de leur donner une forme définitive.

Il n'est pas hors de propos de dire ici que l'usage de la fourchette ne remonte qu'au xviie siècle. On avait des cuillers, il le fallait bien, puisque la soupe est d'origine très-ancienne ; mais pour porter à sa bouche les autres mets, on se servait de ses doigts ; aussi les pages présentaient l'aiguière aux nobles châtelains lorsqu'ils se mettaient à table. Les premières fourchettes furent regardées comme des objets de luxe, plutôt que de nécessité ; on ne s'en servait que pour manger les fruits et le fromage. Quant aux salières, chacun avait la sienne, qui consistait en un morceau de pain creusé. Les premières qu'on vit figurer sur la table des rois furent des pièces d'orfévrerie d'un remarquable travail.

Le cuivre, l'or, l'argent sont les seuls métaux dont la galvanoplastie et l'électro-chimie se soient servies jusqu'à présent ; mais le platine, le zinc, le plomb, etc., pourraient être employés de la même manière, si l'on en voyait l'utilité.

On se sert de zinc pour recouvrir d'une couche inoxydable les fils de fer destinés à être exposés à l'air ; mais on leur donne à tort le nom de fils de fer galvanisés ; car on ne fait que les passer rapidement dans un creuset de fonte rempli de zinc en fusion.

De toutes les applications de l'électricité, la plus merveilleuse, comme la plus utile, est celle qui permet de porter instantanément la pensée humaine à des distances indéfinies, et même au delà des mers.

Dès que les savants eurent reconnu que l'électricité se transmet avec une si prodigieuse rapidité d'un point à un autre, qu'on ne peut apprécier l'intervalle qui les sépare, ils entrevirent la possibilité, ou du moins ils conçurent le désir de l'employer comme moyen de correspondance. La plupart de ceux dont nous avons cité les noms dans ce chapitre se mirent à l'étude de ce projet ; mais ce ne fut qu'après l'invention de la pile de Volta qu'il devint réalisable.

Lesage, professeur de mathématiques à Genève, construisit, il est vrai, en 1760, un appareil télégraphique composé de vingt-quatre fils électriques, correspondant aux vingt-quatre lettres de l'alphabet. Arthur Young, célèbre voyageur anglais, dit avoir vu à Paris, en 1787, un télégraphe électrique, dont il vante le résultat ; mais ces appareils ne pouvaient être regardés que comme d'ingénieux essais, d'une application impossible.

La Révolution arriva. La nécessité de transmettre rapidement des ordres sur les divers points du territoire français, donna lieu à de nouvelles études sur l'emploi de l'électricité ; mais avant qu'elles eussent porté leurs fruits, la télégraphie aérienne proposée par les frères Chappe fut adoptée.

Leur système de signaux était bon ; mais il ne pouvait fonctionner que de jour ; encore fallait-il que le temps fût clair ; la pluie, la neige, le brouillard suffisaient pour interrompre les communications. Ces inconvénients firent ressortir les avantages qu'offrirait la télégraphie électrique, et l'apparition de la pile de Volta vint donner un nouvel aliment aux recherches des physiciens de tous les pays.

Le Danois Œrsted remarqua, en 1820, que le courant électrique produit par la pile, et dirigé autour d'une aiguille aimantée, en modifiait la position. Aussitôt notre compatriote Ampère proposa un appareil électrique faisant mouvoir des aiguilles aimantées dont chacune correspondait à un des caractères de l'alphabet ; mais cet appareil compliqué avait besoin, pour fonctionner, d'une force supérieure à celle dont on pouvait disposer.

Un autre savant français, Arago, découvrit qu'une barre de fer très-pur, qu'il appela fer doux, pouvait être aimantée par le courant électrique, qu'il perdait ses propriétés attractives dès qu'on interrompait ce courant, et qu'il les reprenait aussitôt qu'on le remettait en communication avec la pile.

Le fer, ainsi aimanté, peut soulever un poids d'autant plus considérable, que la pile est plus forte, et que le fil conducteur enveloppe cet aimant d'un plus grand nombre de tours. Si ce fil cesse de recevoir le courant électrique, l'aimant perd son pouvoir ; le fer qu'il avait attiré s'en détache et retombe.

La connaissance de ces faits a enfin donné naissance à la télégraphie électrique.

La première ligne télégraphique fut établie aux Etats-Unis, entre Washington et Baltimore, en 1844, par les soins de M. Samuel Morse. Depuis plusieurs années, cet habile professeur de physique avait inventé l'appareil qui est encore aujourd'hui généralement employé.

Vers la même époque, M. Steinheil en Prusse, et M. Wheastone en Angleterre, construisirent des appareils différents. C'est à M. Wheastone qu'on doit le télégraphe à cadran, système dans lequel les lettres qui forment la dépêche sont successivement indiquées par le mouvement d'une aiguille sur un cadran placé à la station d'arrivée. Cet appareil, plus compliqué que celui de Morse, est en usage en Angleterre. En France, il a été remplacé par le télégraphe américain, qu'on nomme télégraphe enregistreur, parce que c'est l'instrument lui-même qui, au moyen de signes convenus, écrit la dépêche.

Ces signes sont des points et des barres plus ou moins longues, dont les combinaisons désignent toutes les lettres. Elles sont tracées par un poinçon légèrement émoussé sur une bande de papier qu'un mouvement d'horlogerie amène avec une vitesse toujours la même sur ce poinçon, porté par un levier dont l'action est soumise à celle d'un électro-aimant. L'électro-aimant est la lame de fer doux sur laquelle s'enroule un fil de cuivre revêtu de soie, mis en communication avec une pile électrique placée à la station de départ. Quand cette communication est interrompue, l'électro-aimant cesse d'attirer le fer du levier, et le poinçon ne marque plus ; si elle est rétablie pour un instant, il marque un point ; si le courant agit de nouveau, il trace un second point ou une barre dont la longueur varie selon le temps que dure le courant.

Le mouvement est transmis instantanément de la station de départ à la station d'arrivée, quelle qu'en soit la distance ; car la vitesse de l'électricité est telle, qu'en une seconde elle pourrait faire dix fois le tour de la terre. Le moyen de transmission est un simple fil de fer revêtu d'une couche de zinc et soutenu par des poteaux avec lesquels des supports en porcelaine l'empêchent de communiquer. Sans ces supports, l'électricité suivrait le bois du poteau, qui est bon conducteur, et la transmission n'aurait pas lieu.

Plusieurs modifications ont été introduites dans le télégraphe primitif de M. Morse ; mais d'autres qui n'auraient servi qu'à en compliquer le jeu ont été écartées. Tous les appareils en usage se composent de trois parties essentielles : la pile, qui fournit l'électricité ; le manipulateur ou l'expéditeur, dont le principal organe est un bouton métallique placé à l'extrémité d'une tige élastique, et mis en communication avec les deux fils conducteurs de la pile. C'est en pressant ce bouton ou en l'abandonnant à son élasticité qu'on établit et qu'on interrompt le mouvement qui se transmet à l'instrument récepteur. Cet instrument est composé de l'électro-aimant, du levier métallique et du mouvement d'horlogerie, qui fait passer la bande de papier à la portée du poinçon.

Les lois qui gouvernent le télégraphe électrique étant connues, on a imaginé de les appliquer à l'horlogerie. En établissant, au moyen de fils conducteurs, une communication entre la pile électrique et toutes les horloges d'une ville, on leur fait marquer exactement la même heure qu'une horloge-type, qu'on a eu le soin de régler, et c'est le balancier même de l'horloge qui, s'approchant alternativement de deux petites lames de fer doux, placées aux deux extrémités de sa course, établit et rompt tour à tour la communication électrique.

Plusieurs villes ont adopté ce système d'horlogerie, dont le premier essai fut fait à Leipsick, en 1850. Il est en usage dans les gares des chemins de fer, et cette concordance parfaite entre toutes les horloges d'une même ligne ne peut que diminuer le nombre des accidents.

Dès que les premières lignes télégraphiques fonctionnèrent, on se prit à regretter que les mers fussent un obstacle à la prodigieuse rapidité de leurs communications. Il y avait loin de ce regret à l'exécution d'un télégraphe sous-marin ; pourtant aujourd'hui deux câbles électriques unissent l'ancien et le nouveau monde, à travers les profondeurs de l'Océan.

Sept fils de cuivre entourés de gutta-percha, puis revêtus d'une seconde enveloppe, faite de cordages, enduite de goudron et protégée à l'extérieur par des fils de fer, voilà le câble électrique. Mais son étendue le rendait difficile à fabriquer, plus difficile encore à placer à bord des vaisseaux qui devaient l'emporter, et le couler au fond de la mer sans le briser paraissait presque impossible. En effet, le premier se rompit. On ne se rebuta point, et non-seulement la pose du second câble réussit parfaitement, mais on parvint à repêcher l'autre et à le rétablir dans d'excellentes conditions.

Si l'on nous demande combien il faut de temps pour qu'une dépêche parvienne en Amérique, nous dirons que si elle part le 1er janvier à midi, elle arrivera le 1er janvier à six heures du matin, parce que l'Europe étant à l'est de l'Amérique, reçoit le jour plus tôt, et qu'il est midi à Paris quand il n'est encore que six heures à New-York.

Quel est le savant du siècle dernier qui eût voulu croire à la réalisation de tant de merveilles? Celui qui les eût annoncées eût assurément passé pour un fou; mais un progrès en amène un autre, et il est à croire que nos arrière-neveux ne regarderont qu'avec dédain les travaux et les découvertes dont nous sommes si fiers.

Le génie de l'homme n'est point infini; l'infini n'appartient qu'à Dieu; mais ses bornes sont indéfinies, et nul ne peut dire où s'arrêteront ses efforts.

FIN.

TABLE.

PAGES.

FIN DE LA TABLE.

Rouen. — Imp. MÉGARD et Cⁱᵉ, rue Saint-Hilaire, 138.